"十四五"普通高等教育本科部委级规划教材

新媒体营销

XINMEITI YINGXIAO

李成钢　王　涓◎主　编
刘　娜　穆雅萍　牛继舜◎副主编

中国纺织出版社有限公司

图书在版编目（CIP）数据

新媒体营销／李成钢，王涓主编. ——北京：中国纺织出版社有限公司，2024.2

"十四五"普通高等教育本科部委级规划教材

ISBN 978-7-5229-1310-0

Ⅰ.①新… Ⅱ.①李…②王… Ⅲ.①网络营销—高等职业教育—教材 Ⅳ.①F713.365.2

中国国家版本馆CIP数据核字（2023）第249699号

责任编辑：顾文卓　　特约编辑：张愉婧
责任校对：王花妮　　责任印制：储志伟

中国纺织出版社有限公司出版发行
地址：北京市朝阳区百子湾东里A407号楼　邮政编码：100124
销售电话：010—67004422　传真：010—87155801
http://www.c-textilep.com
中国纺织出版社天猫旗舰店
官方微博http://weibo.com/2119887771
三河市宏盛印务有限公司印刷　各地新华书店经销
2024年2月第1版第1次印刷
开本：787×1092　1/16　印张：16.5
字数：289千字　定价：59.80元

凡购本书，如有缺页、倒页、脱页，由本社图书营销中心调换

人类正在进入数字经济时代，数字经济的发展，推动着生产力和生产关系的变革。数字经济以软件和硬件作为劳动资料、以数据作为劳动对象、以数字技术研发和应用人员作为劳动者，共同推进共享模式之下的生产关系的变革。数字经济技术的系统应用包含了以算力为核心构建的操作系统和集成性平台的基础层、以算法为核心构建的技术层，以及二者与应用领域结合并与用户界面对接的应用层。与用户对接的应用层面以互联网、平台型网站和应用程序为主，媒体性特征显著。而数字经济的发展也成为新媒体营销的基础和背景。

新媒体营销是以满足消费者需求为目标，运用数字技术、网络工具、平台和终端开展的营销活动。与传统媒体相比，新媒体具有互动性强、链接广泛、信息碎片化、智能化趋势等特征，新媒体营销活动呈现出平台性、传播主体广泛、用户价值导向和组合营销特征。新媒体营销范围很广，具体包括社交媒体营销、自媒体营销、短视频营销和直播营销等方式。

本书立足于数字经济的时代背景、经济学和管理学的基础理论和市场营销观念的时代特征，从新媒体营销用户的消费行为特征入手，分析新媒体营销模式、新媒体内容营销、微博营销、微信营销、短视频营销和直播营销等营销模式以及新媒体网络监管与危机公关等内容。教材以教学应用为导向，结合媒体创新的理论和实践案例，以新媒体营销的特点来构建体系和结构内容。着重突出服装、时尚类高校的教育特色，把新媒体营销的普遍性和服装时尚类高效的特殊性尝试结合。教材每章设计学习目标、主要内容以及课后思考题，并配备引导案例、内容的分析案例和扩展性阅读等内容，条理清晰，内容翔实。

新媒体营销

本书拟作为市场营销专业的核心课程使用教材。课程和教材注重基础性、实践性和创新性。对应本专业人才培养中的实践性和创新性的要求，着重培养学生面临网络环境的基本技术问题及解决方法，树立利用现代新媒体手段从事日常工作的理念，为进一步提高工作效率、创新工作方法、提高竞争力打好基础。

同时，作为课程思政教学的有机组成部分，帮助学生树立正确的媒体观念，为进一步合理、合法、合规地看待和利用好新媒体奠定基础。

教材由北京服装学院李成钢教授、王涓副教授主编，由刘娜、穆雅萍、牛继舜任副主编。全书共分九章，具体编写人员分工如下：

第一章　新媒体营销概述（李成钢、梁晨、陈佩）
第二章　新媒体营销模式（穆雅萍、梁晨）
第三章　新媒体用户研究（王涓）
第四章　新媒体内容营销（穆雅萍）
第五章　微博营销（刘娜）
第六章　微信营销（刘娜）
第七章　短视频营销（王涓）
第八章　直播营销（穆雅萍）
第九章　新媒体网络监管与危机公关（牛继舜）

编写组在编写过程中，查阅了大量国内外相关文献，并引用了有价值的观点和实例，均已标明出处，如有遗漏，敬请谅解。同时，由于水平有限，在进行统稿的过程中，难免有取舍不当之处，对动态性较强的数字经济和新媒体前沿发展的把握，也难免有认识上的不足，敬请广大读者批评指正。

李成钢

2023 年 10 月

《新媒体营销》实操案例

目录 CONTENTS

第一章 新媒体营销概述

第一节 市场营销的观念 ………………………………………… 2
第二节 新媒体的概念和主要特征 ……………………………… 5
第三节 新媒体营销的含义和特征 ……………………………… 9
第四节 新媒体营销的基础 ……………………………………… 13
第五节 新媒体营销的理论基础和框架 ………………………… 25
本章小结 ………………………………………………………… 33
延伸阅读 ………………………………………………………… 33

第二章 新媒体营销模式

第一节 病毒式营销 ……………………………………………… 38
第二节 互动营销 ………………………………………………… 44
第三节 饥饿营销 ………………………………………………… 50
第四节 跨界营销 ………………………………………………… 53
第五节 社群营销 ………………………………………………… 58
第六节 情感营销 ………………………………………………… 63
第七节 事件营销 ………………………………………………… 68
第八节 IP营销 …………………………………………………… 71

本章小结 ………………………………………………………………… 75
　　延伸阅读 ………………………………………………………………… 75

第三章　新媒体用户研究

　　第一节　新媒体用户 ……………………………………………………… 80
　　第二节　新媒体用户研究 ………………………………………………… 86
　　第三节　新媒体用户画像 ………………………………………………… 90
　　本章小结 ………………………………………………………………… 96
　　延伸阅读 ………………………………………………………………… 96

第四章　新媒体内容营销

　　第一节　内容形式与创新 ………………………………………………… 106
　　第二节　新媒体内容运营 ………………………………………………… 109
　　第三节　新媒体内容编辑的常用工具 …………………………………… 112
　　本章小结 ………………………………………………………………… 119
　　延伸阅读 ………………………………………………………………… 119

第五章　微博营销

　　第一节　微博营销概述 …………………………………………………… 123
　　第二节　微博营销的功能与工具 ………………………………………… 125
　　第三节　微博营销策划 …………………………………………………… 134
　　第四节　风险管理与未来趋势 …………………………………………… 146
　　本章小结 ………………………………………………………………… 147
　　延伸阅读 ………………………………………………………………… 147

第六章　微信营销

　　第一节　微信营销概述 …………………………………………………… 152
　　第二节　微信的功能 ……………………………………………………… 158

第三节　微信营销策划 ··· 163
　　第四节　微信营销策略 ··· 165
　　第五节　微信盈利模式 ··· 175
　本章小结 ··· 177
　延伸阅读 ··· 177

第七章　短视频营销

　　第一节　短视频行业概述 ······································· 182
　　第二节　中国主流短视频营销平台 ······························ 187
　　第三节　短视频营销方案的设计和制作 ·························· 194
　本章小结 ··· 200
　延伸阅读 ··· 201

第八章　直播营销

　　第一节　直播营销概述 ··· 213
　　第二节　电商直播的操作 ······································· 217
　　第三节　直播数据分析 ··· 222
　本章小结 ··· 225
　延伸阅读 ··· 226

第九章　新媒体网络监管与危机公关

　　第一节　新媒体的网络监管 ····································· 231
　　第二节　新媒体危机公关 ······································· 240
　本章小结 ··· 251
　延伸阅读 ··· 251

参考文献 ··· 254

扫码获取本章课件

第一章　新媒体营销概述

学习目标

1. 了解市场营销观念的沿革
2. 理解新媒体、新媒体营销的含义和特征
3. 掌握新媒体营销的相关理论

内容要点

1. 市场营销的观念延伸
2. 新媒体的概念和主要特征
3. 新媒体营销的含义和特征
4. 新媒体营销的理论基础

课程思政

习近平同志在全国高校思想政治工作会议上强调:"要运用新媒体新技术使工作活起来,推动思想政治工作传统优势同信息技术高度融合,增强时代感和吸引力。"

通过对新媒体营销观念和相关理论的学习,培养学生的创新精神以及新时代创业思维。

引导案例

2022年的开年顶流,非冬奥会吉祥物冰墩墩莫属。冰墩墩是2022年北京冬季奥运会的吉祥物。不过早在三年前,也就是2019年,冰墩墩刚刚发售的时

> 候，并没有得到多少关注，甚至有网友表示"丑拒"。但随着冬奥会的开幕，冰墩墩却成为新晋顶流。除了线上售罄，线下排队一公里依然"一墩难求"，微博、百度、抖音接连热点刷屏，表情包等二次创作更是接连不断。冰墩墩如何从一个默默无闻的吉祥物成为全网求货的顶流商品呢？这其中正体现了数字新媒体的魅力。

第一节　市场营销的观念

一、市场营销观念

观念是一种相对系统的态度和思维方式，是基于客观事物达成的系统性的主观认识。

市场营销观念是一定时期，企业对市场的态度和思维方式，它是企业市场行为的指导思想和经营哲学。

市场营销观念具有客观性、稳定性、指导性、发展性等特征。

（1）客观性。观念虽然是一种主观认知，但其形成却受到客观条件的制约和影响。市场营销活动要受到政治、经济、社会文化、技术、地理等条件的影响，也受到消费者、供应商、竞争者以及社会公众等诸多因素的影响。这些因素共同作用于市场营销工作，决定和影响着市场从业者的观念和态度。从这个意义上说，市场营销观念具有客观性。

（2）稳定性。观念作为态度和思维方式，一旦形成，就会保持相对的稳定性，持续地指导行为。市场营销观念形成后，会在相当长的时间内指导市场营销工作的开展。

（3）指导性。这是观念的作用和功能的体现。作为客观形成的主观判断，必然会对具体的工作产生指导和影响作用。营销观念一旦形成，将会对具体的判断、市场战略和策略起到指导作用。例如当绿色营销观念形成后，企业会在产品、渠道、促销等环节，积极地宣传和推广这一理念，并在整个市场活动当中体现生态、环保、绿色、健康的消费理念。

（4）发展性。观念要随着客观条件的变化进行动态调整。受多种因素影响，市场环境不断发生变化，对市场的判断和行为也要随之进行调整，市场营销观念呈现发展性特征。例如在生产力发展水平制约下，由供给和需求关系产生的生产观念、产品观念、推销观念，再到后来的营销观念，以及在社会整体利益和长远利益驱动下产生的社会营销观念。网络、媒体在市场营销中的作用程度加深，而随之产生的网络营销、媒体营销观念等，都是随着外部环境变化不断进行优化和调整。

二、市场营销观念的分类和沿革

市场营销观念先后经历了以生产为中心、以消费为中心、以社会利益为中心等阶段和形式。[1] 市场营销观念的分类如图 1-1 所示。

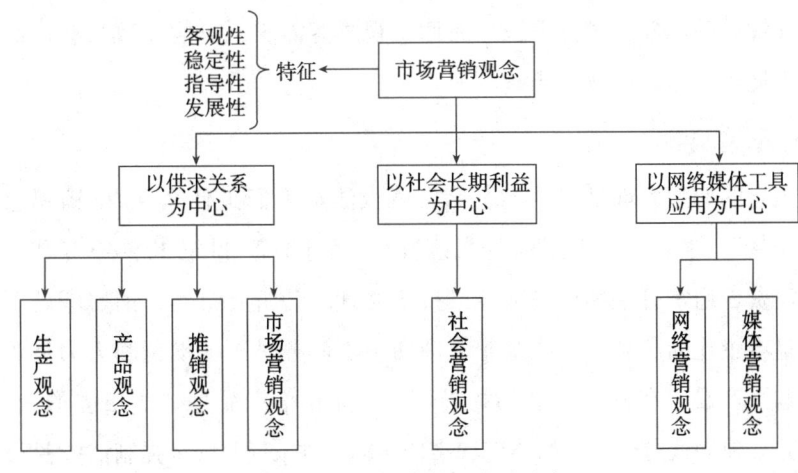

图 1-1　市场营销观念的分类

（一）生产观念

生产观念的典型表现是"我们生产什么，就卖什么"。以生产观念指导营销活动的企业，被称为生产导向型企业。生产观念盛行于 19 世纪末 20 世纪初。该观念认为，消费者喜欢那些可以随处买到和价格低廉的商品，企业应当组织和利用所有资源，集中一切力量提高生产效率和扩大分销范围，增加产量，降低成本。显然，生产观念是一种重生产、轻营销的指导思想。比较典型的例子是美国福特汽车公司。20 世纪初，美国福特汽车公司制造的汽车供不应求，亨利·福特曾傲慢地宣称："不管顾客需要什么颜色的汽车，我只有一种黑色的。"福特公司 1914 年开始生产的 T 型车，就是在"生产导向"经营哲学的指导下创造出的奇迹，T 型车生产效率趋于完善，成本更低，使更多人买得起。1921 年，福特 T 型车在美国汽车市场上的占有率达到 56%。

---

[1] 吴健安. 市场营销学[M]. 北京:高等教育出版社,2012.

(二) 产品观念

产品观念是与生产观念并存的一种市场营销观念，都是重生产轻营销。产品观念认为，消费者喜欢高质量、多功能和具有某些特色的产品。因此，企业管理的中心是致力于生产优质产品，并不断精益求精，日臻完善。在这种观念的指导下，公司经理人常常迷恋自己的产品，以至于没有意识到产品可能并不迎合时尚，甚至市场正朝着不同的方向发展。他们在设计产品时只依赖工程技术人员而极少让消费者介入。

产品观念把市场看作是生产过程的终点，而不是生产过程的起点，忽视了市场需求的多样性和动态性，过分重视产品而忽视顾客需求，可能导致某些产品出现供过于求或不适销对路而造成积压。

(三) 推销观念

推销观念的典型表现是"我卖什么，就设法让人们买什么"。推销观念产生于由"卖方市场"向"买方市场"的过渡阶段，盛行于20世纪30~40年代。推销观念认为，消费者通常有一种购买惰性或抗衡心理，若听其自然，消费者就不会自觉的购买大量本企业的产品，因此企业管理的中心任务是积极推销和大力促销，以诱导消费者购买产品。在推销观念的指导下，企业相信产品是"卖出去的"，而不是"被买走的"。他们致力于产品的推广和广告活动，以求说服甚至强制消费者购买。

推销观念与前两种观念一样，也是建立在以企业为中心的"以产定销"，而不是满足消费者真正需要的基础上。因此，这三种观念被称为市场营销的旧观念。

(四) 市场营销观念

市场营销观念是以消费者需要和欲望为导向的经营哲学，是消费者主权论的体现。它形成于20世纪50年代。该观念认为，实现企业诸多目标的关键在于正确确定目标市场的需求，一切以消费者为中心，并且比竞争对手更有效、更有利地传送目标市场所期望满足的东西。

市场营销观念的产生，是市场营销哲学的一种质的飞跃和革命，它不仅改变了传统的旧观念的逻辑思维方式，而且在经营策略和方法上也有很大突破。它要求企业营销管理者贯彻"顾客至上"的原则，从而实现企业目标。因此，企业在决定其生产经营时，必须进行市场调研，根据市场需求及企业本身条件选择目标市场，组织生产经营，最大限度地提高顾客满意程度。

市场营销观念是消费者至上的观念，在这种观念的导向下，保护消费者权益的法律纷纷出台，消费者保护组织在社会上日益壮大。根据"消费者主权论"，市场营销观念相信，决定生产什么产品的不在于生产者，也不在于政府，而在于消费者。

（五）社会营销观念

社会营销观念是以社会长远利益为中心的市场营销观念，是对市场营销观念的补充和完善。从20世纪70年代起，随着全球环境破坏、资源短缺、人口爆炸、通货膨胀和社会服务被忽视等问题日益严重，社会要求企业顾及消费者整体利益与长远利益的呼声越来越高。西方市场营销学界提出了一系列新的理论及观念，如人类观念、理智消费观念、生态准则观念、绿色营销观念等。其共同点都认为，企业生产经营不仅要考虑消费者需要，而且要考虑消费者和整个社会的长远利益。这类观念统称为社会营销观念。

社会营销观念的基本核心是以实现消费者满意以及消费者和社会公众的长期福利作为企业的根本目的与责任。理想的营销决策应同时考虑消费者的需求与愿望的满足、消费者和社会的长远利益、企业的营销效益。

（六）网络营销、媒体营销观念

互联网的出现及其在商贸领域的广泛应用，形成了网络经济下的市场营销观念——网络营销、媒体营销观念。互联网开始以工具性和媒体性的特征出现，后来逐步发展成平台性和空间性，对市场营销的影响，也由简单的市场营销工具和手段的丰富，逐步过渡到全新的基于互联网环境的营销观念的创新。

网络营销的形成和发展，与互联网经济的发展是同步的，而互联网经济的发展与电子商务又是紧密相关的，因为正是在以电子商务为代表的互联网经济的发展中，网络营销的模式创新和互联网的营销工具运用才逐步被发掘和认识，网络营销在互联网经济时代的作用和地位才得以彰显。网络由工具过渡到媒体，媒体营销观念逐步形成。

第二节 新媒体的概念和主要特征

一、媒体的含义和分类

（一）媒体

媒体是信息传输的媒介，是传递信息的手段和工具。从定义中可以看出，媒体的核心要义在于传递信息。由信息传递的媒介，引申出很多的功能，并在社会事务中发挥越来越重要的作用。

（二）媒体的分类和沿革

国际电话电报咨询委员会 CCITT 根据媒体的作用和功能，把媒体分成五类：感觉媒体（Perception Medium）、表示媒体（Representation Medium）、表现媒体（Presentation Medium）、存储媒体（Storage Medium）、传输媒体（Transmission Medium）。

1. 报纸、杂志

报纸、杂志是媒体发展的早期形式，也是使用时间较为久远的一种传播方式，它以平面纸质为传播媒介，以文字、数字、图形等形式，负责主流媒体的信息传达和满足各类专业性和特殊性公众的信息需求。

2. 广播

广播是以传播声音的形式，以无线电波或导线为传导工具的新闻传播媒介。广播的出现弥补了报纸、杂志等平面性媒体在传播过程当中时间滞后的问题，能够结合声音传播的特点实现即时性的传播。如今，音乐、广播剧、评书等艺术形式已成为主要的传播内容，广播形式的商业广告也快速发展。接收广播的终端也成为当时普及的设备，具有广泛的媒体价值和意义。

3. 电视

电视是以电子技术传播声音和图像的传播媒介。它整合了报纸杂志和广播的优势，能够传输文字、数字、图形，也能够传输声音和图像，同时还具备即时传播的特点，传输更加立体，而且承载的信息量更大，形式更丰富。电视从出现到普及，迅速成为大众休闲娱乐和信息获取的主要渠道，媒体价值显著。

4. 网络和电脑

网络是由节点连接的链路构成，现在的网络多指互联网，是以通用协议相连，形成的网络与网络之间串联的网络系统。1994 年开始，中国接入国际互联网，截至目前，网络彰显了巨大的融合能力、创新能力。网络和电脑的结合，对传统的媒介产生了冲击，它以便捷性、即时性、立体性、内容的丰富性，迅速成为传播的重要形式，并在三网融合的过程中，实现视频传输和音频传输的整体融合效果。

5. 手机终端和无线网络

移动互联网的应用和无线数据通信技术的发展，推动了媒介的应用和发展。推动移动网络发展的技术主要包括：无线应用协议 WAP、移动 IP 技术、蓝牙技术、通用分组无线业务GPRS、移动定位系统GPS、5G和6G移动通讯技术。

移动互联网的发展带动了终端的革命,以手机、iPad等为核心的系列应用终端,成为媒体的核心应用,在信息的上传下载、应用娱乐、办公等多方面都呈现出巨大的优势,并成为现代媒体应用的核心工具。

另外,还有很多的户外媒体,如路牌灯箱的广告位等,借助平面或电子视频等媒介,进行信息传播。

一般通常把借助于互联网等媒介开展的传播称为新媒体传播。

二、新媒体的含义和构成

(一)新媒体含义

根据联合国教科文组织,新媒体被定义为:以数字技术为基础,以网络为载体进行信息传播的媒介。即利用数字技术,通过网络渠道和多种终端,向用户提供信息服务。

(二)新媒体的构成

新媒体的介质主要由三方面构成:

(1)数字技术。数字技术主要解决的是把外界的数据进行数字化,即计算机化的过程,把数据变成计算机能够处理的语言,这是新媒体的基础。新媒体传播的是负载各种信息的数据,而能够进行有效的传输,首先是需要对其进行计算机化的处理,即变成0和1这样的计算机能够处理的格式。

(2)网络渠道。它是有线网络、无线网络以及卫星通信网络等多种网络以协议进行链接的网络系统。网络是数据和信息传播的渠道,在网络连接成功之后,影响媒体效果的主要是传输的速度和传输的数据量,因新媒体传输过程中涉及的是包括声音和图像的结构化和非结构化数据,因此对于传输速度和带宽的要求很高,这也是从3G到5G时代网络传输着重解决的关键问题。

(3)终端。新媒体终端表现为电脑、手机、iPad、电视等形式。其核心是计算机化的处理程序,以及兼容多种应用软件和工具。新媒体终端具有接受、编辑、发送等处理功能,也是新媒体时代用户层面视频、音频、语音数据服务、连线游戏、远程教育等集成信息和娱乐服务的重要载体。

三、新媒体的特征

(一)互动性强

互动性是互联网的媒体属性,在网络媒体由Web1.0向Web2.0过渡的过程中,由单一的信息传输向着互动的形式发展，无论是电视还是报纸，主要都是一种"我说你听，我演你看"的传播形式，即使运用了反馈机制和问卷调查的形式，滞后也相当明显。但是互联网一开始就是以互动的形式出现的，它借助终端设备，便于双方或多方随时进行信息传递。网络平台更是绝佳的互动平台。具有互动性的互联网媒体是人类各种感觉器官的延伸，这种时时的互动式交流，让信息更加充分地在彼此之间传输和共享，也让彼此之间的联系和影响更加深刻和生动。

（二）链接广泛

广泛的链接性是新媒体的重要特征，链接性也是互联网的本质特征之一。网络的无限联接性，为彼此之间的联系和影响成为可能。互联网，顾名思义，是基于协议相联系的网络与网络之间的网络系统，互联互通就成为互联网的最本质特征。而网络链接，是指从一个网页指向一个目标的链接关系，这个目标可以是另一个网页，也可以是相同网页上的不同位置，还可以是一个图片，一个电子邮件地址，一个文件，甚至是一个应用程序。而这种看似物物之间的连接和终端之间链接的背后是人与人之间资源的传输和共享，这种数据和信息的传输和共享为彼此之间的相互关联和影响奠定了基础。

（三）信息碎片化

碎片化强调的是内容的分散性。新媒体的互动性和即时性使得信息传输更加便捷。社会阶层的分化，群体因各种标准进行细分；网络的开放性，人人可以按照网络的要求上传和下载相应的资源，以及其他因素使得媒体信息日益呈现碎片化的特征。

（四）智能化趋势

智能化是根据设定的程序进行自主性的决策。信息化的发展经历了数字化、网络化和智能化。智能化是数字化、信息化发展较为高级的阶段，是媒体发展的趋势，新媒体的智能化主要体现在媒体内容创作、信息传播、展示和精准定位消费等环节。例如在内容创作生产环节，可以通过写作机器人和智能化的排版以及虚拟空间进行创作生产，提高效率、降低误差、增强适应性。在传播和消费领域，可以根据用户的需求，精准锁定用户，进行有针对性的信息推送，增加用户满意度。

第三节　新媒体营销的含义和特征

一、新媒体营销的含义

近年来，关于媒体营销的相关概念较多，如网络营销、新媒体营销、社交媒体营销、社会媒体营销等，它们有着类似的含义。

借助刘向晖在《网络营销导论》中对网络营销概念的梳理，谈谈学界对网络营销的几种基本认识。

杨坚争（2002）：网络营销是借助互联网完成一系列营销环节，以达到营销目标的过程。

姜旭平（2007）：从理论上和一般意义上讲，网络营销是企业利用当代互联网环境来展开的各类营销活动，是传统市场营销在互联网时代的延伸和发展。从实践和具体操作上，网络营销是企业利用网络技术整合多种媒体，实现营销传播的方法、策略和过程。

冯英健（2007）：网络营销是企业整体营销战略的一个组成部分，是为实现企业总体经营目标进行的，以互联网为基本手段营造网上经营环境的各种活动。所谓网上经营环境，是指企业内外部与开展网上经营活动相关的环境，包括网站本身、顾客、网络服务商、合作伙伴、供应商、销售商、相关行业的网络环境等。

刘向晖（2014）：网络营销就是利用互联网在更大程度上更有利润地满足顾客需求的过程。一个更加严格的定义则是：网络营销是依托网络工具和网上资源开展的市场营销活动，是将传统的营销原理和互联网特有的互动能力相结合的营销方式，它既包括在网上针对网上虚拟市场开展的营销活动，也包括在网上开展的服务于传统有形市场的营销活动，还包括在网下以传统手段开展的服务于网络虚拟市场的营销活动。

上述定义尽管表述不同，但都反映了网络的工具属性、媒体属性与市场营销的结合。

综合上述，本书将新媒体营销界定为：以满足消费者需求为目标，运用数字技术、网络工具、平台和终端开展的营销活动。市场营销观念的沿革过程中，网络营销和新媒体营销随着数字化、网络化的趋势逐步发展起来。

二、新媒体营销的特征

与传统的媒体营销相比，新媒体营销具有自身的特征和优势。

1. 平台性

与传统媒体营销相比，新媒体营销的平台性特征明显。传统媒体营销基于报纸、杂志、广播、电视以及户外等媒体形式开展营销。新媒体营销借助于各种网络平台开展营销活动，如社交平台、直播平台、短视频平台、社区平台等。平台经济作为一种新的经济系统，随着数字经济的发展而发展，逐步成为介于真实和虚拟之间的交易场所，也是市场的具化表现。

2. 传播主体广泛

新媒体营销的传播主体大众性明显。传统媒体的传播者是专门的组织和机构，公信力高、权威性强。而新媒体时代借助于网络和各种平台，人人都可以成为信息的发布者和传播者，媒体的大众化色彩明显。在个性化突出的同时，相比较传统的权威媒体，新媒体信息的真实性和公信力较弱。同时传统的权威媒体也借助于网络和媒体的发展，开展线上的信息发布，使得媒体资源更加丰富。

3. 用户价值导向

传统媒体受制于传播的范围、互动性、时效性等方面，其营销的目标相对局限于交易的达成，对于消费者价值的深层次挖掘程度不够。新媒体营销借助于互联网和平台，呈现出无限的连接性、开放性、透明性、互动性和创新性等特征。新媒体营销的目标，从用户的流量导向向用户的黏性导向和用户的价值提升进行演进。

4. 组合营销的特征明显

新媒体营销，在信息传播即时性、互动性和便利性方面特征显著，它能够差别化地满足不同群体不同偏好的多类需求，且成本较低。尤其是结合人工智能大数据技术的应用，一定程度上能够实现个性化定制式服务，对大众和个体的需求都能得到较好的满足。新媒体营销在满足大众化和个性化的需求方面，多采用组合拳的模式进行营销。采用多平台、多渠道开展营销工作，满足用户多样化的消费需求。

新媒体营销能够满足用户追求个性化的需求。如网易云音乐，不同于酷狗音乐主打海量歌曲和K歌功能，QQ音乐主打会员音质与绿钻身份的产品定位，网易云音乐的定位更贴合移动互联网用户的使用习惯。网易云抓住音乐社交这一痛点，将音乐评论区打造成音乐社区。在品牌塑造与传播上，从最早的杭州线下地铁"乐评专列"，到"毕业放映厅"歌单，再到刷爆朋友圈的"听歌报告""人格测试"等，从发现音乐到创建歌单，再到社区互动，更加理解音乐和群体范围的情感共鸣，不仅给用户带来了音乐的治愈力量，更是一次又一次带来听歌的惊喜感，成为一种情感符号。这才是网易云音乐给用户创造的价值，也使网易云成为一款通过真实用户意见打造内容的音乐社区软件。

三、新媒体营销的类型

按照媒体工具的使用，可以把新媒体营销分成社交媒体类、自媒体类、音频类、视频类、直播类等。

1. 社交媒体营销

社交媒体是人们分享观点、想法的工具和平台，也是网络时代基于社交的内容生产与交换平台。社交媒体营销是基于社交媒体方式开展的营销活动。按照媒体的分类不同，社交媒体营销，可以分为QQ营销、博客营销、论坛营销、微博营销、微信营销等。如2012年，可口可乐在澳洲推出了名为"Share a Coke"的宣传活动，印在可乐瓶、罐上的名字是澳洲最常见的150个名字。于是2013年夏季，可口可乐在中国推出了昵称瓶活动，将众多网络昵称印在瓶身，以社交网络为主平台，开启个性化的昵称瓶定制活动，实现了当季可口可乐独享装销量较上年同期增长20%的良好表现，超出10%的预期销量增长目标，并在大中华区艾菲奖（EFFIE AWARDS）颁奖中摘得全场大奖。"Share a Coke"活动的创意非常简单：消费者可以在可口可乐官网上选择自己喜欢的可乐瓶子，然后用各种语言写下自己与可乐的故事或者祝福语。最后，消费者可以将这些个性化的瓶子照片分享到自己的社交媒体上，与朋友们一起分享这款美味的可乐。在"Share a Coke"活动期间，许多消费者纷纷将自己定制的可乐瓶子照片分享到了社交媒体上，这些照片广为传播，引起了广泛的关注和讨论。随着越来越多的人参与到这个活动中，Coca-Cola的品牌知名度得到了极大的提高。

2. 自媒体营销

利用自媒体平台打造个人IP开展的营销活动，即自媒体营销。新媒体时代人人都能参与信息的生产和消费，于是出现了利用自媒体平台发布自己的观点、开展营销活动的自媒体人。其营销价值很具有新媒体时代的特色。目前自媒体的平台包括头条号、百家号、大鱼号、搜狐号、一点资讯、企鹅号、公众号等，也包括一些音频、视频、直播平台等。一般自媒体人通过平台广告分成、品牌合作广告、打赏、电商分销、知识付费引流等方式盈利。如在"腾讯老干妈事件"中,各大企业就利用官方自媒体号开展营销活动。2020年6月,腾讯以拖欠千万广告费为名,将老干妈告上了法庭。就在网友震惊之际,事件向更戏剧化的一面发展——腾讯被骗了,所谓的广告合作,实际是有人伪造老干妈公司印章,通过倒卖推广活动中配套赠送的网络游戏礼包码以牟利。面对网友的调侃,腾讯也发挥自黑精神,在B站发帖自嘲"今天中午的辣椒酱突然不香了",并自掏腰包,拿出一千瓶老干妈作为奖励,求网友提供骗子线索。吃瓜的除了网友,还有一众蓝V官方号,毫不讲情面地将对方的"尴尬时刻"当作自己的广告位,在评论区大办抽奖活动。从涉及文娱的"环球时报""微星",做实业的"中兴""黑鲨",到互联网同行支付宝、饿了么、微信支付、小米、百度等,各企业通过自媒体账号运营来吸引流量,让企业官方自媒体号更像"活人",提高热点捕捉速度,完成自媒体营销。

3. 短视频营销

短视频营销是借助视频平台,确定特定主题,制作相应的短视频内容来开展营销活动。一般短视频营销具有视频主题鲜明、时间短、视频更新频率快等特点,短视频营销一般用于宣传和推介产品或服务,或宣传企业文化。目前短视频平台主要包括抖音、快手、西瓜微视、微信视频号、好看视频等。典型案例是小米和Papi酱的短视频合作广告。Papi酱在其周一放送里,推出为小米商城创作的创意广告。Papi酱此次视频的主题"挑剔的妈妈",初看这个标题真是怎么也想不到居然植入了小米的广告。Papi酱打出"妈妈的唠叨"这样一张温情牌,一人分别演绎了"拧巴的别人家小孩"和"宇宙无敌唠叨上海妈妈"两种极端人格,上演"遭遇挑剔妈妈无懈可击的围剿"大戏,引爆了网友"同一个世界,同一个妈妈"的话题热议。Papi酱抛出"小米都知道感恩,真是生你不如生叉烧,养你不如养小米!"这样的金句。连雷军也转发了此条微博并对于这条广告表示佩服。短短24小时内小米商城就被热情过度的网友"挤爆"了,当日凌晨,由于人气过旺甚至出现了服务器不可用的状态。而这次通过Papi酱的亲自助攻,从家庭消费的角度切入要害,1.5亿小米感恩节红包更是刷爆了全网。

4. 直播营销

借助视频平台,确定特定主题,制作相应的短视频内容来开展营销活动。一般短视频营销具有视频主题鲜明、时间短,视频更新频率快等特点,短视频营销一般用于宣传和推介产品或服务,或宣传企业文化。目前短视频平台主要包括:抖音、快手、西瓜微视、微信视频号、好看视频等。如2016年4月14日,美宝莲纽约举行新品发布会，除了在淘宝的微淘上邀请自己的代言人进行现场直播，同时还邀请50位网红开启化妆间直播，直击后台化妆师为模特化妆的全过程。当天该活动使美宝莲整体线上访客比前一天增长了50.52%，而配合互动，销售转化也成果斐然，仅仅直播当天就实现了10607支的销量，刷新了天猫彩妆唇部彩妆类目下的新纪录。

新媒体营销主要是运用媒体工具和平台与消费者进行互动，进行信息的传输，目前媒体平台较多，可开展的营销活动较为丰富，今后也会有更多发展的可能。

第四节 新媒体营销的基础

数字经济的发展是新媒体营销的基础和底层逻辑，本节将从数字经济的生产力和生产关系、技术支撑体系和数字经济背景下营销观念转变探讨新媒体营销的基础和环境。

一、数字生产力

根据国家统计局公布的《数字经济及其核心产业统计分类（2021）》，数字经济被界定为：以数据资源作为关键生产要素、以现代信息网络作为重要载体、以信息通信技术的有效使用作为效率提升和经济结构优化的重要推动力的一系列经济活动。

探讨一种社会经济形态的基础和底层逻辑，主要从生产力和生产关系的角度进行。生产力方面从劳动者、劳动资料和劳动对象切入；生产关系则转变成生产资料的所有制形式，人们在生产中的地位、相互关系和产品的分配形式等方面进行探讨。工业时代和信息时代的生产力构成要素有着极大的不同，在界定方面也存在分歧，笔者尝试从劳动价值论的视角来界定数字经济时代生产力的构成和表现。

（一）数字生产力的含义和构成

数字经济时代的生产力包含了农业时代和工业时代延续下来的生产力，也包括数字经济时代特有的数字生产力，数字生产力更能够典型地代表数字经济时代的生产力。结合生产力的基本概念和数字经济的界定，数字生产力可以描述为劳动者把数据作为关键生产要素，利用信息网络和信息通信技术而形成的价值创造能力。数字生产力的构成也应该包含劳动者和生产资料，即劳动者、劳动资料和劳动工具。

（二）数字生产力的劳动资料是硬件和软件

劳动资料一般是指在劳动过程中改变或影响劳动对象的物质资料和条件。数字生产力的劳动资料主要是硬件和软件,它们是数字时代劳动者在劳动过程中改变或影响劳动对象的基础资料和条件。

1. 硬件

数字生产力中,劳动资料的硬件主要是以计算机为中心的,能够数字处理的相关设备和设施。主要包括计算机、服务器、工作站、集线器、交换机、路由器、工业自动化控制、网络摄像机、可编程序控制器、分散型控制系统、现场总线系统、数控系统等。计算机又包括台式电脑、笔记本电脑、掌上电脑、平板电脑以及手机等。计算机的硬件包括主机箱和外部设备。主机箱内主要包括CPU、内存、主板、硬盘驱动器、光盘驱动器、各种扩展卡、连接线、电源等;外部设备包括鼠标、键盘等。硬件设备是劳动者改变劳动对象的工具和手段,也是数字生产力的基础和保障。计算机的发明开启了数字化时代,加以网络和通信技术,使得计算机之间实现了互联互通。技术的发展,促进了设备的完善和改进,实现了人与人之间、人与物之间、物与物之间的互联互通,加以不断提升的运算速度和运算能力,推动了数字经济由数字化向网络化再到智能化的不断演进。

2. 软件

软件一般指计算机软件和与之相关的系列文档,它是计算机得以运行的程序系统,是一系列按照特定顺序组织的计算机数据和指令的集合。软件可以分为系统软件、应用软件和介于二者之间的中间件。

系统软件有效地整合计算机各硬件之间的功能,使之协调工作。它的核心是操作系统,让使用者与系统交互。另外还有支撑软件,包括环境数据库、接口软件和工具组。系统软件是计算机的通用性软件,行使着计算机的基本功能,而应用软件正好相反,应用软件是针对不同领域提供不同功能的软件。数字经济能够得以普及、丰富和发展,应用软件功不可没。它可以针对不同用户的多样化需求,包括日常管理、娱乐、休闲、购物、沟通等方面的需求,提供针对性的软件程序,满足不同群体的需求。应用软件的普及和广泛应用,也是数字经济时代数据极大丰富的重要原因。人们在应用软件上进行沟通交流、浏览娱乐、休闲商务等活动,企业或机构内部的管理系统、财务系统、电子政务等也都通过某一特定领域的应用软件进行活动,这些过程当中产生了大量的结构化或非结构化的数据,为数字经济提供大量的数据资源。中间件的定义是介于应用系统和系统软件之间的一种独立的系统软件服务程序。它的核心是"平台+通信"。

硬件为软件提供运行环境，是软件工作的物质基础；软件使计算机的功能得以发挥，是联系用户和硬件、发挥计算机功能的途径，二者紧密结合，相互协调，共同构成了数字生产力的劳动资料，是劳动者的重要基础和条件。

（三）数字生产力的劳动对象是数据

劳动资料改变和影响的是劳动对象，在数字经济中，数字生产力所包含的劳动资料，其表现形式是硬件和软件，而硬件和软件影响和改变的劳动对象是数据，确切地说是各种形式的数据，即硬件和软件的工作对象是数据。

从功能发挥来看，硬件的功能是输入并存储程序和数据，并执行程序，把数据加工成可以利用的形式。程序是一种指令或指令序列，是一种用特殊语言编写的计算机能够识别和执行的指令。程序设计语言是以数据形式存在的，而指令本身的表现方式也是数据，所以数据是程序的基础的组成部分。所以从硬件的功能上看，执行的程序是数据，加工的对象也是数据，最终把这些数据变成计算机可以识别和利用的形式作为目标和结果。因此可以得出结论，硬件的工作对象是数据。

根据软件作为数据和指令的集合的定义，软件是由数据组成的，因为计算机的数据是数据，指令也是由数据组成的。具体来说，系统软件的核心是操作系统，操作系统是一种管理程序，由数据组成；支撑软件本身也是由数据组成，其核心组成当中还包括环境数据库，更是数据的集合。

总之，硬件发挥其功能，工作对象是数据；软件本身是由数据构成，软件工程师的编程对象也是数据，从这个意义上说，数据是软硬件的工作基础和工作对象，即数据是数字生产力的劳动对象。

（四）数字生产力的劳动者是技术研发和技术运用的各类劳动者

回顾一下数字生产力的界定，数字生产力是劳动者把数据作为关键生产要素，利用信息网络技术和信息通信技术而形成的价值创造能力。换言之，数字生产力的劳动者，是能够利用数据，利用现代信息网络和信息通信技术创造价值的人。笔者把数字生产力中的劳动者分成三类群体。

第一类是技术研发人员。它包括现代网络技术和信息通讯技术的研发人员，还包括为此提供辅助的相关技术人员。其中比较核心的一个群体是软硬件开发的工程师类人才，这是数字经济非常宝贵的资源和财富。他们根据技术逻辑和应用需求进行技术研发，最终形成软硬件的设备，作为数字经济生产力的劳动工具和劳动资料。他们是数字生产力中的核心构成。

第二类是技术应用人员。即运用数据、网络和信息技术，创造价值的人。生产力的研究是从供给侧的角度，主要研究劳动者和生产资料的结合而创造价值的能力。笔者把供给分成生产性供给和流通性供给两个方面。马克思的劳动价值论和西方经济学的生产函数，更加侧重的是生产环节，重视技术研发的意义和价值，属于生产性供给。但随着信息技术和交通运输的发展，流通的作用和意义愈发显著。从供给的定义来看，产品和服务到达消费者之前的一切活动，都可以称为供给。另外从供应链的角度，供应链的构成中包含了生产环节和流通环节。因此流通性供给是供给侧研究中不可或缺的一部分。

如果按照供给分成生产性供给和流通性供给的分类，前面所界定的第一类劳动者，更类似于数字生产力劳动者当中的生产者，他们研发提供软硬件的工具和设备，是数字生产力中劳动工具和劳动资料的主要供给者。而第二类的技术应用人员更像流通性供给人员，他们通过运用技术和对接消费需求来创造价值。这类劳动者的范围比较广泛，包括为了满足多元化的消费需求而进行二次开发的软硬件工程师；为满足消费需求进行数据分析的数据分析师；为了更好地服务消费者而进行平台构建并提供技术支持的相关人员等。这类人员是数字生产力劳动者的主力军，他们广泛地深入具体领域，通过技术应用对接消费需求，丰富和繁荣着数字经济。

第三类是数字经济的消费者。消费者是作为生产性供给和流通性供给的服务对象，本不属于劳动者的范畴。但是在数字经济的发展中，消费者不仅是产生数据的源泉之一，而且在运用数据并结合网络通讯技术在信息创造价值方面也有着不小的贡献。其行为也符合数字生产力中劳动者的基本定义，即运用数据、网络和信息技术创造价值的群体，因此把消费者也作为特殊的劳动者加以研究。而且消费者转为劳动者，也是数字经济商业模式创新的表现。

作为数字生产力的劳动者，消费者是以参与生产环节和流通环节来体现其价值。在参与生产及研发环节方面，消费者是技术研发的最终受益者，一方面消费者通过应用诉求来指明研发的方向，实现数字经济时代以应用为导向的技术研发逻辑。另一方面，在广泛的消费人群当中，也有部分消费者以"发烧友"或业余爱好者的身份去交流和分享他本身的研究成果，这对于生产环节的技术研发也是一种有力的补充和促进。

从流通性供给环节来看，一方面，消费者参与某些环节的产品设计，例如商家开展个性化定制等服务，消费者根据自己的消费需求，和商家共同完成自己的产品和服务。还有DIY等商业模式，商家只提供最基本的劳动资料和平台，产品的设计生产是由消费者自己进行的,有更强的参与感,所以消费者既是消费者也是生产者,是二者的合一。另一方面,消费者利用社交媒体和软件分享自己的体会,对流通性供给的服务进行评价,这种积极的参与和反馈,有效地促进了流通性供给服务质量的改善。

数字生产力劳动者的三类群体中,第一类技术研发人员是核心群体,也是数字经济发展的重要因素;第二类技术应用人员是主要群体,在连接技术和消费需求之间发挥了重要的作用;第三类消费群体是数字经济时代特有的现象,消费者参与研发、生产和流通的深度和广度都超过工业经济时代。

二、数字经济的生产关系

根据马克思主义的观点,生产关系是人们在物质资料生产过程中形成的社会关系,它包括生产资料所有制形式、人们在生产中的地位和相互关系、产品分配的形式等。数字经济时代的生产关系,包含了工业经济和农业经济的生产关系,同时数字生产力和数字生产资料的结合,又催生了新的生产关系,也改变着固有的社会关系。

生产力的发展需要生产关系与之相适应,人类命运共同体的提出,就是在生产力发展的背景下,生产关系提出的全方位诉求。在这样的背景之下诞生的数字经济,客观上需要符合生产力决定生产关系发展的大势。数字经济内涵式的发展,主观上也要求形成共享的理念和丰富共享的模式来配合数字生产力的发展。

根据前面数字生产力的分析,数字经济的劳动资料是硬件和软件,硬件的工作对象是数据,软件本身将数据作为基础的构成,数字经济的劳动对象是数据,即数据是数字经济生产资料的核心构成。与传统物化的生产资料不同,数据在不断分享的过程中,自身所获得的价值不仅不会减少,反而会不断增加。传统的工具等生产资料,虽然让渡的是使用权,但自身也会丧失对该生产资料的直接使用和支配。但作为一种生产要素的数据,它的使用权即使让渡,也不会降低或者损失自身对该数据的使用,并且数据在使用过程中,还会不断地丰富数据资源,让使用者和让渡者双方都获益,这也进一步促成了数据的使用者在主观和客观上共享数据资源。尤其是在技术研发和技术应用环节,会得益于彼此之间共享的技术资源和数据、消费环节所分享的大量数据。例如消费数据的共享将会有利于生产者和经营者的改善和提升。在电子商务平台和新媒体平台上,消费者之间共享各自的消费体验,会影响后续消费者对商品的选择,也会对经营者和生产者提出更多的约束和要求。

数据的共享特性，决定了数字经济生产资料的共享性，共享性与公有性有一定的联系，他们都可以被所有人使用，但不一定都是免费，也可以存在部分的私有性。彼此之间在使用数据的过程当中形成的是一种共建共享的关系，劳动所得也是根据自己的劳动价值进行分配。用数字经济的方式来形容这种关系就是无限联接性、开放性、透明性、互动性和创新性。

三、数字经济的技术支撑

参照数字经济的定义中包含的关键词，即数据、信息网络、信息通讯技术和应用，数字经济的核心技术应该包括：数据的存储、计算和应用技术、现代信息网络技术、信息通讯技术，以及相关的应用转化技术等，代表数字生产力的核心技术都是这些技术的集合。

（一）网络传输技术

Web是发展网络营销的基础，它是一个全球性的信息架构，具有快速、经济和易使用的特点。Web架构的组件包括：Web客户端（Web Client）、Web服务器（Web Server）、超文本传输协议（HTTP）、超文本标示语言（HTML）和通用网关界面（CGI）。

Web架构的每一个组件都具有其特殊的功能。具体说来：Web客户端为存取和显示内容提供一个图形使用界面，如微软的IE；Web服务器是存储文件或其他内容的硬件和软件的组合，如微软的因特网信息服务器（Internet Information Server）；超文本传输协议提供了一种能够让服务器与浏览器之间沟通的语言；超文本标示语言是一种包含文字、窗体及图形信息的超文本文件的语言；通用网关界面是介于Web服务器和应用之间的一个标准界面，它可以用来整合数据库和Web。

以Web为核心的新媒体营销架构，在技术方面全面阐述了实现网络营销活动所需要的环节。依靠各个环节，以Web为核心的网络营销构架才得以实施。❶ Web技术为厂商和消费者提供服务，使得厂商能够在网络平台建设网站、发布商品等。消费者能够在网络上浏览商品、网上支付等，完成整个网上交易过程。在Web技术的基础上，通过网络把买卖双方联系起来，网上购物才得以顺利进行，使得在世界的任何地点、任何时间，都可以通过互联网进行实时交易，使市场范围大大拓展。

---

❶ 杨晓蒙. 网络营销的基础技术分析[J]. 黑龙江科技信息, 2014(10):106.

（二）云计算

1. 云计算

云计算是以应用为导向、以数据为对象、基于全新网络应用的分布式计算。云计算的工作原理是单一的计算机在进行信息处理时力有未逮，为了平衡计算能力和共享信息处理资源，通过互联网把复杂任务进行分解，进行网格化计算，然后再进行统一的系统整合。

云计算的特征主要包括：一是云计算是以应用为导向的服务方式。云计算产生之初，是为了应对在处理复杂问题时，单一计算机计算力不足和计算资源闲置等问题，通过分布式、网格化的计算，把任务进行拆分计算再系统整合，因此云计算的核心是针对现实问题的应用和服务。二是云计算是以数据作为工作对象。从任务的拆解到最后系统的整合和中间的传输，都要用计算机能够识别的语言和方式，即数据；另外在进行云计算之前，要进行存储，而存储的对象和内容，也是数据。从这个意义上说，数据是云计算的工作内容和劳动对象。三是云计算是基于网络的全新应用。云计算处理任务的工具和计算能力，不是一个新的概念，而分布式计算也不是一个新的领域。云计算能够成为数字经济核心的集成技术之一，这实质上是互联网的创新应用，即通过网络进行任务的分发，也是通过网络进行传回后的整合。因此云计算是互联网发展到一定阶段之后出现的一种集成技术，只有网络发展到一定阶段，才能够有效地实现计算机之间的互联互通，才能有效地进行系统整合和平衡资源使用，并能够进行实时的数据存储、提取和有效传输，从这个意义上说，云计算是一种网络的创新应用模式。四是云计算是分布式计算的应用模式。分布式计算是把任务进行拆解分成细小的部分，并分配给多个计算机进行处理，然后进行系统整合，得到最终结果，因此云计算是分布式计算的一种应用。

云计算服务模式的核心是整合计算资源，形成资源共享库，基于网络连接资源共享库，方便人们进行提取和使用。

云计算的应用被广泛认可，云计算也已经成为独立的专业服务领域，成为数字经济的基础支撑，在社会各领域发挥着重要的作用。

2. 云存储

云存储是一种基于虚拟服务器技术的多存储设备、多应用和多服务协同的线上数据服务系统。云存储的核心并不是简单的数据存储，也不是一个或多个的存储设备，而是一种数据服务系统。有人把云存储数据服务中心形容为数据仓库，其实这与传统的仓库概念不同，传统的仓库是存放货物，进行日常的维护和提取服务。而云存储要复杂得多，它不仅仅要保存数据、日常管理，还要提供网络服务应用程序接口（API）并授权特定用户进行用户界面访问。由于用户需求和应用的多样性，因此要针对应用接口进行多样化的软件设计，开发不同的接口。同时，除了要确保数据的存储安全，还要确保数据的传输安全和稳定。

云存储是虚拟主机技术的综合应用。与云计算的分布式计算相类似，虚拟主机，或称虚拟服务器技术，主要是充分利用硬件资源，把服务器分成多个服务单位，对外表现为独立的服务器或者服务空间，实际上并不对应着专属的服务器。它可以是一个专属的服务器，或者服务器上的某一个空间，也可以是若干个空间的集成性服务，但对外表现的是独立的专属服务器。因此云存储需要多存储设备应对多方应用。单个的可以称为虚拟主机，系统的可以称为虚拟服务器，这种虚拟服务器技术的发展，可以更加充分地利用硬件资源和空间，并提供空间租赁等系统服务。云存储是一种线上服务，是基于互联网提供的一种服务，因此在数据存储调取和服务方面都是基于互联网来进行的。

如果说数据是数字经济的基础性架构，云存储就是进行数据服务的基础性平台。随着数字经济的发展，数据资源极大丰富，这些数据资源产生之后，放到哪里、如何确保数据隐私和数据安全的问题，以及数据提取的问题，是必须要面对的系列问题。而存储空间是有限的，数据的存储和日常的维护需要耗费大量的电力资源，因此，云存储利用虚拟技术，合理配置硬件资源，进行数据的集中管理，提供专业化的服务，有效地确保了数据的价值挖掘和应用服务。云存储一般包括存储基础管理、应用接口和访问等不同层次结构。

3. 云服务

云计算、云存储和云服务是整个云计算服务模式的三个层次。云服务是云计算服务体系的出发点和落脚点。云计算以应用为导向，以分布式计算、虚拟技术等系列信息技术的集成应用为支撑，将信息的处理能力和存储等作为资源，面向不同用户，通过网络进行系列服务。云服务已经渗透到政治、经济、社会等各领域，云服务在不同领域的应用，形成了很多的服务云，比如政务云、商务云、医疗云、金融云、教育云等。云服务的架构中有几个必要的关键词，即数据模型、信息技术、网络技术、平台、具体领域的相关数据。云是一个系统的服务平台，它是基于模型的专业数据的输入、存储、处理和输出的系列活动，它是以平台化的方式提供服务。目前在医疗系统当中的云服务，包括了预约挂号、共享电子病历等服务。教育系统当中的云服务，近年发展较快，线上授课成为学校授课的方式之一，基于线上授课的需求，发展和崛起了一批云服务的平台，包括中国大学生 MOOC、学堂在线、智慧树等，在教育领域掀起了一场教育信息化高潮。

（三）人工智能

人工智能现在虽然还属于计算机科学的一个分支，但是其所涉及的学科非常广泛，几乎容纳了自然科学和社会科学的所有学科。人工智能的目标就是要研制像人一样进行智能工作的机器。因此代表人类对自然和社会认识的学科——自然科学和社会科学，都在人工智能的涉猎范围之内。除了计算机科学之外，人工智能现在主要涉及哲学、数学、心理学、神经科学、信息论、控制论等方面的内容。人工智能是仿人类智能的科学，人类目前对自身脑域的开发和智力的认知还有诸多的空白地带，人们的情感、思维和认知等心理学科也还需要进一步突破，计算机科学、大数据技术等科学技术还需要不断地发展。因此可以断定，目前的人工智能技术还处于初步发展阶段。它的发展一方面受制于"人工"，即计算机相关技术的发展和突破，另一方面受制于人类对于自身智力的认知和发现。

信息技术的系统应用一般可以分成三个层次，即基础层、技术层和应用层。数据是人工智能的基础，基础层是围绕着数据展开的一系列软件和硬件。一般表现为操作系统和集成性的平台。算力是基础层的核心，算力代表着处理数据的能力，凝聚于芯片，通过软硬件的组织结合，支撑着算法和终端应用。因此，算力是人工智能的基础设施。根据《中国信通院人工智能白皮书（2022年）》，"当前人工智能的单点算力持续突破，面向训练和推断用的芯片仍在快速演进。基于算力需求的驱动，一方面体现在模型训练阶段，模型计算量增长速度超过人工智能硬件算力的增长速度。另一方面由于推断的泛在性，使得推断所需的算力需求持续增长。同时新的算力架构也在研究之中，类脑芯片、存内计算、量子计算等备受关注，但总体处于探索阶段。"

算法是技术层面的核心概念，是描述问题和解决问题的策略机制。理论算法和应用算法实现了有机结合，从处理文本、图像、语音等数据信息，到通过"生成式人工智能"，把听、说、读、写等有机结合，再到深度学习、知识计算等技术的突破，算法领域成为最活跃也是备受关注的人工智能领域，具体包括了计算机视觉、语音识别、自然语言处理、知识学习、深度学习、生成式人工智能等应用技术。

人工智能的基础层和技术层与具体的领域相结合，产生了具有创新意义的应用场景。目前人工智能在教育、文化、商务、金融、医疗、交通、安防、制造、工业互联网、家政等领域已经取得了较好的应用效果。例如推出的虚拟人物主播，以数字人物形象，直接参与大型活动的报道和其他相关的节目，得到了广泛的认同。在文化领域的智能写作、有声阅读、新闻播报等，已经进行大范围的应用并取得了良好效果。商务平台的智能化推荐，根据购物者浏览信息的频率、驻留的时间等数据，通过智能化分析，来判定消费者的主要需求方向，进而进行智能化的推送，提升了顾客的满意度。交通领域，智能交通已经成为当前交通领域的标配，智能导航对出行提供了智能化、个性化的推荐方案。

算力、算法和数据被称为人工智能的三驾马车。算力的突破，能够更好地支持算法的创新，而技术的集成创新将成为算法创新的重要方向。数据是算法的工作对象，无论是深度学习、知识计算，还是超大规模预训练模型等，人工智能技术需要大量的数据，对数据的专业性也提出了极高的要求。人工智能的核心还是在于合适的应用场景。正如前面所分析的，目前人工智能仍然属于初级阶段，技术的演进和诸多的应用场景还有很大的空间，并且有诸多的技术和具体的领域还没有有效的结合。而我国也把人工智能技术作为辅助产业转型升级的重要手段，在促进人工智能主体产业发展的同时，重点提升制造业智能化，并与实体经济深度融合。根据工信部发布的《促进新一代人工智能产业发展三年行动计划（2018－2020年）》，要在智能网联汽车、智能服务机器人、智能无人机、医疗影像辅助诊断系统、视频图像身份识别系统、智能语音交互系统、智能翻译系统、智能家居产品等方面取得实质性突破。

（四）区块链

区块链是由包含着数据的区块，按照一定的逻辑关系组成的链条。区块既可以是节点，也可以是服务器，区块之间相互独立，内容交易信息公开，但每一个区块中的账户身份信息是保密的。每一个区块都保留了整个链条中完整的数据。区块之间链接的逻辑是区块产生的时间顺序，通过共识机制认定记录的有效性。

区块链有几大共识性的特点。

一是去中心化。去中心化源于区块链分布式的计算和储存，从而能够实现区块的独立性，这也是区块链的核心特征。每个区块通过共识机制记录其他信息，因此每个区块都能够保持完整的数据信息记录，这一点与传统的具有中心节点的分布式存储有所不同，所以与其把区块链称为去中心化，还不如称为多中心化更为恰当。因为每一个区块都可以作为一个中心，因此保证了信息的独立性和完整性，尤其是安全保障性增强。但去中心化的特点也衍生了另外的问题，因为每一个区块都承载了整个区块链的完整信息，因此对于区块数据的存储容量、计算和验证的效率，都提出了很高的要求，在数据的处理时间和效率方面也会有重大的影响，尤其是随着区块链条的延伸，这个问题将会被进一步放大。

二是防篡改性。防篡改的特性源于区块链的共识机制，区块链每个节点之间是相互独立的，相互独立的节点如何相互认证有效的记录信息，就是通过共识机制。区块链节点的独立性产生了人人平等的基本理念，一般只有控制节点数量达到51%的时候，才有可能修改记录，即少数服从多数。而区块之间的独立性和账户身份信息的保密性，导致想达成这一目标非常困难，所以原则上认定在区块链上的数据是难以篡改的。区块链的这一特点，被很多领域和行业广泛应用，尤其是在安全和认证方面具有更广泛的应用空间。

三是开放性和保密性，是指区块链的数据是对所有人开放的，开放性是区块链技术的基础，理论上任何人都可以通过接口查询数据和开发应用，加之共识机制，使得区块链的整个系统透明程度很高。但是在实践应用当中，区块链的开放性并未得到真正的普及。截至目前，区块链技术的门槛仍然颇高，缺乏大量普通用户访问的应用程序和界面，这导致区块链目前仍然只能在专业领域被专业人士研究使用。与开放性相对应的是区块链的保密性。区块链开放的是数据，保密的是节点用户的信息。保密性源于它的非对称性加密，是基于密码学的一项技术。保密性也保证了它的独立性和节点的安全性。区块链本质上要求开放，各个节点只是按照预先设定的算法和共识机制去记录彼此之间的信息，并不需要实名认证，这种匿名性也保证了区块链的保密性。

四是可追溯性。可追溯性是区块链延伸出来的一个特点。节点用户加入区块链的标志，是遵照区块链的公共算法和被其他区块用户进行记录和认证。而区块链条的排序逻辑是时间序列。因此每一个被记录的数据或账户，都能够被追溯。正是因为可追溯特点，区块链可以广泛地应用于法律、食品安全、商务等多个领域。

可以看出数据是区块链工作的对象和核心内容。区块链去中心化，存储和处理的是数据；区块链的共识机制，即如何认定一个纪律的有效性，其记录的内容也是数据；智能合约基于的是不可篡改的可信数据。所以区块链技术本身的应用对象是数据，主体的工作内容是处理数据，数据是区块链技术的核心资源和要素。

从区块链的技术原理和特征不难看出，区块链技术可以广泛地应用于我们社会生活的各个领域，尤其是在金融领域、数字版权领域、公共服务领域、物流和供应链领域、公证领域以及司法领域等方面，有着较好的切入点和应用场景。

四、营销观念的转变

消费者价值观念的变化是新媒体营销发展的观念基础。消费者主导的新媒体营销时代已经来临,这一变化使得当代消费者心理呈现出新的特点和趋势。消费者价值观变化有以下四个方面:

(1) 个性消费的回归。消费者所选择的已不单是商品的使用价值,还包括其他的"延伸物"。这些"延伸物"及其组合可能各不相同,因而从理论上看,没有一个消费者的心理是完全一样的,每一个消费者都是一个细分市场。心理上的认同感已成为消费者作出购买决策的先决条件,个性化消费正在也必将成为消费的主流。

(2) 消费主动性增强。随着商品多样化,可供消费者选择的商品样式和功能越来越多,消费者掌握了更多的主动购买商品的权利。消费者更喜欢自主选购,而且对单向的"填鸭式"营销沟通感到厌倦和不信任。在许多日常生活用品的购买中,尤其在一些大件耐用消费品,比如电脑、冰箱、洗衣机的购买中,消费者会主动通过各种可能的途径获取与商品有关的信息并进行分析比较。尽管这些分析可能不够科学和专业,但是消费者根据自己的主动性选择和判断,可以增加心理上的满足感。

(3) 对购买方便性的需求与对购物乐趣的追求并存。随着社会生活节奏的加快,大城市的很多上班族由于工作压力大,长期处在高度紧张的状态下,还有些事业型的人更是习惯了惜时如金,他们形成了相对固定的需求和品牌选择。对于这类消费者,他们更强调购物的方便性,尽量节省时间和劳动成本。于是,网购对于这类群体来说大有裨益,很好地满足了他们对购物方便、快捷、省时的需求。

另外,有些消费者则恰恰相反。尤其是自由职业者和家庭主妇们,对于她们来说,可供支配的时间较多。逛街可以消磨时间,寻找生活乐趣;它也是一种社交手段,和朋友们联络感情的由头,保持与社会的联系,减少心理孤独感。因此他们愿意多花时间和体力进行购物,追求购物的乐趣。

互联网的产生和发展导致营销理念的变化、促使企业营销的重心由"推销已有产品"转变为"满足客户需求",由"以产品为中心"转向"以客户为中心",由此导致企业的营销管理的重心由传统的"4P",即产品、价格、渠道和促销(Product,Price,Place,Promotion)转变为"4C",即客户、成本、方便、沟通(Customer,Cost,Convenience,Communication)。❶

---

❶ 韩耀,张春发,刘宁. 论网络营销的基本模式[J]. 北京工商大学学报(社会科学版),2003(01):70-72.

首先，新媒体使营销产品发生变化。新媒体营销可以提供所有能够数字化、信息化的产品或服务项目，由大量销售产品转向定制销售产品，转向个性化的"一对一"新媒体整合营销。其次，新媒体由于对市场供需具有强大的匹配能力，以及市场信息充分公开，竞争者之间的价格明朗化，致使企业之间的价格竞争激烈，对企业的价格策略提出了更高的要求。再次，媒体直销改变了传统的迂回模式，实现零库存、无分销商的高效运作。传统意义上的中间商如果不能为用户提供增值服务将无法生存。单纯的贸易公司也将不复存在，营销渠道将趋于扁平化。最后，新媒体使市场营销增加了一种全新的、效果较佳的广告和公关工具，即在互联网上进行广告和公关。大量的电视广告可能从荧光屏上消失，报纸和杂志上的广告也将减少，在网上杂志和线上报纸上做广告将成为时尚。

第五节 新媒体营销的理论基础和框架

市场营销学，经过专家们多年的论证和完善，其框架体系已经相对完善，基本形成了由宏观环境和微观环境分析、组织市场和消费者市场、购买者行为、调研预测、目标市场战略、营销策略以及营销管理等内容构成的框架体系。新媒体营销是市场营销在互联网媒体时代的发展，新媒体营销的框架体系基本承继市场营销的基本框架体系。除此之外，作为网络营销的理论基础，消费者行为学、互联网经济学等学科的相关理论也为网络营销提供了理论支持。

一、新媒体营销的框架

（一）环境分析的框架

市场营销的环境分析分为宏观和微观两个层面，宏观环境，即间接营销环境，指影响企业营销活动的社会性力量和因素，包括人口环境、经济环境、法律环境、技术环境及自然环境。直接营销环境（作业环境），指与企业紧密相连，直接影响企业营销能力的各种参与者，包括：企业本身、市场营销渠道企业（供应者、中间商）、竞争者及社会公众。这种环境的分析框架在新媒体营销中仍然适用，新媒体营销面对的客户仍然有很大部分是传统客户，提供的很多产品和服务仍然是传统的产品和服务，只是在营销模式方面有一定的变化，面对的竞争和微观环境从内容上仍然是原来的框架。但是在环境分析中有所不同的是新媒体营销基于互联网环境的分析部分，也就是基于互联网形成的空间环境和特色的分析。

（二）市场分析的框架

市场营销把市场分为消费者市场和组织市场。一般来讲，消费者市场是个人或家庭为了生活消费而购买产品和服务的市场，而组织市场是以某种组织为购买单位的购买者所构成的市场，购买目的是为了生产、销售、维持组织运作或履行组织职能。这是从社会生产的角度进行区分的购买目的，一个是为了最终消费，构成消费市场，另一个是为了再生产的环节而形成的市场。这是具有一定规律性的认识和论断。在新媒体营销中，这种两种市场仍然存在。只是基于互联网、新媒体经济下的消费者市场的表现特征有所不同，除了传统组织市场之外，还存在着另外基于网络平台，实现消费者联合的"团购市场"。

新媒体营销中，可以把组织市场分成两类：一种是传统模式的组织市场，另一种是互联网经济下的创新型的组织市场。

市场营销学把组织市场定义为"以某种组织为购买单位的购买者所构成的市场，购买目的是为了生产、销售、维持组织运作或履行组织职能"。其中的"某组织"主要定位在生产者、中间商、非营利组织和政府。这样的组织市场的共性是：买方是正规的组织，如政府、协会、正规工商部门登记注册的企业；购买的主要方式是招投标和批量采购；购买的特点是买家少，但采购量大；购买的目的基本上不是直接消费，而是间接消费。在我们实际的经济活动中，这种组织市场的交易量要远远高于消费者市场。消费者只是作为最终的购买者，一件产品可能在消费者市场上只是一次性的交易，但是在这件产品的原料采购、各种中间品的交易、到最后的组装、批发、零售等多环节中，可能已经被交易无数次，而这"无数次"的交易，多属于前面定义的组织市场的交易和消费行为。这种组织市场的消费行为，在互联网经济下同样存在，但是在商品的选取范围、沟通交流方式、支付等环节，互联网提供了更加便捷和合理的促进作用。这种生产商的中间产品的需求和交易行为，其实是作为生产的必须，可以从供给的角度进行研究。

在这里提到的组织市场，是一个集合概念，是消费者的集合。这种"组织市场"在传统经济下，一般是个体之间的"串联行为"，多人联合，用批发的价格买到零售的产品。但是在互联网经济下，这种消费者的特殊需求被挖掘，并被正规化、组织化和平台化，我们称为"团购"。

团购是互联网经济下崛起的一种创新型商业模式，顾名思义，就是团体购物，一般是借助互联网平台，基于某一群体的消费需求，联合众多的消费者，以批发价格求得个体最佳效益的消费满足方式。

团购与传统的批发很类似，但又有不同。在价格上，团购基本上可以享受到接近批发的折扣价格；但从购买的主体来说，批发商一般对应的是一个主体，但团购的形式不同，卖方需要对应两个层面的群体，一个是议价的群体，一个是消费群体，而且卖方需要对应多个个别的消费主体。

团购是"平台型经济"的代表，互联网的发展本身就具有较强的平台性，前面已经论述了平台经济，这里不再赘述。互联网经济下的团购，有一个重要的参与者——互联网平台，互联网平台以独特的商业模式和商业信用来连接卖方和买方。一方面，聚合互联网上本身并不熟悉的却有着共同需求的消费者；另一方面，以自己平台的身份与卖方进行谈判和签订合同。在这样的团购模式下，交易的形式变成了卖方—平台—买方。但是在具体的消费中，还是卖方—买方。在团购模式下，平台的作用是至关重要的，卖方基于平台提供折价商品，而买方基于平台享受折价消费，二者能否协调统一源于平台运营的质量和信誉。

团购的"团"与传统模式不同，团购模式下，消费者彼此之间可能都不认识，尽管有"团"的含义，但是彼此在进行消费时可能并不碰面，而是单独的消费，是平台把彼此不认识的消费者聚合在了一起，形成"有组织的消费群体"，增强议价能力。

团购的标的是商品，是任何可以交易的商品，包括有形的和无形的。在传统经济中，批发的概念多数以实体商品为主，对于无形的、服务性的商品很难形成规模的批发性效益。但是在平台经济下的团购，却显示出了超常的覆盖领域，实物商品类和无形服务类，无所不包。男装、女装、鞋包、内衣、饰品、运动、美妆、童装、食品、母婴、百货、汽车、家电、数码、旅游、家装、酒店、婚庆、电影、理财等。

互联网经济下的团购是一种另类的组织市场，这个市场的组织形式就是平台网站，团购不仅仅是一种商务模式，或者电子商务的形式，更是互联网经济下，聚类需求的客观反映，和满足需求的一种供给方式和组织形式。

(三) 消费行为学

消费行为学为市场营销和新媒体营销搭建了基于消费者行为的分析框架。如消费市场的具体分类、消费者行为特征和影响因素等分析框架。在新媒体营销中，这些基本的框架被加以媒体化的运用。

消费者行为学的研究中，对消费者角色进行了分类研究，一般把消费者归纳为：发起者或倡议者、影响者、决策者、购买者和使用者，也称为影响消费者购买行为的参与者。

媒体消费者行为的特征是依据消费行为学，结合媒体消费的特点进行分析的消费者的媒体消费行为。媒体消费者在新媒体营销中表现形式较多，消费者、粉丝、信息发布者等。

二、供给和需求理论

新媒体营销中，新媒体是链接供给和需求的媒介。因此新媒体时代，供给和需求理论需要创新，而传统的供给和需求理论在数字经济时代，在生产要素的特征和应用条件方面均产生了变化，因此，新媒体营销连接的两端——供给和需求——也需要进行理论创新，以满足新媒体营销开展的理论基础。

（一）数字经济下供给理论的创新性

生产要素，顾名思义，是生产所需要的社会资源和环境条件的总称，是一个经济学的基本范畴，在不同的社会阶段，生产要素的内涵有所不同，其构成也日益丰富。在西方经济学中，生产要素的假设和确定更多是服务于生产函数。西方经济学的要素理论强调的"四要素"，即劳动、土地、资本和企业家，各自的要素价格表现为工资、地租、利息和正常利润。随着社会的发展，技术、管理、信息、资源等在生产过程中的作用被日益重视，成为生产要素的重要表现。

数据成为生产要素是数字经济时代的特征，作为物质生产所必需的条件，数据是具有要素属性的。数据作为生产要素，一直在社会生产中发挥着作用，但是在不同的社会发展阶段，其作用的发挥程度不同。在早期，数据只是作为其他要素或要素市场的补充，并未独立出来。如在金融市场（资金市场）、劳动力市场、房地产市场、技术市场等要素市场的运作中，数据一直被作为客观、科学、可量化的依据，在要素市场上发挥着作用。随着社会的发展，粗放型的治理已经不能满足发展的需要，数据的作用被人们进一步发掘和认识，加上信息技术的发展，数据的存储、数据的计算、数据的处理和数据的应用，数据的作用进一步发挥，数据作为经济社会的基础性生产要素已经具备了基础和条件。

数据要素具有融合性特征。一方面是数据要素与其他生产要素的融合，而数据要素与技术要素的结合尤为紧密。数据之所以能够在数字经济时代成为生产要素，与技术的创新和使用密不可分。技术的发展推动了数据价值的发挥；反之，数据与技术的融合，又不断提升技术的创新。另一方面是数据要素与应用领域的融合，这是大数据作为一种生产要素的重要原因。大数据的发展就是数据要素逐步与各领域融合发展的过程，任何领域与大数据的融合，都会在科学预测、效率提升、应用创新等方面取得成效。而且它已经成为数字经济时代各领域创新发展的动力。正如《国务院关于印发促进大数据发展行动纲要的通知》中提到，大数据推动社会生产要素的网络化共享、集约化整合、协作化开发和高效化利用，改变了传统的生产方式和经济运行机制，可显著提升经济运行水平和效率。大数据持续激发商业模式创新，不断催生新业态，已成为互联网等新兴领域促进业务创新增值、提升企业核心价值的重要驱动力。

数据要素具有引致性特征。引致需求的特征是数据生产要素性的重要体现。数据要素作为一种生产要素，可以运用生产要素基本框架来分析其特征。对于数据要素需求特征的分析，可以归结于引致需求这一问题。生产要素是物质生产所必须的要素及条件，本质上说是供给问题，但是受到需求的直接影响。数据作为一种生产要素，也要遵循生产要素引致需求这一规律。人们对数据的渴望和应用的需求，引发了企业对数据要素的供给，包括对数据的发掘、存储、计算和应用等。在派生需求这一根本性需求特征之下，可以衍生出数据要素很多的相关特点。数据要素要在使用中体现其价值。数据作为一种生产要素，只有通过被使用才能实现其价值，脱离数据的使用条件，孤立地谈数据的作用和价值都是错误的。数据在与生产结合之前，仅仅是生产的可能性，只有在生产过程当中，通过创造的产品和服务，才能体现其能力和价值。数据要素的直接需求来于企业，这是数据生产要素性的直接体现。例如从当前消费需求的满足程度来看，越来越多的智能化服务和推送，使消费者的消费需求得到满足。在满足消费需求这一命题下，要通过大量的数据，分析消费者的购物习惯、消费行为和价值取向等，大量数据的收集和分析成为决策的依据，进而能够更加精准地为目标消费者提供更好的服务，满足其消费需求。这也是大数据时代，数据作为生产要素发挥作用的重要方式。在这一范式之下，消费者得到的是需求的满足，企业通过数据提供了消费者需要的产品和服务。从这个意义上，数据要素的直接需求来于企业。

数据要素具有共享性特征。与劳动、土地和资本等生产要素不同，数据可以同时应用于多个生产环节和应用场景，而无损于数据的价值。土地、劳动和资本等生产要素也可以进行共享，而且早期的共享模式是合理安排闲置的土地房屋的共享模式，它只是在时间和空间上进行合理的衔接和搭配，使得要素资源的使用效率得以提升。而数据作为生产要素的共享性是更加开源且更加开放的共享。它可以同时供应无数的应用场景，而且可以以极低的单位价格共享，随着共享数量的增加，数据要素所有者可以得到极高的价值补偿。它有着极低的边际成本,却可以产生高额的回报。正是认识到数据要素的这一特性,各国在制定大数据发展战略时,都把建立数据的开放共享机制作为一项重要的内容。

(二) 数字经济下需求理论的创新

1. 梅特卡夫定律

梅特卡夫提出了作为互联网"眼球经济"的理论基础的梅特卡夫定律。[1] 卡茨(Katz)和沙博理(Shapiro)在1985年对网络外部性进行了较为正式的定义:随着使用同一产品或服务的用户数量变化,每个用户从消费此产品或服务中所获得的效用随之变化。基于网络外部性原理,以太网的发明者鲍勃·梅特卡夫针对早期电话网络提出梅特卡夫定律,后因同样适用于虚拟网络,所以被用于互联网当中。

该定律认为,网络的价值以用户数量的平方速度增长,即$V=N(N-1)$。例如,当只有你一个人使用电子邮件,这时你所获得的价值就是自有价值,设价值为1;当再有一个人使用电子邮件时,假设所有的使用者都互发邮件,你就从中获得了协同价值,这时价值等于2;当有第三个人使用电子邮件时,网络价值等于6;当有N个人使用电子邮件时,网络价值等于$N(N-1)$,当N趋向于无穷大时,网络价值相当于N^2,这即是梅特卡夫定律,即网络的价值等于网络节点数的平方,这里的节点数即是上面提到的消费者的个数。该定律为互联网经济发展初期的"眼球经济"阶段的企业行为进行了较好的诠释。

运用梅特卡夫定律,部分博客的门户网站计算它的价值,并以此作为计算博客参与该门户网站获得股权的测算依据;梅特卡夫定律确定了新技术推广的价值,网络上联网的计算机越多,每台电脑的价值就越大。新技术只有在有许多人使用它时才会变得更有价值,使用网络的人越多,这些产品才变得越有价值,因而能吸引更多的人来使用,最终提高整个网络的总价值。梅特卡夫定律可以解释网络经济下的边际收益递增现象;实践层面,通过梅特卡夫定律,互联网企业为拓展自身用户网络价值,使得企业的技术和产品被采纳的比例增加,企业更广泛地吸引潜在消费者注意力,取得实际效益,这是网络价值的体现。

2. 数字经济下的边际效益递增

按照显示性消费偏好,即消费者的行为,互联网经济下有很多这样的现象:随

---

[1] 朱彤. 外部性、网络外部性与网络效应[J]. 经济理论与经济管理,2001(11):60-64.

着消费者对某种商品或劳务消费量的增加，消费者所获得总效用增加的同时，边际效用也是在增加的。这种边际效用递增的现象在传统经济下也广泛存在。

可以用偏好来解释一下边际效用递增的规律性认识。偏好是人的个性中的稳定性存在，有的是天生的、有的是后天形成的，无论是哪一种，一旦形成，都会成为个性中的比较稳定的部分，每个人都是独立的个体，这种个体的独立性通过其行为和内心倾向表现出来，那么理论上每个人都应该有自己的偏好，可能表现的方式不同。消费偏好更多表现在消费者的消费行为中，例如爱美的女性，对于漂亮衣服的偏好，不会因为购买了一件衣服，这个偏好得到基本满足后，服装对她的效用就递减了，有可能更加增加她的消费欲望。网络上有一个"吃货"的称呼，对于这样的美食家，他们对食物的偏好，不会因为一顿美食就降低，可能从生理上会有吃饱的感觉，但是并不会降低对于美食的追求，甚至会加深对美食的渴望。这普遍的现象与经济学中提到的个别的边际效应递增现象，如收藏、集邮等的道理是一样的。这在数字经济下更为普遍。

边际效用递增规律与互联网经济中的"用户黏性"的概念异曲同工。新媒体营销有三个阶段，即用户流量、用户黏性和价值提升三个阶段。其中用户黏性阶段，是营销发展的第二阶段，增加用户黏性，从而使高黏性用户愿意为其所享用的服务付费成为重要的商业模式。黏性或者"黏度"是培育市场，衡量顾客忠诚度的重要指标。这种黏性或者边际效用递增的产生，主要是让消费主体形成稳定性的偏好，数字经济通过其互联网的特色效应、提供商品的类别、特点等，逐步让消费者形成稳定性的偏好，增加用户黏性，实现边际效用的递增。

第一，互联网空间的"无限性"为偏好的"显示性"提供了帮助。受到现实中的诸多因素制约，很多消费者的喜好并未真正被挖掘和被满足，甚至受到供给能力和传播能力的限制。媒体平台展示，在挖掘和满足这种小众的特色需求的过程中，可以形成独特的市场价值，一旦这类需求得到满足，可能会形成真正的偏好，迅速增加用户黏性。互联网经济对于这种偏好的形成和满足，提供了契机。

第二，"消费惰性"的存在。消费者的习惯性消费，使得消费者不愿意轻易地转移目标和对象，这是现实中的一种常态现象。造成这种"惰性"的原因很多。这里引用"帕累托最优状态"这个概念来形容消费的心理满足状态，在这种状态下，消费者感觉比较满足，在没有更好选择的前提下，没有"帕累托改进"的余地，任何的改变都会造成整体消费水平的下降，所以，让这种状态持续下去，造成了"消费惰性"。这种结果的前提是没有更好的产品可供消费。客观原因是转移成本过高。

转移成本是消费者在购买一件商品以取代原有商品的过程中，过渡所需要支付的费用，包括学习成本、交易成本和机会成本。在互联网的很多产品的消费中，存在着转移成本，例如网络软件的更换，习惯于用某一种软件之后，如果重新选择一款软件，不仅有购入成本，且在培训和适应方面，都需要花费更多的精力去适应，在经济和精力两方的约束下，很多人采取"惰性"的处理方式。

第三，数字经济下的持续创新。"迭代"既是作为数字经济中以快取胜的市场竞争法则，也是作为不断增加用户黏性的营销手段。数字经济中，信息的传播速度很快，发布范围很广，产品的生命周期缩短，很多产品具有"快时尚"的特性，快速投入市场，迅速完成市场生命周期，再进一步创新。集成创新成为创新的主要形式，在持续创新的过程中，产品和服务会不断被完善，客户的需求满足程度会被不断加强，形成了持久性的用户黏性，甚至需求不断参与到产品的被完善过程中，形成了经济中的良性循环，在产品的"迭代"创新中，用户黏性逐步增强，边际效用呈现递增的趋势。

第四，网络效应引发的边际效用递增。有人通过对"外部性"的研究发现，互联网经济中存在着"网络外部性效应"，消费者的满足状态中，除了消费商品和服务的基本属性得到满足外，随着消费同种商品的消费者数目的增加，其满足程度也在逐步递增，这已经成为互联网经济中的一种现象。互联网具有广泛传播性和相对透明性，每个消费者可以清晰地看到曾经购买同种商品的人数和基本评价，尤其是在电子商务的网购中，这种网购人数和网评甚至成为后来消费者网购的依据，来据此判断此商家和该商品的可信度和质量等，而且，随着外部消费者消费人数的增加，消费者消费该商品的满足程度也会随之增加，我们可以把它称为网络外部性引发的边际效用的递增现象。

第五，数字经济带动性下的边际效用递增。消费的满足是一个系统的工程，商品的基本功能的完备，购物环境、条件、便利性、支付方式、服务态度等方面都会影响到消费者需求的满足程度。数字经济的融合性、带动性在满足消费需求中发挥了重要的作用。以网络购物为例，网络选购的业务模式赢得了消费者眼球，随着物流、支付、评价等系列的辅助性业务的完善，使得网络购物的消费者的满足程度不断加强，这充分体现在数字经济的创新中，这种辅助系统的完善是基于需求而自发进行的服务模式创新，这种基于互联网经济的系统创新，使得消费需求满足的层次不断提高，对于增强用户黏性起到了重要作用，使得消费者的边际效用也呈现递增的态势。

第六，互联网经济中产品的知识含量的增加。数字经济中，很多产品的集成性很强，即累积众多的消费需求于一件产品上，使产品的功能性大为增强，消费者在进行个别的产品消费时不仅能够满足自身对消费产品的需求，而且能够分享别人的需求，得到额外的满足状态，从而增强了需求的满足程度。以手机为例，基本的通话功能得到满足的前提下，3G时代的智能手机不断地进行功能创新，满足消费者通信需求的基础上，集合字典、闹钟、通信、娱乐、照相等多种功能于一身，不断挖掘和满足消费者的需求，使得消费者的黏性增强，消费的边际效用递增。

本章小结

观念是一种相对系统的态度和思维方式，是基于客观事物达成的系统性的主观认识。市场营销观念先后经历了以生产为中心的生产观念、产品观念、推销观念，以消费为中心的市场营销观念、以社会利益为中心的社会市场营销观念，以及以网络、媒体工具变革为中心的网络营销、新媒体营销观念等。

新媒体是以数字技术为基础，以网络为载体进行信息传播的媒介。即利用数字技术，通过网络渠道和多种终端，向用户提供信息服务。新媒体的介质主要由数字技术、网络渠道和终端三个方面构成。具有互动性强、链接广泛、信息碎片化、智能化趋势等特征。

新媒体营销是以满足消费者需求为目标，运用数字技术、网络工具、平台和终端开展的营销活动。在市场营销观念的沿革过程中，网络营销和新媒体营销随着数字化、网络化的趋势逐步发展起来。

新媒体营销具有平台性、传播主体广泛、用户价值导向和组合营销特征明显等特点，具体包括社交媒体营销、自媒体营销、短视频营销和直播营销等方式。

新媒体营销的理论基础和框架主要包括传统的营销学的理论框架和数字经济背景下供给和需求关系的变化引发的传统经济学的变革和创新。

延伸阅读

2023年7月21日，中国社会科学院新闻与传播研究所、社会科学文献出版社共同发布《新媒体蓝皮书：中国新媒体发展报告No.14（2023）》（以下简称新媒体蓝皮书）。新媒体蓝皮书全面分析中国新媒体发展状况，解读新媒体发展趋势，总结新媒体发展问题，探析新媒体的深刻影响。

短视频行业向"三足鼎立"转变

新媒体蓝皮书显示，2022年，中国短视频行业"两超格局"稍有变化，抖音、快手的领跑地位虽依旧稳定，但微信视频号也高歌猛进，"两超多强"向"三足鼎立"转变。

2022年，抖音与快手之间的竞争逐渐白热化，虎年春节和北京冬奥会拉开了二者"流量争夺战"的序幕。微信视频号加入短视频竞争战局之后，后来者居上，跻身第一梯队，推进抖音、快手"两超多强"格局的调整，朝着"三足鼎立"的方向发展。微信视频号凭借强大的用户基础，打通微信生态间的用户流转，聚合公域与私域流量。目前，微信视频号活跃用户规模突破8亿，微信视频号中抖音用户活跃渗透率达59.2%、快手用户活跃渗透率达30.8%。微信视频号与抖音、快手形成了"三足鼎立"的竞争格局。

此外，微博、小红书等上线短视频功能后，凭借强社交、强互动的模式表现出强势劲头，在以抖音、快手为首的"两超多强"向以微信视频号强势发力为特征的"三足鼎立"的动态转向过程中，社交媒体平台也纷纷抢占短视频市场。短视频行业竞争日趋激烈，促使各大平台不断进行功能优化、拓展功能领域、实现功能演进，抢夺受众的注意力资源。

新媒体未来发展的十大展望

新媒体蓝皮书发布了中国新媒体发展十大未来展望。

智慧城市建设打通基层治理链条。从数字城市走向智慧城市，后者不仅推动服务型政府的形成，更从民生、公共安全、工商活动等多个角度打通基层治理的各个环节，构建社会综合治理的便捷路径。

数字经济成为经济结构转型的主要方面。针对特定群体的新业态成为数字经济发展的行业风口，如适应老年人群体的"银发经济"、对应年轻人的"Z世代经济"等。

新媒体内容生产更加垂直细分。技术为内容表现形式持续赋权，增强内容观感，提升内容的传播力、影响力。

区域一体化建设助力全媒体传播体系格局。目前，我国在建立健全县级融媒体中心的基础之上，狠抓地市级融媒体中心建设，增强全媒体传播体系中的"腰部力量"，形成具有规模效应和品牌效应的地区品牌。

媒体融合规范化程度更高。我国媒体融合发展已从"野蛮生长"转变为规范化、标准化运营。传媒产业在转型升级发展的同时，也不断细化内容，构建体系化、科学化的媒体融合范式。

主流意识形态与网络舆论空间治理加强。数字化进程加速网络空间意见流动，滋生如网络暴力、网络谣言等互联网乱象，同时各级别媒体融合进展存在差距，舆论引导能力仍有待提升。

全媒体传播人才培养成果显著。我国人才结构不断调整优化，应加强"专业+技术"双重人才培养，提升新媒体人的舆论感知力和内容创造力，增强融媒体中心的综合实力。

文化产品更具中国文化特色。我国不断增强文化产品的创作活力，实现内容创新、形式创新和管理机制创新"三位一体"，利用数字化技术赋能优质文化走出去。

融媒体产业边界持续拓宽形成发展范式。我国融媒体产业合作规模持续扩大，不断与多元领域形成群体合力，增加经济效益，增强内容水准，拓宽业务范围。

国际网络安全问题亟待关注。我国提出构建"网络空间命运共同体"，呼吁世界各国在数据安全、信息保护、跨境流动等领域坦诚交流，共同构建开放包容的国际网络环境。

新媒体产业呈现四大趋势

随着我国对互联网平台常态化监管政策的施行，互联网平台将朝着规范、健康的方向发展，并持续开拓海外市场。新媒体蓝皮书认为，人工智能产业随着ChatGPT的爆火开始复苏，新媒体产业数字化趋势进一步加强。

互联网平台监管进入常态化阶段。自2021年国家出台一系列互联网监管政策以来，我国对互联网平台的监管政策不断更新、完善。2022年7月，中共中央政治局召开会议，再次强调"常态化监管"，鼓励资本在公平竞争和高质量发展的基础上进入。2022年3月，国家网信办等四部门联合发布的《互联网信息服务算法推荐管理规定》正式施行，我国积极布局人工智能领域法律体系与制度建设。可以预见，我国对互联网平台的常态化监管预期在一定时期内相对稳定。

互联网公司继续向海外市场纵深挺进。其一，互联网公司"出海"进程加速。2022年，互联网大厂在海外上线的非游戏类产品有30多款；跨境电商发展势头迅猛。中国出口贸易的强劲态势促进了跨境出口电商的持续发展。其二，游戏行业"出海"前景广阔。

ChatGPT资本活跃度上升，人工智能产业复苏。ChatGPT是一款由人工智能研

| 新媒体营销 >>>

究实验室OpenAI发布的自然语言处理工具,其爆火后,我国头部互联网公司争相入局,我国人工智能产业迎来复苏契机,在5G基础技术和国家政策等的加持下,人工智能产业将进入爆发式增长阶段。

　　新媒体产业数字化趋势明显。其一,新媒体发展与数字中国建设紧密结合。近年来,我国媒体纷纷建设内容聚合平台、媒体资源库及媒体智库,打造集咨询服务、生活服务、政务服务等于一体的当地"治国理政新平台",推动"媒体+政务"运作模式的落地。其二,数字经济和实体经济加速融合。传媒产业积极推进数字化改造,提高数字经济比重,产业数字化趋势明显。传统媒体的策划、采编、发布将向集云计算、大数据、5G技术于一体的全周期升级,同时打造贴合业务流程与应用场景的AI中台架构。媒体行业不断整合互联网思维,推动传统广告模式朝着电商广告、信息流广告等以流量转化为导向的广告经营新模式发展。

课后思考

1. 新媒体有哪些特征?
2. 新媒体营销的含义及特点是什么?
3. 相比较传统媒体,新媒体在营销方面有哪些优势和不足?

第二章　新媒体营销模式

学习目标

1. 了解新媒体营销的不同模式
2. 掌握新媒体营销的特点
3. 掌握新媒体营销模式的运作方式

内容要点

1. 新媒体营销的特点
2. 新媒体营销的不同模式

课程思政

2023年3月5日，第十四届全国人大一次会议召开，"扎实推进媒体深度融合"被首次写入政府工作报告。大数据、物联网、云计算、区块链、人工智能等新技术的不断发展，使得新媒体营销的模式不断发展。

通过学习新媒体营销的特点和企业相关运作方式，培养新时代创业思维，利用新媒体营销实现创业基础。

引导案例

《从农场到餐桌》的助农创新实践

《从农场到餐桌》是广东卫视打造的一档聚焦精准扶贫、关注三农发展、助推乡村振兴的全新节目，深入全国各地的美丽乡村，展示农产品的风味、故事和

> 价值。节目常规内容包括三农产品溯源、消费场景呈现、新农人创业故事、新农村建设成果、乡村振兴成果展示等元素,不仅在广东卫视频道播出,还围绕三农内容搭建了融媒体矩阵,扩大节目影响力,丰富内容传播途径。
>
> 《从农场到餐桌》通过"内容生产+直播带货+电商销售+线下活动+品牌孵化+政企助力+社区团购"相结合的创新实践,节目行程超过75万公里,深入800多个乡村,铸造上百款农产品品牌。
>
> 《从农场到餐桌》采用"微纪录+综艺"的形式,通过"一日农夫"和"农产品美食推荐"环节,讲述农产品的种养过程、品质特点、文化内涵和农人故事,让观众了解农产品的全产业链,增强认知和信任度。
>
> 《从农场到餐桌》利用电视大屏和融媒体平台的立体传播,通过优酷、腾讯、爱奇艺、触电新闻等新媒体平台播出节目,通过微信、微博、抖音等社交媒体进行互动推广,通过直播带货、短视频等形式进行二次激发和深度发酵,实现了大小屏联动、跨屏消费和边看边买。立体传播并销售农产品超过1000款,开展线上线下多渠道的产销对接活动,签约交易总量超过6000吨,交易额超过3000万元,以实际行动打通农产品与消费者之间的信息与销售通道。
>
> (资料来源:《〈从农场到餐桌〉:媒体与产业融合助农的创新实践》)

第一节　病毒式营销

一、病毒式营销的概念

病毒式营销(Viral Marketing,又称病毒营销、病毒性营销、基因营销或核爆式营销),是利用公众的积极性和人际网络,让营销信息像病毒一样传播和扩散。营销信息被快速复制传向数以万计、百万计的观众,它能够像病毒一样深入人脑,快速复制,迅速传播,将信息短时间内传向更多的受众。

病毒式营销是通过提供有价值的产品或服务,"让大家告诉大家",利用群体之间的传播,从而让人们建立起对服务和产品的了解,通过别人为你宣传,实现"营销杠杆"的作用。病毒式营销被越来越多的商家和网站成功利用。由于这种传播是用户之间自发进行的，因此费用相对较低。

二、病毒式营销的基本要素

美国著名的电子商务顾问拉夫·威尔森（Ralph F. Wilson）博士将有效的病毒式营销归纳出六大基本要素。成功的病毒式营销不一定要包含所有要素，但是，包含要素越多，营销效果可能越好。

（1）提供有价值的产品或服务。在市场营销人员的词汇中，"免费"一直是最有效的词语，大多数病毒性营销计划提供有价值的免费产品或服务来引起注意，例如，免费分享服务、免费信息、具有强大功能的免费软件。"便宜"或者"廉价"之类的词语可以产生兴趣，但是"免费"通常可以更快引人注意。

（2）提供无须努力即可向他人传递信息的方式。病毒只会在易于传染的情况下传播，所以，携带营销信息的媒体必须易于传递和复制，例如微博、微信、小红书等App的一键分享，用户可以很方便地转发有趣的内容。病毒式营销在互联网上得以发挥作用是因为如今的即时通信简单且廉价，数字格式使得复制更加容易。营销信息简单化使信息容易传输，越简短越好。

（3）信息传递范围从小规模向大规模扩散。为了快速扩散，传输方法必须改变，否则将抑制需求的快速增加。如果病毒的复制在扩散之前就扼杀了主体，那就无法实现任何目的。

（4）利用公众的积极性。巧妙的病毒性营销计划正是利用了公众的积极性。为了传输而建立在公众积极性和行为基础之上的营销战略才会取得成功。2018年9月29日，支付宝官方微博发布了一条抽奖公告，从转发的用户中抽取一名"中国锦鲤"，只要"十一"期间在境外使用支付宝支付指定产品，就能统统免单。微博发出后不到6个小时，就已经有100万人参与转发，第二天转发量破200万，成为微博史上转发量最快破百万的企业微博；在公布结果后，迅速占据微博热搜第一和第五位，微信指数日环比上涨288倍；中奖用户"信小呆"的微博，一夜间暴增至80万粉丝。

（5）利用现有的通信网络。大多数人都是社会性的。社会学家告诉我们，每个人都生活在一个8~12人的亲密网络之中，网络之中可能是朋友、家庭成员和同事，根据在社会中的位置不同，一个人的宽阔网络中可能包括二十、几百或者数千人。例如，一个服务员在一星期里可能定时与数百位顾客联系。网络营销人员早已认识到这些人类网络的重要作用，无论是坚固的、亲密的网络，还是松散的网络关系。

App 可以通过访问通讯录，获取可能的好友推荐。

（6）利用别人的资源。最具创造性的病毒式营销计划利用别人的资源达到自己的目的。例如会员制计划，在别人的网站设立自己的文本或图片链接，提供免费文章的作者，试图确定他们的文章在别人网页上的位置，一则发表的新闻可能被数以百计的期刊引用，成为数十万读者阅读文章的基础。别的印刷新闻或网页转发你的营销信息，耗用的却是别人的资源。

三、病毒式营销的特点

1. 有吸引力的"病原体"

病毒式营销有效利用了目标消费群体的积极性和公众网络，因此其"病原体"，也就是信息就需要多角度有意义的加工与包装，以确保其信息能够让目标消费群体感兴趣、接受、喜欢，且乐于传递。所以，有引力的病原体是病毒式营销的关键所在。

如微信游戏小程序"跳一跳"，微信下拉界面点击小程序直接进入游戏，手指点击就能完成游戏，受众广泛，且场合不限。"跳一跳"基本上只有游戏开发成本，在宣传上没有过多投入，仅伴随着小程序功能的推广迅速获得了认可，由用户自发传播，成为当时现象级小程序游戏。

2. 几何倍数的传播速度

基于大众传播媒体的营销方式是"一点对多点"的辐射状传播，营销人员很难确定信息是否真正触达目标受众，其影响程度有多大也难以衡量。病毒式营销是基于受众用户自发参与的夸张性的信息推广，一旦受众主动接受且认可这一信息，那么他就会成为一个扩散源，将信息传递给与他们有着各种联系的个体。这就使信息达到了几何倍数的快速传播。

如选秀节目《创造101》中的选手王菊，因其独立自信的性格，配以"菊外人""陶渊明""菊家军拉票文案""菊言菊语"等标签和文案，病毒式快速扩散与传播，使其获得了节目的大量话题和流量，迅速出圈。

3. 接收效率高

传统大众媒体营销的信息总会受到接收环境、受众心理、传播干扰等影响，大大降低了目标对营销信息的接收效率。而对于从亲朋好友的社交圈中接触到的信息，受众在接受过程中具有积极的心态且信任度非常高。因此，病毒式营销克服了信息传播中的"噪音"影响，能够让受众主动接受信息，增强信息的传播效果。

如 2016 年下半年，微信朋友圈被来自腾讯创新大赛"Next Idea × 故宫"的创意 H5《穿越故宫来看你》刷屏。严肃刻板的明成祖朱棣戴着墨镜，一边跳舞，一边说唱，还不时地自拍并将自拍照片发至朋友圈。其刷屏式的传播，足以证明公众对其的认可和喜爱。

4. 更新速度快

网络产品来得快去得也快，生命周期短且更新换代快。对于品牌方来说，掌握病毒式营销的节奏，在目标受众对"病原体"产生免疫力之前，抢占信息传播的制高点，将传播力转化为购买力，以达到最佳效果。

如品牌商借助病毒式营销打造的网红商品，在其传播制高点趁势销售，才能达到最好的销售效果。

四、病毒式营销的实施步骤

1. 确定目标

病毒式营销的第一步必须明确营销目的，是提升品牌知名度还是发布新产品，还是提高产品销量。只有目标明确，才能确保计划的有效实施。

2. 设计"病原体"

病毒式营销的关键就是设计"病原体"，不管病毒最终以何种形式呈现，都必须具备最基本的病毒易传播基因，即独特有趣的吸引力、方便快捷的传播力、畅通高效的扩散渠道。在设计内容的时候，首先，确定信息形式，如视频、图片、文字、游戏等；其次，要有新颖且富有感染力的好创意；最后，确定网络传播工具，如常用的微博、微信、社交网站等。将营销内容与形式巧妙融合，并选择与目标及受众相符的平台，才能有的放矢，且让受众自愿接受且主动传播。

3. 选择易感人群

病毒产品确定后，要准确找到具有影响力的易感人群，也就是能起到意见领袖作用的消费群体，发挥舆论领袖作用，进而影响更广泛的人群。舆论领袖在网络传播中的作用，可以概括为加工与解释的功能、扩散与传播的功能、支配与引导的功能、协调或干扰的功能。网络上的舆论领袖无处不在，且分布在各个领域。

4. 主动传播与快速扩散

"病毒"经过意见领袖的扩散，营销人员要继续使用大规模迅速传播的机制，创造意见领袖与强力传播者、随意传播者及大众传播者之间接触的机会，充分发挥公众的积极性，以强化"病毒"迅速大规模扩散的能力，实现本次病毒式营销的目标。

5. 监督与评估

当病毒式营销设计完成并开始实施后，其最终效果往往无法准确控制，但并不意味着可以任其自由发展且不进行跟踪与管理。实际上，在病毒式营销期间，营销人员需要监测相关反馈数据，了解活动进展，及时掌握营销信息传播带来的反应，及时评估，及时调整。在活动后总结经验，为之后的病毒式营销计划提供参考。

五、品牌实践：蜜雪冰城主题曲MV的魔性传播

2020年7月，蜜雪冰城发布品牌主题曲，并在全国门店开始循环播放主题曲，但是并未引起消费者过多的讨论与关注。但2021年夏天，不用途径门店，只要打开手机，抖音、B站、视频号，都能刷到蜜雪冰城的"魔性洗脑"歌曲，这轮病毒式营销，让品牌迅速出圈。

1. 通俗易懂的官方主题曲

2021年6月3日，蜜雪冰城选择在抖音、B站、视频号等社交平台发布其品牌主题曲MV，之后陆续发布了中英双语版主题曲及MV。三句不断重复的歌词，一个八度内就可以演绎的主旋律，雪王作为主角，配以色彩丰富的搞怪动画，构成了简单易学、朗朗上口、轻松愉快的蜜雪冰城主题曲MV。

中文版歌词由品牌Slogan组成，"你爱我，我爱你，蜜雪冰城甜蜜蜜"。英文版歌词为"I love you, you love me, Mixue ice cream and tea."主题曲旋律选自19世纪中期的美国民谣《哦！苏珊娜》（*Oh Susanna*），歌曲整体韵律感强，风格轻快活泼。中文版和英文版的歌词如图2-1、图2-2所示。

MV主角为品牌IP"雪王"。白乎乎、圆滚滚的雪王在充满童趣、色彩明亮的画面中，随着旋律节奏舞动，轻松地让年轻消费者记住了这一品牌形象。通过线上与线下的品牌联动，品牌与消费者的不断互动，"雪王"不再是单调的平面形象，而是被注入了生动活泼、可爱搞怪性格的人格化灵魂。这一系列操作增加了用户对品牌的好感，也拉近用户与品牌之间的距离。

图 2-1　蜜雪冰城主题曲 MV（中文版）　　图 2-2　蜜雪冰城主题曲 MV（英文版）

2. 全网用户的积极互动

有了优质内容之后，病毒营销离不开用户的积极参与。轻松简单的内容，降低了用户参与和二次创作的门槛，蜜雪冰城的主题曲和 MV 在各个社交平台上形成了包括歌词改编、乐器挑战、舞蹈创作等二创风潮。从一开始的网红 KOL、各大品牌官方蹭热点，到后来的全民狂欢 UGC，而后，蜜雪冰城官方下场，反应迅速，带头运营话题，积极与网友互动，不断提高品牌声量，并集结二创作品，发布了主题曲法语版、韩语版等 20 种语言的主题曲版本。

微博平台上，#蜜雪冰城主题曲#话题阅读量累积达到 2505.2 万，互动达到了 3.1 万，原创量达到了 1900。而后陆续产生了#满脑子都是蜜雪冰城主题曲#（1221.9 万阅读）、#蜜雪冰城 20 种语言主题曲#（170.5 万阅读）、#王源弹钢琴版蜜雪冰城主题曲#（78.2 万阅读）等热门话题。

抖音平台上，蜜雪冰城创作的主题曲原声（抖音 DJ 热搜原版）被 41.1 万人使用。蜜雪冰城甜蜜蜜（BGM 版）被 13.9 万人使用。雪王音乐合集有 1.1 亿播放量。

3. 社交平台的最强辅助

除了上述提到的微博平台，本次主题曲 MV 的发布还选择了以 B 站、抖音为主的社交媒体平台。

抖音作为以创意和趣味内容为主的娱乐性短视频平台、优质内容的伯乐，简直就是"病毒"的培养皿，为其传播创造了极其有利的环境。蜜雪冰城抖音官方账号在 2021 年 6 月 3 日发布了《蜜雪冰城中文版主题曲》《蜜雪冰城英文版主题曲》两个视频，6月9日发布了《蜜雪冰城电音版主题曲》。品牌官方视频的点赞量均在80万以上。抖音平台也成为这次全民二创的主阵地。

B站是年轻人的文化乐园，也是二次元的圣地。相比抖音平台，其用户对UP主发布的内容质量要求更高，且用户黏性强，因此B站非常适合动漫形象或IP形象的病毒物料的投放发布。B站上的冰雪冰城官方站于2021年6月3日发布了《蜜雪冰城主题曲MV》，播放量555.6万；6月5日发布了《蜜雪冰城主题曲MV（中英双语版）》，播放量2115.4万，产生了超过2.9万的弹幕和3.2万的评论。各大UP主根据主题曲再创作的视频也屡屡登录全站热门。

总体来看，随着品牌主题曲MV发布引发的全民二创和转发热潮，使得品牌成功出圈，极其完美地完成了一次低成本的病毒营销。

第二节　互动营销

一、互动营销的概念

在互动营销中，互动的双方一方是消费者，另一方是企业。互动营销是指企业在营销过程中充分参考消费者的意见和建议，用于产品的规划和设计，为企业的市场运作服务。互动营销的实质就是充分考虑消费者的实际需求，切实体现商品的实用性。通过互动营销，让消费者参与企业产品及品牌活动中，拉近品牌与消费者的距离，让消费者在不知不觉中接受企业的营销宣传。

随着互动营销的发展，目前已形成了新的网络互动营销。网络互动营销是一种以网络为媒体实施的双向营销方式，其面对的人群消费能力也比较强，覆盖面也足够广。网络互动营销更加能够促进相互学习、相互启发、彼此改进，达到互助推广、营销的效果。

通过互动营销，企业可以更加深入了解消费者需求，以此为基础制订更加有效的营销策略。互动营销包括很多形式，如线上的社交媒体活动、互动游戏、投票、调查问卷，以及线下的展会、活动、试用装派送等。互动营销强调的是双向互动，企业在向消费者传递信息的同时，接受消费者的反馈，以此建立更加紧密的品牌关系。

二、互动营销的组成部分

1. 目标客户的精准定位

有效分析客户信息，根据客户需求与消费倾向，应用客户分群与客户分析技术，识别业务营销的目标客户，并且能够为客户匹配适合的产品。

2. 完备的客户信息数据

在强大数据库基础上，把与客户接触的历史信息进行有效整合，并且基于客户反馈与客户特征，为增强和完善客户接触记录提供建议，为新产品开发和新产品营销提供准确的信息。

3. 促进客户的重复购买

通过客户的消费行为，结合预测模型技术，有效地识别潜在的营销机会，为促进客户重复购买的营销业务推广提供有价值的建议。

4. 支撑关联销售

通过客户消费特征分析与消费倾向分析、产品组合分析，有效地为关联产品销售和提升客户价值主动提供营销建议。

5. 建立长期的客户忠诚

结合客户价值管理，整合客户接触策略与计划，为建立长期的客户忠诚提供信息支撑，同时能够有效地支撑客户维系营销活动的执行与管理。

6. 实现顾客利益的最大化

顾客利益最大化是互动营销设计的核心理念。实现顾客利益最大化，要靠稳定、可靠、性价比高的产品，便捷快速的物流系统支持，长期稳定的服务，实现对顾客心灵的感化和关怀。

三、互动营销的实施

1. 了解目标受众的需求和喜好

不同目标受众，其需求与喜好不尽相同。如在个人爱好和社交媒体的选择上，喜好二次元的年轻用户更倾向于 B 站的营销与互动传播；喜好美妆分享的年轻用户更喜欢在小红书、抖音等社交平台进行分享与互动传播；而商务人士更偏向于今日头条等应用软件的宣传和营销。

在了解目标受众需求和喜好的基础上，能够更有针对性地设计富有吸引力和趣味性的内容，满足受众对体验新奇事物的好奇心，为用户打造专属的视觉体验。

2. 内容互动与渠道选择

为了使目标受众有更高的参与度和体验感，互动营销的内容形式十分多元，如短视频、图片、语音等，目标受众可以在各种场景下与品牌进行互动。在内容实现上，H5因其良好的交互性、多样的媒体形式、丰富的感官体验、传播的便利性等特点，越来越受到企业和品牌的重视，成为互动营销的首选工具。

品牌可以通过微信朋友圈、微博、抖音、小红书等社交媒体，与目标受众进行互动，微信公众号与小程序也可以增强互动体验。

3. 数据分析与反馈

多维度的数据收集与分析可以帮助企业和品牌有针对性地调整与优化互动营销策略，提高互动营销的效果和转化率，让品牌与目标受众之间的互动更有价值。

四、品牌实践：腾讯×敦煌研究院——动画配音玩转互动营销

2020年2月20日，敦煌研究院、人民日报新媒体、腾讯联合推出首个拥有丰富的敦煌石窟艺术欣赏体验的小程序"云游敦煌"抢先体验版（图2-3）。4月13日，以莫高窟经典壁画为原型的"敦煌动画剧"，在微信和QQ小程序"云游敦煌"上同步首映（图2-4）。用户不仅可以观看和分享该系列动画剧，还可以亲身参与动画剧的配音和互动。这是"云游敦煌"小程序上线一个月之后的重大版本升级，也是敦煌研究院与腾讯影业、腾讯动漫携手，通过"新文创"模式，为敦煌文化的数字内容创新做出的重要探索。

1. 立足目标受众痛点的产品设计

九色鹿的故事对于70后、80后的人们来说并不陌生，那是经典的国产动画，讲述了九色神鹿救了弄蛇人，结果弄蛇人反而向国王告密，最后九色鹿以神力脱困，并惩罚了弄蛇人的故事。

在"云游敦煌"小程序里，九色鹿再次从壁画中走来，由敦煌研究院院长亲自讲述《神鹿与告密者》的故事。

与传统的动画片不一样的是，此次推出的"敦煌动画剧"并没有选择重新绘制壁画故事形象，而是在数字化修复和还原的基础上，将故事中的角色和人物进行了动态化的制作，同时还增加了与用户的互动，让用户可以为剧中人配音。

图 2-3　云游敦煌小程序

图 2-4　云游敦煌动画首映海报

据悉，与《神鹿与告密者》同期推出的还有《太子出海寻珠记》《谁才是乐队 C 位》《仁医救鱼》和《五百强盗的罪与罚》。

敦煌非常看重青年群体，希望用青年人熟悉的方式、感兴趣的形式传递敦煌文化。对于敦煌来说，应该广泛运用人工智能、虚拟漫游等新技术，借助 5G 和云计算带来的高速率的传输，构建线上线下相融通的传播体系，输出更多精品数字传播内容，多渠道传播敦煌文化蕴含的人文精神和时代价值，用匠心呵护遗产，以文化滋养社会。

2. 互动式体验开创线上游览新模式

所有的动画剧都是源于敦煌壁画本身的故事。如《太子出海寻珠记》以第 296

窟的善事太子的故事为蓝本,《谁才是乐队 C 位》活化的是第 112 窟的《反弹琵琶》,《五百强盗的罪与罚》由第 285 窟的《五百强盗因缘》故事画而来。

从用户体验来讲,"云游敦煌"小程序有着很强的交互性,充分考虑到年轻人的用户体验以及时下的网络传播规律。此次的动画剧与众不同之处在于它可以让用户自行配音(图 2 - 5)。

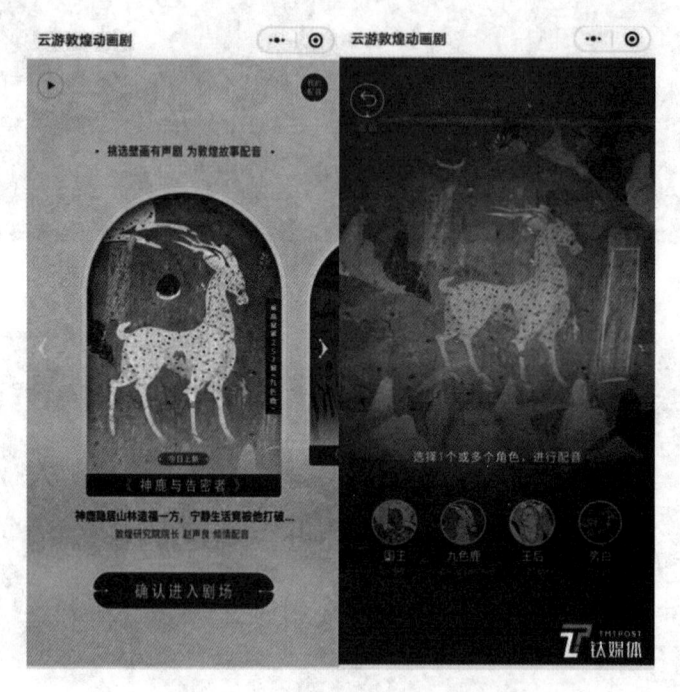

图 2 - 5 云游敦煌动画剧配音界面

由观众亲自演绎动画,每个通过云游敦煌小程序观看漫画的观众,都可以在每一部动画里自行选择故事和角色尝试配音,或邀请他人分饰角色,合作完成故事配音,形成属于自己和朋友共同享有的独一无二的敦煌动画。

对于父母而言,这还是一个非常具有趣味性又便利的有关传统文化的教育工具。父母可以先让孩子观看动画、选角色配音,引起孩子兴趣。再通过小程序播放由敦煌研究院讲解员倾情解说的"敦煌石窟艺术之最"有声系列内容,介绍敦煌壁画背后的故事。最后通过"敦煌诗巾"小程序自行绘制一幅"壁画"并订制成丝巾,成为送给小孩最好的礼物。

这种从看、听、说、纪念品制作都可以由游览者自行参与、推进的互动体验式线上游览模式,成功地开创了数字化文创新模式。"云游敦煌"小程序上线以来,已经吸引了超过 1200 万的网友线上感受敦煌魅力。

3. 互动平台的多种渠道

无论在内容上、形式上，还是传播渠道上，"社交"是这个文创产品的一大特色。用户在微信、QQ 搜索"云游敦煌"小程序，进入首页就可以欣赏敦煌动画剧，还能参与创作，自行选择故事和角色尝试配音，或邀请亲朋好友分饰角色，合作完成故事配音，并进行社交分享。同时，小程序还推出了由敦煌研究院讲解员倾情解说的"敦煌艺术之最"有声系列内容，如最早的 3D 图案画、最早的 AI 演奏会等，都将通过"今日画语"板块呈现，这是此前最受用户欢迎的功能板块之一。除小程序首页外，用户在腾讯微视、腾讯看点、腾讯视频、腾讯新闻等多个内容平台也能观赏动画剧，游戏玩家还可以通过《王者荣耀》中的国民记忆主题站进入剧集页面。

联合出品方腾讯影业和腾讯动漫旗下的战略合作艺人、国漫 IP 知名角色的配音演员等也会参与动画剧配音，以其公众影响力，进一步推广敦煌文化。QQ 音乐同步上线敦煌研究院官方账号，推出优质的敦煌文化音频内容。全民 K 歌同步发起敦煌画语传诵人征集活动，鼓励用户上传配音作品参赛竞选最佳数字讲解员。

4. 数字化互动博物馆

2023 年 4 月 18 日，由国家文物局指导、敦煌研究院与腾讯联合打造的超时空参与式博物馆"数字藏经洞"正式上线（图 2-6）。"数字藏经洞"生动再现了敦煌藏经洞及其百年前室藏六万余卷珍贵文物的历史场景。

"数字藏经洞"实现了首次在虚拟世界毫米级高精度复现敦煌藏经洞，让海内外的藏经洞出土文物以新的方式重聚、重塑、重现、重生。用户登录"云游敦煌"小程序后，即可进入高清还原的藏经洞中，近距离观赏洞窟里的壁画、彩塑和碑文等的细节。

"数字藏经洞"综合运用高清数字照扫、游戏引擎的物理渲染和全局动态光照、云游戏等游戏技术，为用户打造了身临其境的超拟真体验。"数字藏经洞"首次在数字世界还原莫高窟 1600 米外崖面原貌，毫米级高精度复刻莫高窟 3 层楼和第 16、17 窟。同时，营造了极具真实感的环境氛围，不仅还原了早晨 10 点的太阳光照效果，还在窟内加上了"开灯"的观赏模式，将原本昏暗的甬道、壁画、告身碑逐一照亮，让用户获得不同于实地游览的全新体验。所有这一切，形成了超过 50G 的庞大数字资产，而通过应用云游戏技术，用户只需要打开微信小程序，就能随时随地走进"数字藏经洞"，获得影视级画质体验。

图 2-6　云游敦煌数字藏经洞

总体来看，腾讯×敦煌研究院立足用户痛点，创新互动模式，利用多方渠道，进行了成功的互动营销。

第三节　饥饿营销

一、饥饿营销的概念

饥饿营销是指商品提供者有意降低产量，以期达到调控供求关系、制造供不应求的"假象"以维护产品形象并维持商品较高售价和利润率的营销策略。如消费者经常看到的"限量""秒杀"等。

饥饿营销的最终目的不仅仅是提高产品售价，更是为了品牌附加值。这把双刃剑，使用得当能够为强势品牌产生更大的附加值，使用不当则会对品牌造成伤害，从而降低其附加值。

饥饿营销的原理即稀缺原理，"物以稀为贵"。心理学研究表明，物品的稀缺性和唯一性会提高其在人们心目中的价值，对人们更有吸引力，越是难得到或者得不到的东西，越能激起人们的好奇心和占有欲，让人们更渴望得到。商品的稀缺性会引起人们内心的渴望，消费者往往会因为商品数量少或者促销期限短，而争先恐后地购买。新媒体使得信息，尤其是热点信息的传播速度快速增长，这无形中更加强调了商品的稀缺性，以及这种稀缺性带来的优越感。

二、饥饿营销成功的基础

饥饿营销不能简单地被理解为"定低价—限供量—卖加价",强势的品牌、讨好的产品、出色的营销才是关键,且其运作必须依靠强势的品牌号召力。不了解目标用户,没认清环境形势,盲目地进行饥饿营销会非常危险。

1. 心理共鸣

产品再好,也需要消费者的认可与接受,只有拥有足够市场潜力,饥饿营销才会拥有施展的空间,否则一切将毫无意义。不断探究消费者的欲望,把握其消费心理是饥饿营销的关键。品牌可以通过强调独特性、优势、价值来创造、激发用户对产品或服务的渴望,触达用户内心的欲望。

2. 量力而行

品牌可以通过限量、秒杀、限时优惠等促销方式来创造急迫感。但是一定不能盲目行动。一味地吊胃口,只会消耗消费者的热情与耐性。选择真正具有竞争力的产品,把握好尺度,量力而行,才能真正地创造出紧迫感。

3. 宣传造势

消费者的欲求不一,通过媒体的宣传造势,有效传达品牌信息,才能真正吸引目标用户,吊起目标用户的胃口。饥饿营销的效果与传播媒体、宣传时机、传播方式的选择息息相关。有效的宣传造势是饥饿营销成功的保障。

4. 审时度势

在市场竞争中,消费者的欲望还会受到竞争对手市场行为的影响,感情转移是常有之事。因此通过数据的收集与分析,了解目标用户的消费心理与行为,了解竞争环境及竞争对手的营销策略,及时调整修正,对市场变化进行快速反应,以期达到最好的效果。

欲望组合比例发生新的变化,购买行为关键性因素发生不规则的变动,感情转移,冲动购买也是常有之事。因此,密切监控各厂商的市场策略的动向,提高快速反应的主动性,也绝不可小视。

三、品牌实践:星巴克的限量樱花猫爪杯

2019年2月,星巴克推出春季版"樱花杯",系列里的"猫爪杯"(图2-7)可以说是"一杯难求",有关星巴克猫爪杯的百度指数和微信指数直线上升。连

夜排队购买猫爪杯的奇景使星巴克猫爪杯的热度一再上涨,一时间,社交网络上的猫爪杯成为"众矢之的"。

星巴克通过营销,营造出猫爪杯求过于供的感觉,使猫爪杯狠狠地火了一把。猫爪杯只能接受预定,且每天限量1000~3000个,这听起来熟悉的操作把一个普普通通的玻璃杯价格从最初的199元炒到700~1000元不等,即使有人愿意以3倍的价格购买,仍一杯难求。星巴克的这次营销就是一次成功的饥饿营销。

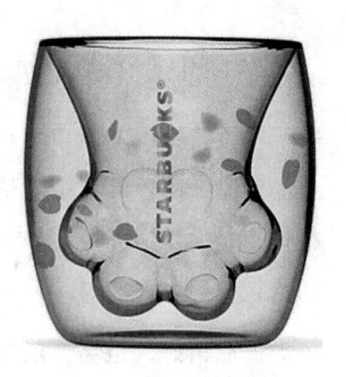

图2-7 星巴克猫爪杯

1. 借势"萌宠经济",大规模预热,推高预期,未售先火

"萌宠经济"大行其势,特别是猫已成为当下最受大众喜爱的萌宠之一,"吸猫""云养猫"已成为年轻人在社交媒体中的一股潮流。

所以猫爪杯能火,先决的因素是星巴克产品设计上的巧思戳中了广大女性的"少女心"。

加上微博、微信、抖音因用户数量庞大,已成为不少品牌线上营销的选择。所以此次星巴克猫爪杯上市前,其活动宣传、杯身独特设计等相关消息早已在双微一抖中传播开来。在抖音,猫爪杯在发售前已成为追捧的"网红款",勾起了消费者强烈的购买欲望。

当然,在预热阶段,星巴克多年积累的影响力也起到了背书作用,在限定销售之前通过展示和宣传将消费者的预期提到了顶点。

2. 极致限定,营造稀缺性

按照星巴克最初的计划,2019年2月26日至2月28日,每天上午10点,出售500个猫爪杯。由于数量有限,杯型设计独特可爱,该款杯子早已在微博、抖音等平台拥有不低的知名度,在消费群体心中留下独特印象。星巴克给出的售价199元,对于星巴克忠实用户来说,这个价格在能接受的范围内,值得购买。

发售当天,有人在星巴克门店前苦苦排队几小时;有人搭起帐篷彻夜苦守。这一次的猫爪杯,是星巴克的季节限定,在售卖杯子时,每个门店只有少量的库存。而坐拥几万员工的星巴克,在本次"抢杯大战"中还制订了一项重要规定"员工不能留",这让许多寄希望于内部渠道的人只能去排队,线下排队越火,"供不应求"

的关系就越明显,人们的关注度就更高。由于物以稀为贵,在众人想得却不可得时,有人看见了商机。在淘宝电商平台上,该款猫爪杯从原价199元炒到了799元,甚至是上千元。

3. 产品设计凸显少女感,抓住目标消费者心理

星巴克杯子的一贯特点即备受认可的高颜值,猫爪杯的设计也很是用心,采用双层粉色玻璃,外壳和内壁均是粉色。因此无论是茶还是牛奶等液体倒入杯子里,都呈现粉红色,极大满足了使用者的好奇心,这样有趣的杯子,无论放在偏年轻化的小红书还是抖音里分享和展示,很容易引发共鸣。

另外,为何叫"猫爪杯",因为杯子内部的形状,很是奇特,是只猫爪。这与大众接触的普通杯子不太一样,它们大都是在外壁上做功夫,比如画上国画,写文字等,但猫爪杯的匠心之处是在内壁(图2-8)。这样独特性的创新产品势必戳中不少女生的"萌点"。

同时猫爪杯把握准了当下消费者的心理。猫、樱花都是这季星巴克的主流元素,也展示出星巴克打算俘获年轻群体的野心。从抖音、火山可以看到众多关于猫的视频,分享量和评论数都不少,再加上现在故宫网红猫给年轻群体留下深刻印象。对工作忙碌、无暇顾及个人情感发展的都市青年来说,一只猫越来越成为他们的情感寄托。

图2-8 装有牛奶的猫爪杯

第四节 跨界营销

一、跨界营销的概念

跨界营销是指企业根据不同行业、不同产品、不同偏好的消费者之间所拥有的共性和联系,把一些毫不相干的元素进行相互融合、相互渗透,使品牌影响力相互覆盖,形成"1+1>2"的营销效果,从而赢得目标受众的好感。可以建立跨界的品牌,一定是在用户体验上具有互补性的非竞争品牌。

为了使跨界营销效果达到最大化,跨界品牌之间可以实现营销渠道、受众用户、

媒体广告的互换。跨界营销还能切实有效地改变品牌在目标受众心目中的固有印象，实现品牌形象的更新与升级。

二、跨界营销的目的

1. 相互借势

跨界营销的本质在于互相借用对方积累的品牌资产，为自己的品牌带来新元素，使品牌更加年轻化。

例如，老字号品牌为了获得新生代消费群体的认可，可以通过和年轻人喜爱的品牌跨界合作，刺激年轻群体的感官体验，从而引发讨论和分享，打破年轻用户对老字号品牌的固有认知。例如，中华老字号品牌内联升和潮牌 BAPE 的跨界合作，将更多年轻顾客吸引到内联升客户群。

2. 扩大渠道

由于渠道不同，每个品牌所能覆盖的群体都有所不同，跨界营销可以让品牌借用双方的渠道资源，从而覆盖更多的目标人群。

3. 引爆话题

对于用户而言，越是难以想象的东西，越具有话题性和传播性。跨界营销注重的是内容上的新奇有趣，品牌之间的互补反差，这就能够很好地调动用户的兴趣，跨界双方也会在短期内集中品牌资源引爆市场声量，引发用户关注、讨论与传播。

4. 抢占场景

抢占用户场景在移动互联网语境下显得尤其重要，而跨界营销能抢占用户的使用场景，进一步争夺用户注意力。

三、跨界营销的形式

1. 产品跨界

这是跨界营销中，使用次数最为频繁的一种方式。产品跨界，是在同一件产品中融合两个品牌的特征和文化，使新产品叠加出极高的关注度和吸引力，成为两个品牌的"结合体"。

跨界双方也可以借助对方的品牌文化来强化自身，丰富自身品牌和产品的风格和形象，给消费者更多的选择和刺激。

如 2018 年 11 月，官方微博发布了一组名为"中国李宁×红旗"联名系列设计,并配文表示:系好安全带来提前感受下,这一波中国制造的"国产大马力"。配合短视频的宣传,此次跨界合作迅速引起了网友的热议。这次跨界营销为李宁公司带来了新的市场生机和新的发展思路,并且让目标受众迅速接受了中国李宁这一国潮品牌。

2. 内容跨界

内容跨界一般是指品牌通过跨界进入其他圈层,借助合作方的粉丝受众与平台获取更多有价值的用户。其手法与合作方式多种多样,但其核心的目标是"圈粉"。

越来越多的品牌借助二次元文化,将产品与动漫或游戏融合在一起,从而实现圈粉目标。如2017年4月,《全职高手》预告片动画中主人公叶修吃的是麦当劳的全新薯条产品,杭州的一家麦当劳被打造为"全职高手"主题店。和喜爱的动画角色吃一样的美味视频,坐在帅气的人形立牌旁就餐,二次元融入现实,麦当劳与《全职高手》的跨界营销,成功实现了圈粉目标。

3. 渠道跨界

渠道跨界是指通过跨界合作借助对方的销售渠道,在其中植入自己的产品,或者是通过自身品牌的文化特征与对方的销售场景相联系,借助其中的共通点,强化用户对产品的认知与认同。如2021年5月,北京三源里菜市场与艺术家邱志杰跨界合作,进行了以"民以食为天"为主题的个人市集书写展,以邱志杰自己书写的内容替换了三源里菜市场里的所有文字,实现了艺术的生活化。而三源里菜市场也越来越"出圈",以更加新奇、有趣甚至另类的方式被人们重新认识。

四、品牌实践:中国邮政的跨界之旅

近些年,关于邮政跨界的消息总是不断传来,但是作为普通消费者可能很难直观地感受到邮政踏足了哪些领域,其实在不知不觉间,中国邮政似乎已经不再只是和单纯的邮寄物流业务挂钩。"爱跨界""会整活儿"逐渐成了邮政年轻化的标签。

早在2010年,中国邮政上线了自己集团联合TOM集团打造的电商平台"邮乐网",上线三年后,这个电商平台的交易规模高达14.32亿元,增幅为175%。

2016年,中国邮政就在四川成都"熊猫邮局"开出了首家饮品店,该饮品店与熊猫邮局仅一墙之隔,饮品涉及咖啡、奶茶、果汁、苏打水等七类三十余种,主打外卖形式。

2019年,中国邮政开设的首家药店"中邮大药房"(图2-9)在宁夏回族自治

> **新媒体营销** >>>

区解放街正式开门营业,中邮大药房以医药零售为主业,以医药物流配送、电子商务、零售连锁为主要经营领域。

图 2-9 中邮大药房

2022 年 7 月,成都市邮政分公司打造的第一家邮政网点 + 商超 + 社区团购 + 邮乐小店的"店中店"新零售平台蓉邮生活超市正式开业。

2021 年,福州中邮大药房成立奶茶店,名为"邮氧的茶"。

2022 年情人节,中国邮政推出的首家直营咖啡店"邮局咖啡"在厦门正式营业。该门店风格简约,以邮局一贯的绿色主题色为门头,店内标志"POST COFFEE",门口有中国邮政的招牌标志。

在广东佛山,与 POST TEA 邮局茶馆连在一起的,还有 POST GELATO 雪糕邮局和 POST CAKE 蛋糕邮局。雪糕邮局主要销售意式手工冰激淋,和普通冰激淋相比,它具有低糖、低脂、低热等特色,其脂肪含量约为其他品类冰激淋的一半,空气膨化率极低,较为契合当下注重健康、天然、无负担等消费者需求。邮局咖啡售卖的蛋糕,如图 2-10 所示。

2023 年 8 月 2 日,蜜雪冰城微博官宣与中国邮政联名,推出蜜雪冰城主题邮局,并晒出蜜雪冰城主题邮局装修图(图 2-11)。一时间,绿色门店的蜜雪冰城在社交媒体刷屏,网友纷纷调

图 2-10 咖啡邮局蛋糕

侃蜜雪冰城"绿了"。

从咖啡到奶茶店，再到与蜜雪冰城的联名，中国邮政跨界转型的步子越迈越大，其目的也显而易见：为了融入当下主流消费市场，吸引更多年轻消费者，再通过年轻人喜欢的消费品类，强化中国邮政的品牌。如今的消费市场新品频出，企业稍微松懈一些就会被不断涌上来的"后浪"拍死在沙滩上，面对浩如烟海的产品市场，消费者很容易忘记一个品牌。

图 2-11 蜜雪冰城主题邮局

此时一个新鲜的跨界联名或许可以重新唤起他们对品牌的全新认知，"原来你是这样的产品"的反差感，也可以重新唤醒消费者对品牌的注意力和好感度，同时还可以收获跨圈的粉丝，实在是一个两全其美的营销方式。这也是中国邮政跨界营销的目的所在。

1. 打破固有形象，赋予全新内核

时至今日，依然有很多人对中国邮政的印象还停留在传统的邮寄业务。但实际上如今中国邮政所推出的"店中店"这一新零售平台，凭借着卖咖啡、卖奶茶、开超市等业态，称得上是以一种全新的形象重新出现在消费者的面前。

2. 文化符号叠加新体验，打造差异化优势

更多消费者打卡邮局，已不单单是为了一杯饮品、一张邮票，当这一系列的门店串联在一起，咖啡店、茶馆、雪糕店、蛋糕店，它更像一个主题性质的"景点"。而这种有"国家队"加持的文化背景，以及给消费者带来的体验感，恐怕是专业茶饮赛道上很难达到的。

3. 多元化运营，抓放有度

邮政集团这一系列的跨界行为涉猎范围极为广泛，但是又和自己的主业有着密不可分的关系。但同时，邮政也没有将所有业务抓在手中，这些反常规的跨界行为，为邮政的发展注入了新的活力。在如今社会内卷严重的状况下，如果不努力，就很有可能被降维打压。邮政的物流业务就是一个很好的例子，在民营物流企业发展内卷的时代，邮政的物流业被压缩了很多。但是邮政的物流仍然有一个好处，只要是中国境内，别的快递送不了的，我们邮政可以送。

其次，这些跨界行为最终的目的就是寻求新的发展空间。可能这些跨界的业务没能给邮政带来多大的收益，但这些都不重要，邮政主要是为了找到一个抓手，而并不是垄断其他行业。

中国邮政的跨界源于品牌对年轻用户的重视。咖啡和奶茶是年轻人喜爱的饮品、直播是年轻人主流的娱乐方式，拥抱年轻用户是保持品牌常青的最好方式，而跨界无疑是极其有效的方式之一。

第五节　社群营销

一、社群营销的概念

社群是依据人们的兴趣爱好、身份地位、审美观和人生价值观建立起来的群体圈子。社群营销是在网络社区营销及社会化媒体营销基础上发展起来的用户连接及交流更为紧密的网络营销方式。社群营销是指品牌运营人员把具有共同爱好、兴趣的人聚集在一起，通过有效管理使成员保持较高的活跃度，通过有效运营，提升成员的归属感，提升品牌在社群成员中的影响力。

社群营销的核心是"人"，以消费者的心理、行为、兴趣爱好作为营销出发点。辅助因素是产品与服务。目的在于通过赋予品牌人格化的特征，努力在品牌和消费者之间形成感情，让消费者保持对品牌的情怀，即情感依恋，从而积极热情、不计报酬地宣扬自己偏爱的品牌，甚至直接销售产品。

二、社群营销的特点

1. 弱中心化

社群营销呈现出的是一种扁平化的网状结构，每个社群成员都拥有发言权，都可以发表意见或建议。传播主体不再具有单一性，每一个社群成员都可以成为传播主体，这是一个弱中心化的过程。

一般而言，每一个社群都会有活跃人士或意见领袖的存在，但在运营中，不会过分强调领袖的绝对地位，而是注重每一位社群成员的核心需求。

2. 多向互动

社群营销是建立在成员相互交流的基础上的，每一个成员都可以成为信息的发起者，同时又可以成为传播者和分享者。成员可以一对一或者多对多地实现互动交流，正是这种多向的互动性，为企业营销创造了良好的机会。社群成员对于品牌持有正向的积极态度，会对其他人产生良性影响，品牌和用户之间的积极沟通也会产生直接影响。

3. 注重情感

社群营销更看重情感，社群是基于成员的共同爱好和兴趣建立的，成员之间很容易建立起情感联系，通过传递有价值的内容让这种情感联系更加紧密，提高成员的归属感。在整个过程中，成员之间的交流，品牌与成员之间的沟通，无形中促进品牌的用户转化，从而使品牌获益。

4. 自行运转

由于社群的特性，成员自己自行产生内容，并且主动分享，社群营销在一定程度上可以自行运转。

三、社群典型模式

1. 营销型社群

所谓营销型社群，是指营销频率高，以营销活动和优惠分享、销售转化为直接目标的社群类型。具体可以分为折扣型、裂变型和通知型。

折扣型社群是以强折扣、抢购、秒杀等活动为主要特征的社群，而裂变型社群则主要承载着拼团、砍价、助力等作用。两种社群在执行上也经常交叉使用，组合发挥出更优效果。适用品类的消费者大多对价格比价敏感，追求性价比。

2. 内容型社群

内容型社群则是打造品牌内容运营主阵地的社群模式，可以分为教程信息导向、话题讨论导向和直播短视频导向。群管家通过在群内有计划地发布教程、话题、视频等方式，触达用户并持续解决疑问、满足需求，维持群内成员活跃度和互动性，进一步寻求销售转化。

内容型社群在母婴、运动、服饰、美妆等行业的运用最为突出。作为"知识密集型"的品类，母婴行业的消费者对孕前、孕中、产后育儿等全链路的知识有着强烈需求；服饰行业的消费者，注重上身试穿的实际搭配与效果展示；美妆行业的消费者则希望获得时下流行的妆容趋势，学习各类妆容的化妆技巧和产品上脸使用效果。

3. 服务型社群

服务型社群是企业做社群营销是最容易切入的社群。

服务型社群是以咨询为导向，提供售前、售后服务的社群模式，具体可分为售前服务、售后服务。售前服务以咨询为主，要以促成交易为目标，交易完成后提供售后服务和复购拉动。主要适用于家电、3C等行业。

四、社群营销的运营

1. 树立意见领袖

社群的建立是基于群内成员的相同需求或目的，而社群营销的运行，是需要意见领袖的，其通过专业能力或自身魅力与成员之间建立信任关系，推动成员之间的沟通与交流，树立社群成员对社群、对企业的信任感。

2. 围绕核心产品

社群营销是新媒体营销模式之一，必然是建立在品牌与产品基础上的，没有核心产品的支撑，社群营销没有意义。如小米的社群营销是建立在小米系列产品的基础上，通过品牌理念传递、产品介绍推广、用户意见反馈收集等方式，完成社群的拉新、留存和转化。

3. 提供社群服务

社群中最普遍的行为就是提供服务，无论是学习建议、工具介绍，还是折扣、优惠、分享，都是通过提供服务来吸引有类似需求的成员不断加入。

4. 维持社群活跃度

通过多形式高价值的内容输出，让社群成员感受到自己可以从社群中获得价值。活跃度高的社群，利用社群成员之间的信息传递、自主传播，品牌营销信息非常容易扩散且影响巨大。

五、品牌实践：Keep 的社群运营

Keep 作为健身领域的代表产品（国内健康健美分类排行第一的 App），目前用户积累过亿，早期为移动健身工具，接着拓展成为"自由运动场"（除了健身场景，还有跑步、骑行、饮食等），Keep 的产品标志和标语见图 2-12、图 2-13。基于线上内容社区，Keep 开始商业化布局，开展会员订制、品牌电商和线下业务。

目前产品功能基本完善，逐步打造"科技互连的运动生态"，推出智能硬件

（手环、跑步健走机）与运动品牌，打通垂直领域，提供运动的一站式解决方案。Keep 从零到一打造品牌社群。

图 2-12　Keep 产品的商标

图 2-13　Keep 标语

1. 服务定位切实迎合用户需求

随着生活水平的提高，人们逐渐摆脱了无运动意识的状态，开始自发地参与体育运动。在这一背景下，用户的需求主要体现在需要专业的运动指导，从而提高运动效果。Keep 利用内容和数据优势，将场景、产品和用户需求打通，构建起以内容为核心、科技互联为载体的运动服务闭环，帮助人们从最初的"无运动意识""想动不会动"到"得到方法动起来"，再到"有效果可坚持"，最终将运动变成一种新的生活方式。在满足用户需求的同时，不断创新丰富内容多样化，除了在官方自产内容方面进行投入，也形成了独具特色的运动内容体系。Keep 运动数据界面如图 2-14 所示。

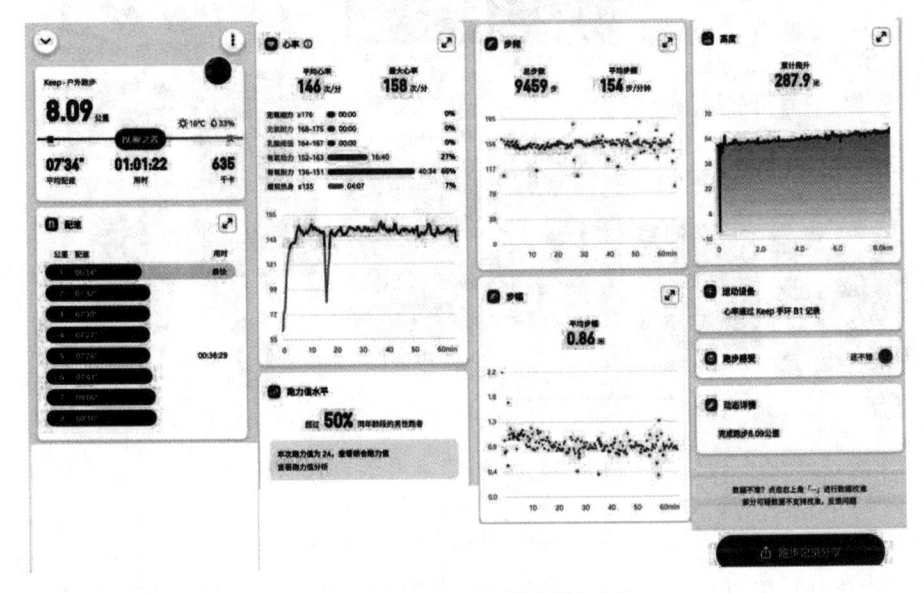

图 2-14　Keep 运动数据界面

2. 利用新媒体获取用户，并进行明星推广

Keep 在 2014 年 11 月启动开发，2015 年 2 月正式上线，在上线期间，Keep 就开始建立目标用户的认知。这时候 Keep 开通了微博和公众号，更新健身、减脂等内容，为 Keep 积累了第一批关注用户。除此之外，Keep 还发起了扫雷般的推广，找到一批目标 KOL，集中在知乎、豆瓣、贴吧，发布健身、减肥干货文章。

尽管彼时 Keep 的产品还没上线，但却拓展了潜在用户的池子，Keep 通过这样的方式，不断强化大众对该健身产品的认知，等到 Keep 产品一上线，用户顺其自然地接受了 Keep 的安利，纷纷下载 App。

并且，在 Keep 产品正式发布之前，Keep 已经开始寻找内测用户。Keep 的目标种子用户锁定为想要健身但是又缺乏专业健身知识的小白。2015 年 1 月 22 日，Keep 开始在微博招募"首席体验官"，关注并转发微博就可以报名。根据网上的数据，内测的用户总共有 4000 多位。相当于在 Keep 上线前，已经有了 4000 多位注册用户，这一批对健身有着强烈兴趣的初始用户，决定了产品初期的氛围、运营走向，推动了 Keep 迅速引爆。Keep 产品内部界面如图 2-15 所示。

图 2-15 Keep 产品内部界面

3. 追随社交化趋势，打造"向心力"的社群

社交驱动，简而言之是通过打造社交链，让用户投入更多的时间和情感，从而

依赖平台。

而 Keep 是具备社交基因的，Keep 以 UGC 为依托，沉淀社区与口碑，通过丰富的话题促进用户分享健身干货和心得，这些优质的内容吸引着用户点赞、评论、关注，一来二去开始互动，关系链就建立了。有了关系链之后，用户离开平台的成本也会随之增加。

为了鼓励用户多分享，产品围绕着发布做了很多体验优化，一是增加话题，丰富用户分享的方向，二是对图片进行美化，增添滤镜、数据、贴纸功能。

4. 提高社群活跃度，完善激励体系

大家都知道运动健身是有益的，但是对于大部分人来说运动过程却是痛苦和难以坚持的。

根据世卫组织的最新报告，中国 20～59 岁的成年人中，有足够休闲时间运动的人数比例仅为 22.8%，也就说在该范围内有 71.2% 的中国人运动量不足。

根据 Keep 公布的数据，线上有 1.1 亿注册用户想要减肥，但实际上只有 13% 的用户能够成功瘦身。正因为有了这样理想和现实的差距，所以 Keep 在产品设计上需要让用户能够坚持下来，完成健身目标，于是有了奖励体系。

当用户坚持完成某项任务时，即可获得对应的徽章，就像我们小时候风靡的小浣熊干脆面，无数小朋友为它疯狂不是因为它好吃，而是为了里面的水浒 108 将收藏卡。集徽章也是同样的逻辑。

5. 刺激用户自传播

当完成运动之后，Keep 会生成一张专属图片，提醒与好友分享本次运动记录。

在拥有 3000 万用户之后，创始人王宁决定拍第一支品牌短片《自律给我自由》。Keep 突破了健身 App 的束缚，向年轻人传递着健康、年轻和自律的生活方式。广告片投放之后，Keep 的用户量从 3000 万增长到了 5000 万。

基于社群营销的 Keep 深刻地洞察到用户的心理，唤起了每个人内心更强大、更自律的一面，促使用户之间形成自传播。

第六节　情感营销

一、情感营销的概念

情感营销是从消费者的情感需求出发，唤起和激起消费者的情感需求，诱导消费者心灵上的共鸣。好奇、自我、快乐、亲情、爱情、存在感等，只要能抓住用户的痛点、爽点，甚至是泪点，抢夺用户的注意力，抓住用户的心，使之通过产品获得情感、心理上的满足和认同感。在情感消费时代，消费者购买商品所看重的已不仅仅是商品数量的多少、质量好坏以及价格的高低，而是为了一种感情上的满足，或一种心理上的认同。

新媒体因其具备了在情感和社交领域进行推广的条件和优势，成为各品牌进行营销推广的主阵地。借助新媒体的互动性和传播性，情感营销已成为品牌或企业获取用户黏性、提高留存率等方面的重要策略之一。

二、情感营销的作用

1. 快速抓住消费者的注意力，产生情感共鸣，提高消费者的品牌忠诚度

心理学证明，人的大脑特别容易收到强烈的情感刺激吸引，不需要通过认知就能够接收情感信息。因此通过情感营销，品牌更加注重和消费者之间的情感交流，与消费者共情，能够快速获取关注，产生共鸣。触动消费者的情感诉求会给消费者留下深刻印象，当消费者需要做出购买决策时，这种深刻印象会刺激消费者的选择，增强消费者的品牌忠诚度。

对消费者而言，"我喜欢"比"我需要"的吸引力更持久。把顾客对企业品牌的忠诚建立在情感基础之上，满足顾客情感上的需求，使之得到心理上的认同，从而产生偏爱，提高顾客的品牌忠诚度。

2. 更易形成品牌溢价

从品牌定位的角度思考，基于情感定位的品牌，能够满足消费者的感性需求，为消费者创造除产品功能以外的更多情感利益，这对品牌树立良好形象、建立良好顾客关系、获取品牌溢价都非常重要。

三、情感营销的成功基础

1. 产品名称

产品名称是品牌传播的基础，是受众记住产品的核心信息，产品名称与产品属性相关联，能够被受众接收且能够带给受众文化、思想、情感上的触动。所以，产品命名要符合目标受众定位及产品定位。

2. 形象设计

与情感营销相关的形象设计包括商标（LOGO）设计、产品外观设计、产品颜色设计等。其中，商标设计要与产品属性相结合，要满足易发现、易理解、易记忆的特点；根据产品属性及消费者的偏爱风格设计的产品外观更容易引起消费者的注意；不同颜色的搭配模式同样能触动消费者接触产品时的情感。

3. 情感宣扬

情感营销注重的是对用户心理的把握和情感交流的传递。充满人情味的宣传及包含某种文化的传播，通常能够树立产品的良好形象，消除受众对广告的心理抵触。在企业进行产品信息宣传时，要设身处地地为受众着想，加强与受众的情感交流，使得消费者对企业及产品从认识阶段逐渐升华到情感阶段，最后达到产生消费行动的阶段。

4. 情感定价

情感价格由能满足消费者情感需求的价格、品牌产品的影响力、产品自身属性构成。合理的情感价格能够加强产品及品牌的影响力，从而达到提升情感营销效果的作用。

5. 情感氛围

在极具感染力的氛围烘托中，能够提升产品及品牌的影响力，使得消费者更容易接受品牌信息，点燃消费欲望，并产生购买行为。

四、新媒体在情感营销中的优势

1. 媒体互动性强

互动是新媒体的本质特征。新媒体与传统媒体最大的区别在于，它不再是单向传递信息的模式，而是以双向、多向的互动方式进行信息交流。这种互动性包括用户的参与、反馈和共创，可以说新媒体的本质就是互动。通过新媒体建立品牌和用户之间的交流，使用户主动参与到营销过程中，从而获得更加真实、有效的情感反馈。在情感营销中，双向互动对于品牌塑造和用户留存至关重要。

2. 信息传播层次广

新媒体时代的信息传播以"分享"为媒介，可以实现信息在一个群体中点对点传递，形成内容的传播和扩散。在情感营销中，好的传播与口碑也是企业最想要获得的结果之一。一条感人至深的视频，一张温馨的图片，甚至是一段有感染力的话语，都可能引发热议，从而为品牌免费宣传。

3. 传播受众精准

新媒体平台在其数据分析和营销受众定位方面为品牌情感营销提供了依托。基于用户资料、阅读记录、搜索记录等信息的分析，能够更加准确地获取用户的兴趣、特点，并且有针对性地进行精准营销。这也是情感营销中最常见的目标：给用户提供需要和感兴趣的内容，尤其是在以年轻人为主流用户的流行社交平台上。

五、品牌实践：美团优选的《明天一定到》

美团优选是美团旗下的社区电商业务，采取"预购＋自提"的模式，2020年下半年逐步进入社区电商赛道，进一步探索社区生鲜零售业态，满足差异化消费需求，推动生鲜零售线上线下加速融合。

美团优选重点是本地生活和下沉市场，赋能社区便利店，为社区家庭用户精选高性价比的蔬菜、水果、肉禽蛋、酒水零食、家居厨卫、速食冻品、粮油调味等品类商品，满足家庭日常三餐所需，价格普遍低于市场价。

用户可在每天0点到23点通过美团优选微信小程序下单，次日到门店或团长处自提，最早中午前就可收到商品。在购买、收货过程中遇到问题，用户都可通过团长解决，美团优选提供100%售后支持。

"预购＋自提"模式可实现按需集中采购，并减少商品的运输、存储时间，最大程度保障商品新鲜度且降低损耗，同时省去了最后一公里的配送成本，从而让利给消费者，使得商品更具价格优势。

如何让消费者更好地体会到"隔日达"的优势，美团优选选择了从消费者的情感需求出发，通过内容短片的形式，塑造既有共情力又有影响力的品牌形象。2022年11月15日，美团优选推出了焕新三部曲的第二部——《明天一定到》，这是一个关于明日达超市使命的故事，影片描绘了一位妈妈探望女儿的旅程，是一部充满故事感的比喻式影片。短片整体以极具温度的内容讲述明日达超市的使命，成功链接品牌与用户之间的真情共感。短片上线后，美团优选官方视频号点赞超过10万，B站获得超过230万播放量，15万点赞，登上B站全站热门榜，最高上榜排行第七名。美团优选微信指数更是创历史新高，热度值高达9623万，获得20倍溢出。

1. 情感和品牌相融合的双线叙事结构

美团优选打下沉情感牌有其得天独厚的优势。服务属性、生活用品、最后一公里、网点遍布城乡、一站式服务……这些名词对应的毫无疑问是普通百姓的家常。

短视频中,双线叙事结构将这些优势展现得淋漓尽致。明线以异乡漂泊者和妈妈的情感为线索(图2-16);暗线则是以美团优选明日达超市的稳定履约过程为线索(图2-17)。在明暗线的交汇中,美团优选明日达超市的品牌内核自然流露出来:每一个明日达的约定,都像妈妈的使命一样坚定。

图2-16 美团优选《明天一定到》——明线

图2-17 美团优选《明天一定到》——暗线

2. 情感主张与品牌主张的高度契合

对于品牌来说,情感营销不仅仅是一句口号或一场活动,而是要找到真正能触发大众情绪的点,抓住用户的注意力,才能让品牌信息有更好地传达。《明天一定到》就是从母爱的角度入手,即母亲对孩子毫无保留的爱,讲述极具共鸣感的情感故事,让大众在这种情绪表达中实现共情,自然地提升对品牌的好感度,甚至将这种好感移情到品牌上。除了母爱这一朴素情感的展开,短片的画面呈现和镜头处理,例如活禽不能带上车,妈妈举起刀时,画面的慢速处理;操着一口乡音,问路却无人理睬……都勾起了异乡打拼者无比真实的复杂情感。

情感主张也要和品牌主张高度契合,情感营销才能落到实处。《明天一定到》通过讲述妈妈"明天一定到"的故事传递美团优选"明天一定到"的使命,进一步强化了大众对"明日达超市"这一全新定位的认知。

第七节 事件营销

一、事件营销的概念

事件营销是企业通过策划、组织和利用具有新闻价值、社会影响以及名人效应的人物或事件，吸引媒体、社会团体和消费者的兴趣与关注，以求提高企业或产品的知名度、美誉度，树立良好品牌形象，并最终促成销售目的的手段和方式。

事件营销集新闻效应、广告效应、公共关系、形象传播、客户关系于一体，通过把握热点新闻的规律，制造具有新闻价值的事件，并通过媒介在网络等平台上投放和传播，让这一新闻事件得以扩散，从而达到营销目的。当一个事件发生后，它本身是否具备新闻价值就决定了它能否以口头形式在一定的人群中进行传播，只要它具备的新闻价值足够大，那么就可以通过适当的途径被新闻媒体发现，或以适当的方式传达给新闻媒体，然后以完整的新闻形式向公众发布。

二、事件营销的要点

1. 有公众可参与的事件

大众在娱乐的同时也能娱乐自己，所以企业在进行事件营销的时候，首先要找到公众可参与的事件。以此为基础，通过策划或利用该事件来激发公众的好奇心，才能达到一定营销效果。

2. 学会有效嫁接

社会上每天会发生大大小小各类事件，微博热搜话题每时每刻都在变化，每一个时间每一个热搜都有可能成为传播热点，都可能成为企业事件营销的契机。运用观察力与想象力，在找到热点事件后，不留痕迹，自然而然地"蹭热点"，才能达到良好效果。

3. 寻找沟通兴奋点

成功的事件营销一定是经过精心策划的，必须要与企业的宣传目的相联系。企业要在引起社会关注和公众兴趣的事件中找到合适的切入点，把企业和产品信息与热点事件巧妙地联系起来，让公众自发参与其中，用沟通来创造事件之外的真正价值。

4. 制订不同的营销策略

适合品牌传播的热点事件，是稀缺资源。这就要求企业在事件营销的实行过程中，即使是一个很小的事件也要进行分轮次传播，以达到营销最大化的目的。而且，要注意，新闻热点具有时限性，只有短时间内整合各种资源，才能实现最大效果。

在媒体受众细分的当下，企业要根据不同媒体的特点，通过分层次、分时间段地进行渗透，让企业品牌在一个事件中得到最长时间和最大规模的传播。

三、品牌实践：蒙牛的 2022 世界杯营销

卡塔尔世界杯期间，蒙牛作为国际足联卡塔尔世界杯全球官方赞助商，签约梅西、姆巴佩两大顶级球星，开启了品牌世界杯营销升级之旅。

1. 世界品质，天生要强

随着 2022 卡塔尔世界杯抽检分组结果的出炉，蒙牛将全球品牌标语升级为"世界品质，天生要强"，之后发布了全新的品牌片。短片在世界杯运动热血的基调下，随着时代变化，展现了中国航天事业的发展、中国女足的成长以及国际巨星的蜕变，作为连续两届世界杯全球赞助商，蒙牛从草原出发，成为中国航天事业战略合作伙伴，中国之队官方合作伙伴，继续以世界品质，奔向未来。从"时代在变，要强不变"这个主题（图 2-18），可以看出，蒙牛品牌的"坚持、韧劲、意志、相信"的要强精神，借助世界杯契机，让品牌走向世界舞台。

图 2-18 蒙牛主题"时代在变，要强不变"

随着品牌短片在社交媒体上的传播，"时代在变，要强不变"引发了大量的内容共创，"要强"话题不断延伸，讨论度逐渐上升，给蒙牛的世界杯营销营造了积极热烈的氛围。

2. #青春不过几届世界杯#

2022 年 10 月，蒙牛发布世界杯回忆杀短片"青春不过几届世界杯"，4 分 14 秒的视频，从 1978 年中国第一次实况转播世界杯，中国球迷开始关注这项足球盛事。短片中出现了每一届世界杯的经典场面，1982 年罗西帽子戏法、1986 年马拉多纳带球一条

龙突破破门、1990年意大利之夏、1994年贝贝托摇篮庆祝、1998年欧文横空出世、2002年中国打巴西肇俊哲打门柱、2006年齐达内红牌离场、2010年章鱼保罗、2014年克洛泽后空翻、2018年阿根廷止步16强。44年时间跨度，每四年一次的狂欢，那些要强瞬间和精彩瞬间，都在球迷的回忆中被再次点燃。狠狠一波回忆杀，引发了70后、80后、90后的集体共鸣。

短片中，蕴含在赛场背后的是我们生活的变化，随着生活水平的好转，蒙牛也逐渐走入更多百姓的家里，成为人们生活中的常见营养品。也正如其广告语"营养世界的每一份要强"（图2-19），蒙牛也正在为千家万户带去营养。

图2-19 #营养世界每一份要强# 话题数据

真实的生活画面和热血的赛场画面无一不拥抱着70后、80后、90后的青春，品牌短片的推广、世界杯限量典藏包装（图2-20）、十二城核心地标商圈投放的地铁广告，线上和线下的整合出击，迅速引爆了#青春不过几届世界杯#的话题（图2-21），也将体育精神真正地带入品牌内核，让消费者真正感受到其中的精神和文化。

图2-20 蒙牛世界杯限量典藏包装系列

图2-21 #青春不过几届世界杯# 话题数据

3.《要强出征》

世界杯倒计时10天之际，蒙牛推出了世界杯主题宣传片《要强出征》，再现贝肯鲍尔、阿尔贝托、马拉多纳、卡西利亚斯、梅西等人的高光时刻，瞬间唤醒了资深球迷的独特记忆。"指挥进攻、组织防守、鼓励伙伴、乘胜追击，那个人就是场上的队长。或许他不是最快的，也不是脚法最好的，但他一定冲在最前面，一定是最后一道防线。"宣传片中，如此定义世界杯的传奇队长们，激励和感动了无数球迷。

4. 《DOU 来世界杯》

世界杯期间，蒙牛与抖音深度合作的共创 IP《DOU 来世界杯》，结合比赛复盘、每日看点、球星球队故事、赛事预测、精彩盘点等内容，以段暄为核心，张路为主嘉宾，配合跨界明星的节目阵容，拉近观众与世界杯的距离，用户不仅能通过节目了解到世界杯的历史以及球星历史，也能在看世界杯的同时熟悉赛事状况，还能与专业足球解说、评论家一起连线球星、达人，氛围感十足，让用户深度体验到世界杯这场盛事的精彩。

据抖音官方统计，29 期精彩的世界杯观赛指南节目《DOU 来世界杯》直播观看人次突破 7.2 亿，其官方话题#DOU 来世界杯播放量突破 36.1 亿，共收获了 62 个抖音上榜热点，不仅让节目出圈，同时也带动了一众品牌的强势出圈。

5. 小程序互动升级

为了提升世界杯事件营销的用户参与度，蒙牛在其"蒙牛世界杯"小程序中推出了"怀旧之旅""营养世界""大奖寻达人"等活动，更是有世界杯官方足球、阿根廷球衣、蒙牛品牌牛奶畅饮、品牌优惠券等福利。

无论是用真情打动观众的广告片，还是限量版品牌包装与球星代言人，或是好玩实惠的小游戏，在整个世界杯事件营销期间，蒙牛借助新媒体，将要强精神与足球文化完美结合，不仅带领中国观众以另一种方式走进卡塔尔世界杯主赛场，拉近中国消费者与足球精神的距离，也让全世界观众在每一位球员奋力拼搏，为荣誉而战的过程中，与要强精神产生强烈共鸣。

第八节　IP 营销

一、IP 营销的概念

IP，即知识产权。IP 是指体现原创作者思想的"知识产权"，如文学、影视、音乐、发明等。在互联网环境下，IP 的含义有了进一步延伸，即能够在多个平台上独立传播、获得关注和流量并获得商业变现的内容都可以称为"IP"。对于企业来说，IP 的影响力是极大的。

IP营销是通过把IP注入品牌或产品中，赋予产品温度和情感，产生更具张力的品牌联想，打造更有活力，更符合消费者心态的品牌形象。通过IP的宣传推广，降低消费者与品牌之间的沟通门槛，达到品牌曝光与销售促进的目的。借助于新媒体传播，如微博、抖音、快手等媒体平台，IP营销的营销效果可以迅速扩散，从而获得更多的品牌关注度。

IP营销也是目前品牌保持年轻态的常用手段。借助年轻消费者喜爱的形象，给消费者创造新鲜的体验。如2023年夏天，茶百道与未定事件簿手机游戏的IP联合营销，依据游戏中四位男主角，茶百道推出4款联名茶饮，并配套联名杯套、纸袋、贴纸、明信片、PVC票根等周边赠品，这是茶百道与年轻人的生活方式和文化趋势相连接的一次全新尝试，也为品牌用户带来了更加丰富多元的美好体验。

二、IP营销的模式

1. 将品牌自身打造为IP

品牌化最彻底的方式就是将品牌自身打造成一个IP，品牌名称、LOGO、产品等各个方面，都充分体现品牌的独特性，传递品牌价值观。如在白酒领域异军突起的品牌——江小白，利用自身IP"江小白"与年轻用户持续有效的沟通，从而避开了传统白酒市场的激烈竞争，也获得了年轻消费者的认可。

2. 将品牌代表打造为IP

乔布斯之于苹果、董明珠之于格力、马云之于阿里巴巴、雷军之于小米等，品牌代表的一言一行都体现了品牌的个性和价值观，其个人形象会直接影响品牌在公众心目中的美誉度。

3. 联合已有IP

如果从人格化方面重塑品牌IP比较困难，那么，品牌可以联合已有IP进行IP营销，即IP联动。利用已有知名IP形象曝光度高、人气高等优势，将产品和品牌推向更广泛的群体。同时借助已有知名IP形象的影响力，可以更容易地吸引消费者的关注和记忆，从而增加品牌知名度和美誉度。

三、IP营销的要点

1. 选择适合的IP形象

无论选择哪一种IP营销模式，IP形象都要与品牌文化、产品属性、目标受众的喜好相匹配。所以在 IP 打造前，要了解受众的年龄、喜好、消费行为等特点，才能使 IP 内容（符号、故事、价值观）满足受众需求，并引发其消费欲望。

不同的 IP 形象，营销的具体策略、故事展开的背景、可用的 IP 元素都是不一样的。根据品牌具体情况制订营销内容，品牌 IP 才能获得目标受众的认可，才有吸引更多关注的可能。

2. 选择合适的营销渠道

新媒体平台是 IP 营销的重要渠道，例如 B 站、抖音、微博等平台。新媒体平台可以帮助品牌和 IP 形象与受众进行互动，并且具有较高的传播效果。

四、品牌实践：故宫的超级 IP 打造之路

故宫不仅是一个巨大的 IP 宝藏，同时也是个 IP 综合体，拥有着数量众多的子 IP，而在每个历史人物以及文物背后，都能延展出无数动人故事与巨大商业价值。在故宫 IP 打造中，新媒体功不可没。

1. 故宫 IP 的基础——深厚的历史底蕴

作为一个拥有六百多年历史的文化符号，故宫拥有众多的皇宫建筑群、文物、古迹，成为中国传统文化最典型的象征，见证了中国历史文明的发展。因此，故宫自古在中国人心中便充满强烈的民族和文化认同感，这便是今天故宫能成为文化领域超级 IP 的重要基础。

2. 故宫 IP 的沃土——双微平台运营渐入佳境

故宫博物院在 2010 年 3 月开通新浪微博官方账号（图 2-22）。最初是尝试利用移动互联网为游客提供服务及藏品介绍等。2014 年 1 月，故宫博物院官方微信公众号"微故宫"正式上线。账号内容以平易、直观的方式科普故宫历史，本意是不仅可以让受众了解一些平常见不到的藏品，还可以让受众对故宫产生好感。

2010 年 11 月 9 日"故宫淘宝"的官方微博上线（图 2-23）。2013 年 9 月，开通"故宫淘宝"微信公众号，开启微信营销之路。发布的《故宫周边推荐——十八子手串》，向读者推销十八子手串产品，阅读量仅有 694。2014 年 7 月，微信公众号的营销风格开始改变，并带来阅读量的增长。其中，具有突破性意义的一篇文章出现在 2014 年 8 月 1 日。当天，一篇题为《雍正：感觉自己萌萌哒》（图 2-24）文章收获了超过十万的阅读量和两千多的点赞数，并引发微信朋友圈的疯狂转发。从 2015 年开始，类似软文开始频繁出现在微信公众号上，并且不断推陈出新。文案更

加网络化、年轻化、搞笑化，紧抓社会热点，内容深受网友喜爱。

图 2-22 故宫博物院官方微博

图 2-23 故宫淘宝官方微博

图 2-24 《雍正：感觉自己萌萌哒》

3. IP 跨界引爆社交平台

2016 年，《穿越故宫来看你》H5 在朋友圈中刷屏。H5 中，明成祖朱棣从画像中跳出来，一边唱着 Rap，一边玩着自拍，用微信、QQ 与自己的大臣联络。通过反差人设进行卖萌，让鲜活、年轻化的故宫 IP 真正意义上进入大众视野。

这支 H5 其实是腾讯 NEXT IDEA 与故宫的一次跨界合作，目的是为 QQ 表情创作大赛做宣传，但从此打开了故宫 IP 跨界玩法的序幕，卡地亚、Kindle、QQ 音乐、抖音、小米、百雀羚等一众大牌，先后向故宫抛出合作的橄榄枝。众多的品牌联合，覆盖了几乎全年龄段受众，尤其受年轻群体喜爱，成功地向所有人展现了一个历史悠久，但又活力迸发的新故宫 IP。仅 2017 年，故宫文创的销售收入就已经达到 15 亿元，在售文创产品种类超过 1 万种。

4. 文创运营提升影响力

从最早的行李牌、书签到故宫盲盒、故宫彩妆等，故宫超级 IP 的打造离不开文创产品运营。故宫的文创产品真正做到了文化元素的创意呈现。庄严的文物、死板的形象加入了萌化、趣味化的元素，创新的表现，使各类文创在外观上就获得了用户的认可。

在新媒体渠道中，沟通方式简单又有娱乐性，各种网络形象、表情包，不断引发用户热议，加速 IP 的传播。

通过与多品牌跨界合作，不同的品牌组合，碰撞出更多创意产品，覆盖更多不同的群体、持续制造话题热点及影响力。

故宫这个超级 IP 营销的成功，离不开双微一抖的运用，这些新媒体平台称为故宫的主要营销战场，强大的信息流传播，使故宫新营销思路得到更快、更开放的传播，同时精准匹配用户群体，使得营销效果呈几何倍数增长。

本章小结

1. 随着科技的进步和数字化转型的推进，企业已经意识到新媒体在品牌传播和营销方面的巨大潜力。在获客成本逐渐提高、消费增长乏力的大背景之下，各个企业纷纷入局新媒体营销。

2. 企业可以根据传播的内容设计、品牌定位、资源等因素，选择不同的新媒体营销模式。

延伸阅读

2023 企业新媒体矩阵营销洞察报告

2023 年 7 月，新榜矩阵通正式发布《2023 企业新媒体矩阵营销洞察报告》，聚焦企业新媒体矩阵营销，分析企业新媒体发展现状，洞察新媒体矩阵营销趋势。

企业新媒体发展环境有利。企业新媒体依托于文化新业态行业，已经成为企业品牌宣传、整合营销、具备强互动性和融合性的商业活动载体。与此同时，中国互联网广告市场稳定保持增量，为企业新媒体行业提供了良好的一级市场环境。

企业新媒体发展稳健。企业新媒体发展趋势在二级市场上呈现出稳健的态势。以抖音自播号市场为例，预计全年规模将超过四千亿，新媒体平台的崛起为企业打造了创新的宣传渠道和开拓新的客户群体的机会。

品牌自播逐渐成为趋势。 自播号的转化率相对较高，受众对账号内容和推广产品更加关注和信赖；其次，自播号的引流成本低，一旦拥有一定规模的粉丝，就可以通过定期推送内容和定向引流等方式增加转化率。

企业号行业分布：各平台垂直度高，行业精细化运营。 各平台企业号分布中，头部企业号与平台属性契合度高，其中服装鞋帽和食品饮料分布较为广泛；视频号的TOP行业分布呈现明显差异，B站的游戏、数码类企业号较多。

企业号常见组合：微、视、抖为主要构成元素。 随着视频号崛起，以微信公众号和视频号相互搭配的内生态矩阵成为企业号平台矩阵搭配的底色，短视频行业蓬勃发展以及兴趣电商不断壮大，抖音平台在企业号平台矩阵搭配中占据越来越重要的位置。

通过《报告》不难发现，企业新媒体矩阵营销已是大势所趋，它的优势让众多企业竞相涌入。然而，随着矩阵营销所带来的多平台、多账号的挑战，如何科学、智能地进行精细运营和高效管理矩阵，成为了决定企业媒体矩阵能否持续发展、为企业不断赋能业务的关键因素之一。

（资料来源：《2023企业新媒体矩阵营销洞察报告》）

课后思考

1. 如何进行病毒营销？
2. 新媒体在情感营销中的优势是什么？
3. 如何理解跨界营销的不同形式？

第三章　新媒体用户研究

学习目标

1. 了解新媒体用户的内涵、区别与联系
2. 理解新媒体用户的角色与特征
3. 掌握新媒体用户研究的步骤和数据收集渠道
4. 理解用户画像的内涵
5. 掌握构建新媒体用户画像的步骤
6. 掌握直接查看新媒体用户画像的途径
7. 理解用户画像在新媒体运营中的应用

内容要点

1. 新媒体用户的角色与特征
2. 新媒体用户研究的步骤
3. 新媒体用户数据收集渠道
4. 构建新媒体用户画像的步骤

课程思政

《求是》杂志 2019 年第 6 期《加快推动媒体融合发展，构建全媒体传播格局》提出"伴随着信息社会不断发展，新兴媒体影响越来越大。我国网民达到 8.02 亿，其中手机网民占比 98.3%。新闻客户端和各类社交媒体成为很多干部群众特别是年轻人的第一信息源，而且每个人都可能成为信息源。"

通过对新媒体用户的研究与学习，学生能够具备人文素养和人文关怀，培养求真务实的精神，提升新媒体素养。

引导案例

完美日记契合用户画像的新媒体营销

国产彩妆品牌——完美日记2017年3月正式成立,并在天猫商城开设了官方旗舰店。2019年1月,完美日记开设了首家线下实体店。同年6月,完美日记成为天猫"最受00后喜欢的国产品牌排行榜"的第二名。12月,完美日记包揽了天猫2019全年大促彩妆冠军,成为首个登顶天猫双十一彩妆榜的国货品牌,实现国货彩妆品牌首个"大满贯"。在海外美妆品牌占据美妆市场较大份额的情况下,完美日记凭借其全方位的新媒体策略异军突起,成为美妆品牌的新兴势力。

一、完美日记的用户定位

完美日记将其目标用户定为"Z世代"的年轻女性。"Z世代"是指1995~2009年出生的人群,也称为新时代人群,或称"网生代""互联网世代""二次元世代""数媒土著",他们一出生就与网络信息时代无缝对接,受数字信息技术、即时通信设备、智能手机产品等影响比较大,也可以简单理解为90后、00后。"Z世代"以性格直率、独立观为标签。"Z世代"中的年轻女性,她们是伴随互联网成长起来的一代人,受益于家庭和自身经济条件的改善,这类用户有着非常广阔的视野,她们开放、自信,喜欢创意,可支配的收入更多,但她们不追求奢侈,更追求高性价比和优质的服务,对国产品牌的接受度普遍较高,完美日记的用户画像见图3-1。

图3-1 完美日记的用户画像

二、契合用户画像的新媒体营销

完美日记明确了目标用户后,便根据用户画像开展新媒体营销。

1. 利用小红书开展内容营销

完美日记首先确定了以内容营销为主要模式的新媒体营销策略,利用小红书开展内容营销。小红书是一个年轻人分享生活方式的平台,汇聚全球数百万达人的购物心得,涵盖美妆、配饰、服装等方面的内容。小红书是以目前国内美妆用户聚集的主要平台。2023年小红书的用户已超过3亿人,月活跃用户数也已过2亿人。

根据千瓜数据《2022年千瓜活跃用户画像趋势报告(小红书)》,小红书有约89%的用户是女性,约82%是年龄在34岁以下的年轻人,地域分布集中在北上广,并有六大人群标签,即Z世代、新锐白领、都市潮人、单身贵族、精致妈妈和享乐一群,其特点是爱尝鲜、爱生活、爱分享和高消费力。小红书平台既符合完美日记目标用户的性别、年龄,也符合其人群特点。

完美日记入驻小红书后,从四个方面进行了新媒体营销。一是自产笔记(小红书上的内容分享形式),通过美观的店铺装修、专业的内容、趣味美妆知识分享等吸引用户注意力;二是邀请普通用户发表自己的使用感受,通过生活化的场景和真实的使用感受来引起用户的共鸣,使用户对品牌产生信任。三是联合美妆 KOL 发表专业的产品测评结果,以其专业性增强用户的购买欲望;四是邀请小红书中热爱分享的女艺人推广产品,利用其粉丝效应传播力来扩大产品的传播范围。截至2023年9月4日,在小红书有关完美日记的笔记超过29万篇,完美日记小红书官方账号已经发布笔记160篇,拥有206.2万名粉丝,771.6万次的获赞量与收藏量(见图3-2),粉丝数远超其他知名国产外资美妆品牌。同时,完美日记和小红书用户画像也是吻合的。

图3-2 完美日记小红书官方账号

> 2. 新媒体多平台整合营销
>
> 完美日记还充分利用其他新媒体平台开展平台整合营销，如在抖音平台发布短视频，完美日记通过与抖音平台的"带货达人"合作，以短视频形式展示产品。产品特点短视频平台用户数量巨大，消费力较强。其年轻化的用户特征也正好符合完美日记用户定位。除了短视频平台，知乎这个相对专业问答平台也没有被完美日记忽略。完美日记在知乎上以专业的态度解答用户针对产品功效、实用性等方面提出的疑问，同时邀请美妆达人推广其产品。增加用户对产品的信品牌的信任。在微博，完美日记也邀请了KOL带货相关话题发送图文微博、视频微博，以专业的内容增加品牌热度。

第一节　新媒体用户

一、新媒体用户的内涵

用户是指产品消费和服务的使用者，可以是个体的人，也可以是具有共同特征的群体，可以是C端个人用户，也是B端机构用户。新媒体用户则是新媒体服务的对象，即使用电脑或手机等各种智能终端享受网络服务的个人、机构等。在通常每个用户都拥有自己的一个用户账号，以用户名识别区分。新媒体用户不再是指大众传媒时代的受众，而是广泛的指代。新媒体用户不是传统大众传媒时代所说的读者、观众、听众这类泛指（统称受众），而是一个清晰的、具体的存在。他（她）有名有姓，有年龄，有性别、有国籍，有职业或无职业，有工作或是无工作，有自己独特的兴趣爱好特点及行为特征，他（她）是具备人口统计学特征的一个公民，是能够被新媒体技术追踪、捕捉、统计呈现的一个画像。❶

二、新媒体用户和受众的区别与联系

"用户"是一种企业用语，即某一种技术、产品、服务的使用者，是指使用某种产品的人。企业以用户需求为导向来指导生产活动。传媒"用户"是互联网发展

---

❶ 刘斌,任天浩.新媒体营销与策划[M].西安:西安交通大学出版社,2021:37.

的产物，互联网时代单纯的"受众"已经消失，"受众"的自我意识和自我需求意识不断提高，不再单纯地被动接收信息，开始根据自己的需求，主动寻找相应的信息，"用户"应运而生。

受众，包括报刊和书籍的读者、广播的听众及电影、电视、视频的观众等，简而言之，受众就是信息传播的接收者。受众是传统媒体时代所对应的"名词"，从"受众"的概念中我们可以看出其是被动的。传统媒体作为"把关人"占主动地位，受众只能从传统媒体发布的信息中寻找自己所需要的内容。❶

用户与受众从传播角度都是指传播过程中信息的接触者、使用者。区别在于，前者是一种被动接收信息内容的状态，后者有主动回应和分析信息内容的特征。受众是传播学上的概念，传播者、媒介、受众三者构成一条完整的传播链，强调的是在信息和内容的一对多的传播中，终端智能和交互不够好的状态下，被动接受信息内容的对象和群体。用户这个词更加强调媒体、信息、内容和产品的使用者，以及其主动的行为和状态。这些主动的状态和行为包括主动观看、主动浏览、主动点击点播、主动搜索，甚至是自发主动地互动分享等。

三、新媒体用户的角色

新媒体的出现给人类社会的信息获取、信息互动、人际交往，乃至社会整体结构带来了翻天覆地的变化。新媒体的社会地位在不断变化、不断上升，从单维度的通信工具、技术名词发展为多维度的信息公共平台、舆论构建平台、娱乐休闲平台和社会生活平台，成为公众日常生活中不可或缺的一部分。它的超时空性、跨地域性打通了天然的物理鸿沟，把地球变为一个村落；它的开放性、透明性和多重应用把现实世界和数字世界融为一体。新媒体用户已不仅仅是传播内容的接收者，还拓展出内容生产者、内容传播者、关系连接者和消费者等多方面的角色。

1. 内容生产者

用户可以通过自己的文字、图片、视频等创造并发布内容，成为新媒体上的内容生产者或创造者。用户可以是普通用户、专业机构用户和专业用户等。如普通用户制作、发布的内容主要集中在社区、问答、圈子、话题、短视频/音频创作平台等。而专业机构用户的内容主要以音视频课程、专业网站的新闻内容、在线教育平台授课等形式为主。

---

❶ 张茜. 从面向受众到面向用户：新媒体时代国际传播转型策略研究[J]. 新闻文化建设,2021(22):7-9.

2. 内容接收者

新媒体提供的内容更加丰富庞大，并且种类繁多，针对性强、更新速度快，能够帮助用户更好地满足多方面的信息获取需求。对新媒体用户来说，信息获取和接收依然是很重要的组成部分。只不过新媒体用户的信息和接收，呈现出与传统媒体时代不同的特点。新媒体用户的主动性接受日益凸显，用户可以不受时空的约束，根据自己的需要，选择自己想使用的信息终端、接收信息的形式、获取的视听内容、体验的互动与服务等。用户接收的信息源也更加多样，用户可以选择是否关注或者添加某个信息源，决定接受信息源的种类、信息类型、接收方式和接收频率等。新媒体通过相关技术可以深入了解每个用户的基础画像、需求方向和行为特征，实现点对点传播和定制化传播，给予了用户个性化的信息体验。在这种环境下，结合用户使用新媒体的场景，新媒体用户培养出了全新的信息接收习惯，碎片化、浅层次的信息接收成为主流。❶

3. 内容传播者

新媒体平台为新媒体用户传播信息提供了巨大的便利，转发、分享功能是众多新媒体平台的基本功能，用户随时可以通过转发、分享等方式将有价值的内容传播给其他用户，进而扩大内容的影响力。基于此，利用新媒体进行裂变营销和病毒式营销就有了先天的优势，因此受到很多企业和品牌的欢迎。

4. 关系连接者

新媒体用户还是关系连接者，用户可以在新媒体平台上建立自己的社交网络，扩大自己的社交圈子，同时也可以成为其他用户社交网络中的节点。在传统媒体中，受众与其他受众的联系并不紧密，连接的形式也很有限。而新媒体构建了与他人进行互动的社交网络，用户成为社交网络中的一个个节点，每一位用户都是关系连接者。在通过新媒体构建新"自我"的基础上，新媒体用户实现了现实环境人际关系的迁移与衍化，也创建了一些不同于现实环境的新连接关系。

四、新媒体用户的特征 ❷

（一）个性化与社会化共存

这里所讨论的个性化与社会化，主要是在用户的信息消费这一语境下。个性化

---

❶ 宫承波. 新媒体概论[M]. 9版. 北京：中国广播影视出版社，2021.
❷ 彭兰. 新媒体用户研究：节点化、媒介化、赛博格化的人[M]. 北京：中国人民大学出版社，2020.

并不是网络用户信息消费的唯一取向，人们的网络信息消费行为，也会因为外界的影响而日益被"社会化"。

网络用户获得的个性化信息，主要是来自两个方向：一是技术推动强化用户个性化需求。随着大数据和算法技术的发展，新媒体平台可以根据用户的兴趣和历史行为，提供个性化的内容推荐。用户可以根据自己的喜好选择阅读的文章、观看的视频或收听的音乐，这体现了用户在信息消费方面的个性化。二是社会关系网扮演了信息过滤器角色。通过社会化媒体中的社会关系，即通过他人的筛选，来获得个性化信息满足。从这个角度看，社会关系在一定程度上扮演着信息过滤器的角色，可以帮助用户减少获得信息的成本。个体设置的信息源，往往也与他们的个性化需求相关。

同时，网络带来的连接还可能在某些方面上受到来自他人和群体的影响，呈现出"社会化"的一面，即群体通过共同行动、信息共享或相互影响，产生了一种群体效应，这也是社会化的表现。

网络信息消费的社会化含义是双重的。一方面，在传统媒体时代相对独立的个人信息消费行为，在网络中随时被集合成一种社会性的行为，能够与他人的行为集合形成强大的社会效应；另一方面，作为个体的网民，其信息消费行为往往不是基于个体的自主判断与选择，而是在社会氛围作用下的复杂过程。信息消费带来了个体与社会之间密切与频繁的双向互动。

网络信息消费的社会化突出表现在以下几方面：一是个体行为汇聚成社会行为并作用于信息生产。例如：热搜榜往往众人合力造成的。二是用户间的相互引导影响彼此的信息消费。例如：朋友圈、微信群、问答类应用等平台，都不仅仅带来了信息分享，也促成了人们的相互信息引导。三是群体性氛围影响个体态度与行为。人们对信息的最终评价，往往不是基于自己的独立判断，而是与他人互动的一种结果。这种认识，甚至会超越某一个别信息，而影响个体对更高层面事物的判断。人们的意见表达以及行为方式，也是与他人互动的一种结果。

（二）主动性与被动性共存

新媒体用户的主动性与被动性，仿佛一对孪生兄弟，存在于用户生活的以下三个方面：

一是新传播模式赋予的主动性与人性固有的被动性。新传播模式提升了用户的主动性，随着Web2.0应用的发展，新媒体用户可以自主构建自己的信息网络，也进一步提升了用户在内容生产中的主动性。同时，人的本性中固有的被动性。人性的特点是，人是懒惰的，人是跟风的，人没有耐心，人不爱学习，人们对随机好奇。

在信息爆炸的互联网时代,被动的人们总是愿意以最小的成本获得最大的报偿,特别是在信息过载的情况下。依赖他人和系统,是降低成本的一种方式。此外,面对海量信息,用户会依赖惯性降低获取信息的成本,这种惯性会受到信息质量和关系圈子影响。例如:新媒体尤其是社交平台具有很强的用户黏性,人们往往习惯于某一个或少量几个社交平台获取信息,以降低获取信息的成本。

二是个性化时代被渲染的主动性与无所不在的被动性。从理论上说,个体可以使自己的需求、行为及个性特征等成为重要变量,作用于信息和服务的提供者,以此来实现自己的主动性。但从实际看来,个性化服务也会带来人的关系、惰性以及被动性,人们会越来越多地被算法钳制。同时,社会化环境会对个体用户主动性产生抑制,新媒体平台也会带来的用户的被动性。例如:新媒体平台所采用的技术模式、界面风格,用户只能适应,不能改变。用户在可选择余地较小的情况下,只能选择服从。平台对各种内容的捆绑,或者平台间的捆绑,也是用户难以逃脱的。从用户的内容生产角度看,虽然看上去他们有决定生产什么、不生产什么的权利,但是平台的流量导向,会反过来对用户的生产产生作用。

三是主动控制的前台表演与被动泄露的后台。从社交性表演的角度看,表演的主动性与私密泄露的被动性,也是新媒体用户面对的一对矛盾。虚拟空间中可控制的前台与表演,但在新媒体环境中,几乎所有能产生互动的空间,都有成为表演前台的可能,例如美图软件、短视频平台。网络技术赋予了用户表演的自由也提供了表演的多元方式,这是用户可控制的部分。但同时,"后台"自我泄露无法避免。尽管人们以为可以利用新媒体控制自己的表演,但事实上,人们在表演,就难以避免"后台"泄露的风险。另外,被动泄露的"后台"内容,却又是个性化服务的前提,以个性化服务为目标的大数据挖掘,正是主要针对这些信息的。

(三)娱乐性与严肃性共存

新媒体用户在娱乐与严肃之间也具有一种摇摆性。

新媒体与用户共同推进媒体环境娱乐化。在新媒体环境下,网络娱乐化、新闻娱乐化已成为趋势,甚至产生了一个新的概念——信息娱乐或娱乐信息(information 和 entertainment 合为 infortainment)。从用户这一端来看,对内容的娱乐化的需求,也表现为两个方面:一是对娱乐新闻、社会新闻等软性新闻的偏好,二是对于时政类等硬新闻的软性处理需求。新媒体文化的娱乐化基调起源于用户,虽然其是以戏谑、恶搞、调侃方式来体现娱乐基调,但网络恶搞同时也承载了人们的价值观与态度,网络流行语即会带来娱乐化的效果,也会促成高效的交流。

同时，新媒体用户对严肃性也有显著需求。中国社会正处在高速增长同时发生根本转型的时期，中国网民有强烈的自由表达和参与社会事务的愿望，这些需求都会导致网民对于严肃新闻的强烈关注。从各种平台的数据来看，严肃媒体的影响力依然在延续，专注严肃时政内容的"媒体小号"在微信公众平台上表现抢眼。例如：玉渊谭天、陶然笔记、朝阳少侠、侠客岛和补壹刀分别是央视新闻、经济日报、外交部、人民日报社（海外版编辑部）和人民日报社（环球网）的小号。一些严肃内容也可以成为爆款文章，原本被视为"最硬新闻"的时政内容唤起了新生命力，用户不仅需要严肃新闻，还希望听到更多的专业解读，也刺激了严肃新闻的需求。此外，在网络中，娱乐化与政治化之间的界限越来越模糊，甚至在某些时刻走向融合。例如："帝吧出征"正是近年来娱乐化、政治化结合方式的典型体现。这种融合在传统媒体上表现得越来越突出，很多主流媒体尝试社交传播中的"语态改变"。

（四）情绪化与理性共存

新媒体用户情绪化与理性共存，也是当前新媒体使用中的一个显著特点。

造成新媒体用户情绪化的原因有以下三点：一是部分网民思维方式中总有习惯性质疑和无条件轻信。这与社会诚信的缺失，网络信息发布者多元化，追求真相的质疑思维有关，也与人们信任崇拜信息源发布者，信息本身具有专业门槛，以及自己本身的认知和情感有关。二是二元对立框架下的贴标签与站队。二元对立思维是指人对一些事物或人物的判断，是基于简单的价值判断框架，如"对"与"错"，"善"与"恶"。简单的二元对立思维模式更便于传播，因为它很容易被人理解，吸附别人的认同，成为优势意见。这种思维影响了人们对真相的判断，以及意见的表达。人们并没有去探寻真相的愿望，往往基于一面之词便对当事人作出评判，有时也会用想象去填补空白。而实际上存在的许多情况都不是在二元对立框架下能够得出简单解释的。三是科学传播的非科学化。新媒体背景下，科学传播主体已经非常多元化，但由于很多科学话题本身门槛高，需要较深的专业知识为基础。另外，一些人在传播与讨论科学类话题时，仍是在原有认知框架下的选择，其目标不是为了获得新知，而只是为了证明与强化自己既有的立场。

虽然新媒体用户存在情绪化，但也有理性。新媒体用户的理性是用户在信息消费时，能够保持公正、客观、真实的态度，不被网络群体兴趣和情绪所裹挟，能够自我审视，经常跳出自身看一看，自己开路的方向是否有所偏颇。同时，对理性的不同理解与不同认识视角，会带来不同的理性建设的目标。新媒体中的理性需要受众提升媒介素养来维持，同时我们也要重新思考价值理性的意义。

（五）免费使用和付费使用共存

从信息消费的角度看，用户是否愿意为一个产品付费，也处于摇摆之中。

"免费"是网络时代的特征之一，免费使用体现了用户对于信息获取、内容生产和服务的自由和便利，是用户在新媒体空间中的一种自由选择。信息获取的免费包括：用户可以通过各种新媒体平台免费获取大量的信息，可以在搜索引擎、社交媒体、新闻网站等地方免费浏览各种文章、观看视频、听取音乐等。内容生产的免费包括：用户也可以通过各种新媒体平台免费生产内容，可以在社交媒体上发布自己的文章、照片、视频等，也可以在开放平台上免费创建自己的博客、网站等。服务的免费使用包括：许多新媒体平台提供免费的服务，比如免费的邮箱、免费的在线存储、免费的社交网络等。用户可以免费地使用这些服务，获取各种便利。

但随着网络技术的发展，"付费"使用在网络上也随处可见。新媒体用出于心理的惯性、情感动因以及高品质、独家内容和专业知识等，用户会心甘情愿地付费。例如：Z世代作为网络原住民，在其接触网络时，部分偏好的内容和服务已经开始收费，特别是游戏，这使他们的付费习惯从一开始就被培养起来。对于偶像新出的专辑，付费不仅是为了先听为快，更重要的是表达对偶像的致意和支持。付费使用反映了用户的需求和认可，是用户在新媒体空间中的一种有价值的选择。理解并把握这种免费使用和付费使用的共存，将有助于我们更好地满足用户的需求，提供更加符合用户需求的内容和服务。

第二节　新媒体用户研究

用户参与新媒体的各种行为也会产生大量数据，包括用户在新媒体中注册时产生的个人信息，发生浏览、点赞、转发以及更复杂的互动行为时产生的行为数据。这些数据与内容生产不同，并非用户有意识地生产，而是用户在新媒体活动过程中形成的行为数据。可以说，用户在新媒体世界中的一举一动都有可能被记录，正因如此，这些行为数据的产生是相对隐蔽的，用户自身有时都可能无法意识到。这些数据在新媒体时代具有巨大的价值，通过研究个体行为数据、不同用户行为的关联数据和用户群体的大数据，可以对新媒体用户的"生存"习惯有更加深刻的理解。

一、新媒体用户研究的步骤

通常，新媒体用户研究分为四个步骤，即明确研究目的、用户数据收集、数据

处理与分析评估、用户数据报告。❶

1. 明确分析目的

在做一件事之前一定要先明确自身的目的，这样才能有的放矢，朝着目标推进。做新媒体用户研究也是如此。如果需要进行新媒体用户研究，首先要做的就是明确研究目的，即为什么要做用户研究。通常，可以从账号近期出现的情况或开展的活动出发，明确数据分析的目的。比如，账号近期出现了粉丝流失严重的现象，那么便可以将新媒体数据分析的目的明确为寻找粉丝流失的原因；又如，账号近期开展了某项促销活动，那么便可以将新媒体数据分析的目的明确为评估促销的效果。

2. 用户数据收集

用户研究的目的明确之后，接下来便根据目的进行数据的收集。新媒体用户数据的收集的渠道主要有以下三个：

（1）通过新媒体平台的后台采集数据，包括新媒体账号主页和新媒体官方后台。

（2）通过第三方平台采集数据。

（3）通过人工手动统计采集数据。例如，以采集小红书的用户数量变化数据为例，可以在小红书后台的"新增粉丝"中查看近期的粉丝数量变化数据列表。如图3-3所示为新媒体平台（小红书）的后台采集数据。

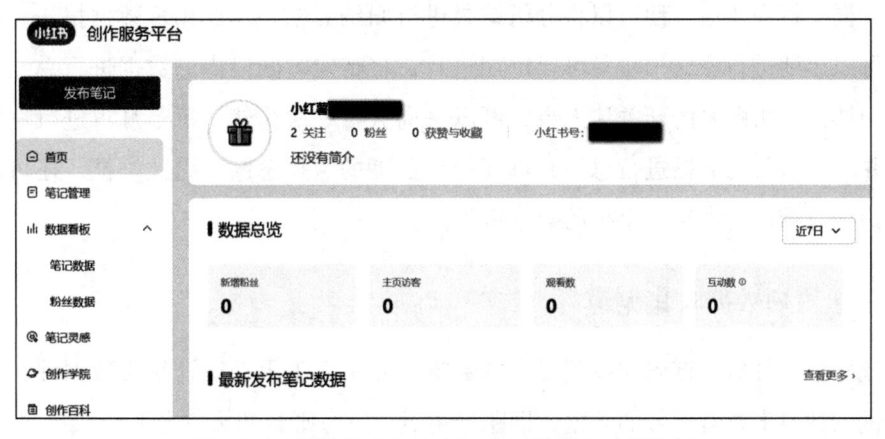

图3-3 新媒体平台（小红书）的后台采集数据

又如，以采集抖音号的相关数据为例，可以通过灰豚数据平台的"数据分析"界面查看其相关数据。如图3-4所示为通过第三方平台（灰豚数据）采集数据。

---

❶ 刘应波,陈如华,李娟. 新媒体数据分析[M]. 哈尔滨:哈尔滨工程大学出版社,2021.

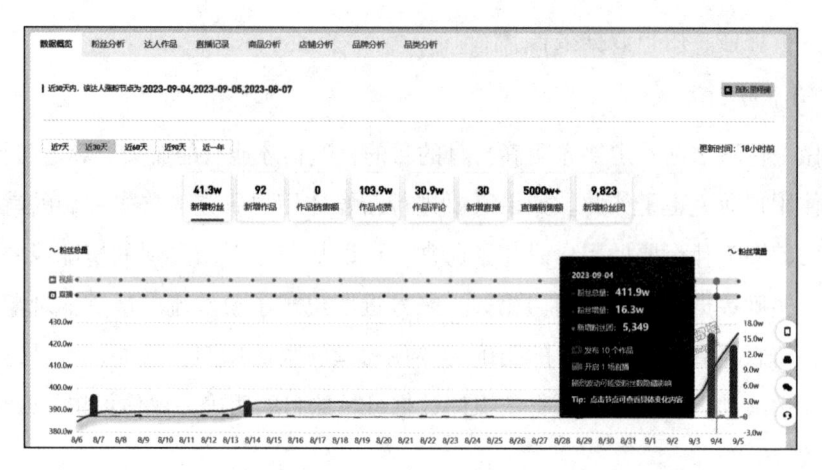

图 3-4 通过第三方平台（灰豚数据）采集数据

3. 数据处理与分析

数据采集完成之后，可以获得一系列的数据。这些数据中也包含了一些不需要的，或者无效的内容。除此之外，光看数据还不够直观。此时，便可以选择需要的数据，并利用 Excel 绘制成图。数据处理之后，针对数据进行分析，评估相关数据是否达到了预期目标。

4. 用户数据报告

数据分析完成后，便可以将分析结果进行归纳总结，形成用户数据报告。这个步骤可以定期进行，这个步骤可以定期进行，将特定时间段内的数据进行总结。比如，同样是分析账号的新关注人数，可以每周进行一次，然后每个月再进行一次总结，并将三个月的数据进行总结，进行每个季度的数据总结。以此类推，还可以将数据归纳总结进行半年、全年的数据报告。

二、用户数据收集渠道

做好数据分析，首先应找到对应的数据。除了人工手动统计采集数据外，还可以通过三种渠道查看账号的数据，即账号主页、官方平台和第三方平台。

1. 账号主页

拥有独立 App 的新媒体平台，都设置了专门的账号主页。在账号主页界面中，可以查看账号的部分数据。例如，在快手账号主页界面中，可以查看账号的"粉丝（数）""关注（数）""获赞（数）"和"作品（数）"。

需要注意的是，虽然通过账号主页可以快速查看账号的部分数据，但是该界面中呈现的数据相对比较有限。因此，如果需要对账号进行全面分析，通常还需要结合其他渠道的数据进行分析。

2. 官方平台

大多数新媒体平台都有自己的官方平台，只需进入官方平台的后台，便可借助该平台提供的数据分析系统，查看和分析账号的相关数据。在微信视频号后台，不仅可以在"创作者中心"界面中，查看账号的"新增关注""播放量""点赞量"和"评论量"，以及每个视频作品的"浏览量""点赞量""评论量"和"转发量"，还可以查看菜单栏中的"关注数据"和"粉丝画像"按钮，进入对应界面，查看账号的相关数据，如图3-5所示为微信视频号"创作者中心"界面。

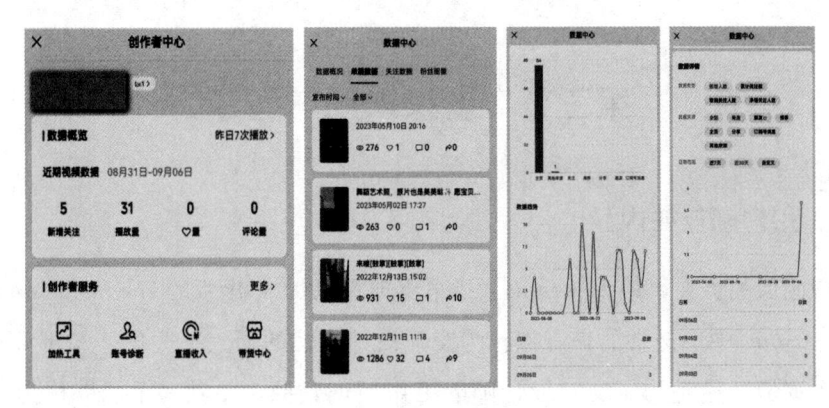

图3-5 微信视频号"创作者中心"界面

3. 第三方平台

除了账号主页和官方平台，还需借助第三方平台，特别是专业的数据分析平台，查看和分析账号的相关数据。第三方平台通常会对账号各方面的数据进行全方位的分析，只需找到对应的板块，即可查看具体的数据。网上的数据分析平台有很多，可以根据自己需要分析的账号类型选择第三方数据平台。例如，要分析图文类平台的数据，可以选择新榜等平台；要分析视频类平台的数据，可以选择飞瓜数据和蝉妈妈等平台；要分析直播类平台的数据，则可以选择灰豚数据和抖查查等平台。目前部分第三方数据平台可见表3-1。

表3-1 部分第三方数据平台汇总

第三方数据平台	简介	数据覆盖平台
飞瓜数据	品牌直播与短视频数据分析平台	抖音版、快手版、B站版
灰豚数据	短视频＆直播大数据分析平台	抖系版、快手版、红薯版（小红书）、淘宝版

续表

第三方数据平台	简介	数据覆盖平台
新榜	旗下产品众多，如新抖、新快、新红、新站、新视、新瓜等	抖音、快手、小红书、B 站、微信视频号、西瓜视频等
蝉妈妈（蝉大师旗下）	抖音直播 & 短视频电商数据分析服务平台	抖音
蝉小红（蝉大师旗下）	小红书直播电商 & 品牌种草数据查询分析服务平台	小红书
千瓜数据	小红书数据分析平台	小红书
抖查查	短视频直播带货电商大数据分析平台	抖音
火烧云数据	B 站数据分析平台	B 站

第三节　新媒体用户画像

一、用户画像的内涵

用户画像的英文单词为 persona，最早出现在 2004 年出版的 *The Inmates Are Running the Asylum* 中。该书的作者被称为交互设计之父的阿兰·库珀（Alan Cooper）。所以这个词最开始是为了交互设计师的工作而创建的：要做一个能够称为"好体验"的产品，必须对产品、必须对用户有足够的了解，从而建立同理心，即通过沟通、观察用户的生活建立起的一种和用户感同身受的心理状态。在阿兰·库珀的观点中，我们可以大概理解用户画像的概念。简单来说，可以把用户画像理解为给用户贴标签。在新媒体时代，用户使用各种 App 和社交媒体必然会遗留痕迹，❶ 而大数据就是将用户留痕的信息，如用户的性别年龄、社会属性、消费习惯、偏好特征、生活习惯等各个维度的数据收集起来，然后通过对用户以及产品特征属性进行分析、统计刻画出用户的画像，有时甚至可以挖掘出更为深层次的拥有潜在价值的数据。❷

用户画像在各种行业和领域都有广泛的应用，例如在电商平台上，商家可以通过用户画像来了解用户的购买偏好、消费习惯和需求，以便精准推荐商品；在新媒体上，广告商可以根据用户画像来定向投放广告；在医疗保健领域，医生可以根据患者画像来制订个性化的治疗方案。

---

❶ 何丹. 基于大数据的数据新闻采编研究[J]. 科技传播,2020,12(06):148 - 149.
❷ 曹秦雨. 大数据技术下新媒体用户画像与隐私安全[J]. 新闻研究导刊,2020,12(24):251 - 252.

二、构建新媒体用户画像

新媒体时代用户画像的构建一般有以下四个步骤：

第一步：基础数据采集。新媒体运营者应该把宏观层面的数据和微观层面的数据结合起来。宏观层面的数据主要包括行业数据、用户总体数据、总体内容数据等，新媒体运营者可以通过行业分析报告（比如《新媒体蓝皮书》系列等）、产品前台数据和后台数据、第三方大数据分析等渠道进行数据采集。微观层面的数据要包括用户属性数据、用户行为数据、用户成长数据、用户参与度数据、用户点击数据等，新媒体运营者可以通过产品前台数据和后台数据、第三方数据分析、公司调研报告、用户访谈记录等渠道进行数据采集。

第二步：建立用户标签体系。用户的信息获取之后，就需要对用户的数据进行分析，而这个分析的过程也就是用户画像的核心过程——贴标签。用户的标签可以分为三个方面：其一是人口属性，比如年龄、性别、地域等；其二是生活习惯，比如运动、休闲、旅游等；其三是消费行为，比如消费方式、频率等。此外，也可以根据品牌、产品、新媒体账号等的特点建立自己的用户标签体系。

第三步：建立算法模型。通过前面的步骤，各类原始数据经过数据清洗整理后，将通过算法和数学模型实现最终的标签匹配，并建立相应的用户模型。新媒体运营者要对关键词的出现频次进行排序，这样才能取最能反映用户群体特征的共性关键词。

第四步：用户画像的数据可视化。数据可视化是为了更直观清晰地显示用户画像，因为数据具有数据量大、不够直观的特点，所以数据可视化在用户画像中的使用十分常见，如常见的矩阵图和云图，云图中不同的颜色以及字体的大小就是在利用可视化手段直观地表述信息。这种可视化手段用于用户画像时，可以根据不同的需求进行多维度用户画像的呈现，也可以呈现多维度多角度的用户画像。

三、直接查看新媒体用户画像

在新媒体平台上，通过查看和分析用户画像的相关数据，可以快速把握对账号内容感兴趣的用户的画像，并针对用户的画像生产出用户更感兴趣的内容，从而有效地提高内容的营销效果。需要重点把握的用户画像数据分为两种：一种是账号的粉丝画像；另一种是单条内容的粉丝画像或观众画像。查看账号粉丝画像数据的方法很简单。例如，可以进入灰豚数据抖音版平台的"粉丝分析"界面，直接查看粉丝画像的相关数据，如图 3-6 所示。

新媒体营销

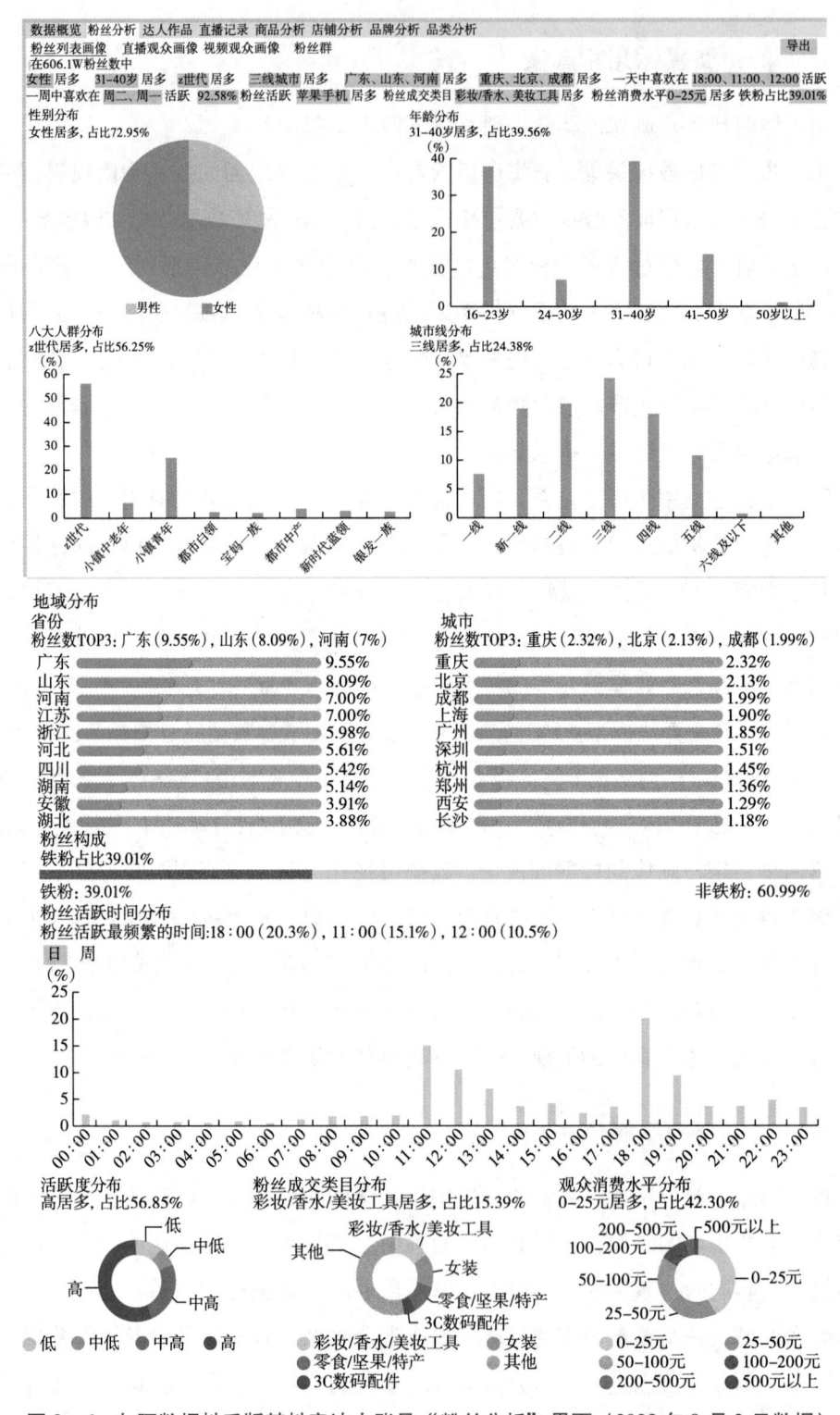

图3-6 灰豚数据抖系版某抖音达人账号"粉丝分析"界面（2023年9月2日数据）

除了账号粉丝画像的数据外，部分数据分析平台中还支持查看单条内容的观众画像数据。例如，在灰豚数据抖音版平台中，只需单击"直播记录"界面中某个直播对应的位置，即可查看该直播的粉丝画像数据。如图3-7所示为某场抖音直播的"观众画像"界面。

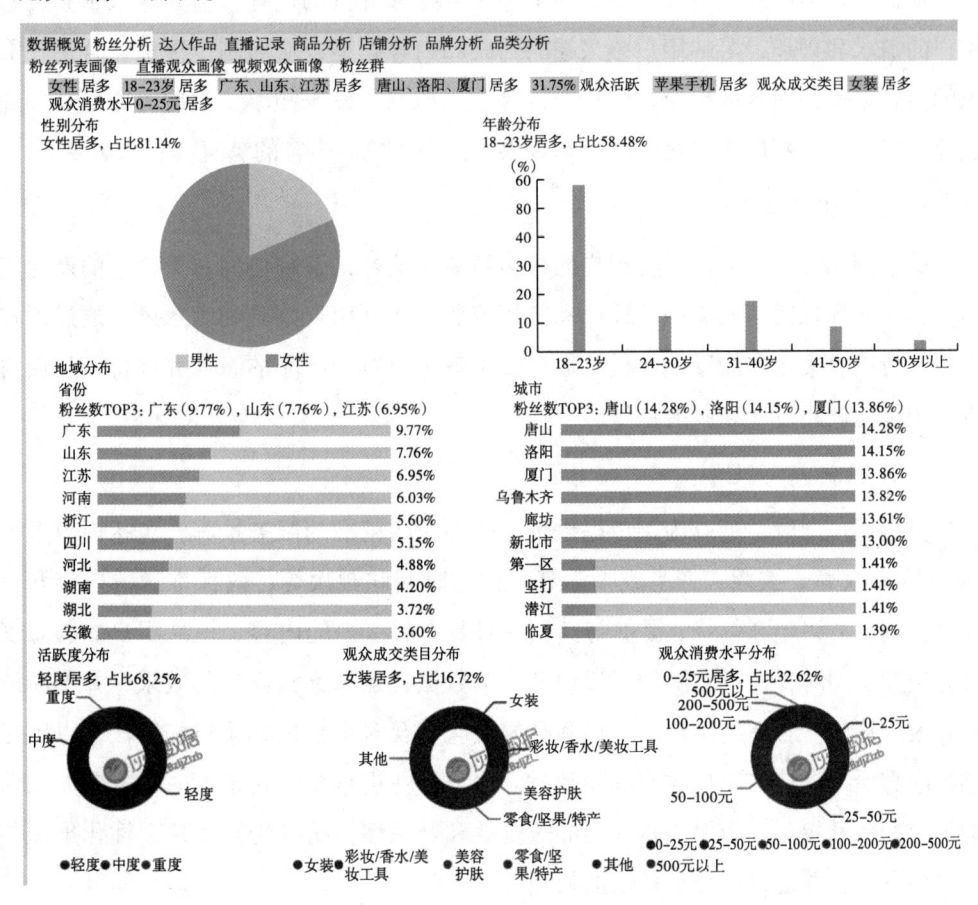

图3-7 某场抖音直播的"观众画像"界面（2023年9月2日数据）

四、用户画像在新媒体运营中的应用

用户画像在新媒体运营中具有广泛的应用价值。

1. 确定目标用户

通过用户画像，可以清晰地了解目标用户的特点和需求，从而更好地确定目标用户，提高营销推广的精准度和效果。根据分析结果，确定与产品或服务相关的目标用户，可以选择具有以下特征的用户作为目标用户：①与产品或服务相关的特定群体：例如，年龄在25~35岁的城市白领女性。②具有特定的行为和偏好：例如，经常使用社交媒体，喜欢分享生活点滴的用户。③符合产品或服务的发展方向和定位：例如，追求时尚、品质和创新的用户。

2. 制定内容策略

根据用户画像制定内容策略是一个基于数据和分析的过程，需要深入了解目标用户的需求和兴趣，了解用户感兴趣的话题和内容类型，从而制定更加符合用户需求的内容策略，内容策略应该包括内容类型、风格、发布频率、主题等方面，并通过评估和调整不断提高内容的质量和效果，提高用户对内容的满意度和忠诚度。

3. 优化用户体验

通过用户画像，可以了解用户的行为习惯和偏好，了解他们对于产品的期望和需求，从而优化网站或应用的设计和使用流程，提高用户体验和满意度。通过用户画像，可以收集用户的反馈和行为数据，了解用户对于产品的态度和评价，从而再进一步优化产品设计和服务质量。

4. 个性化推荐服务

根据用户画像，可以为用户提供更加个性化、精准的服务推荐，包括内容选择（如相关的文章、视频、产品或服务等）推送时间和频次等，确保推送的内容和方式符合用户的兴趣和偏好，提供与其相关且具有吸引力的内容，提高用户的满意度和忠诚度。同时，通过监测用户反馈和行为数据，评估推荐算法的效果，并不断调整和改进算法。考虑到用户的反馈和喜好变化，及时更新推荐策略和算法，以确保推荐内容始终保持与用户需求的一致性。另外，在进行个性化推荐时，需要注意保护用户的隐私权益。确保用户数据的安全性和合法性，明确告知用户个性化推送的目的和方式，并提供选择和控制的权利。

5. 精准营销推广

根据用户画像，可以更加精准地制定营销推广策略，包括广告投放、社交媒体推广等，提高营销效果和投入产出比。根据用户画像进行新媒体推广，可以帮助企业更好地选择合适的渠道和策略，提高推广效果和转化率。以下是一些具体的建议：

（1）选择合适的社交媒体平台。根据用户画像中目标受众的特征和兴趣爱好等信息，选择合适的社交媒体平台进行推广。例如，如果目标受众主要是年轻女性，可以选择在小红书、抖音等女性用户集中的社交媒体平台进行推广。

（2）制定个性化的推广策略。根据用户画像中目标受众的特征和需求，制定个性化的推广策略，如广告文案、图片、视频等。例如，可以针对不同的目标受众，制定不同的优惠券、限时折扣等营销活动，提高用户参与度和转化率。

（3）制定精准的投放时间。根据用户画像中目标受众的行为习惯和兴趣爱好等信息，选择合适的投放时间，提高广告的点击率和转化率。例如，如果目标受众主要是上班族，可以选择在工作日早晚、周末等时间段进行推广。

（4）优化推广内容。根据用户画像中目标受众的反馈和数据分析结果，不断优化推广内容，提高广告的点击率和转化率。例如，可以根据目标受众的反馈，不断调整广告文案和图片等元素，提高用户参与度和转化率。

（5）监测和评估推广效果。对推广效果进行监测和评估，根据结果不断优化推广策略，提高精准度和效果。例如，可以通过社交媒体平台的后台数据，了解广告的曝光量、点击率、转化率等指标，进行数据分析和评估。

总之，根据用户画像进行新媒体推广，可以帮助企业更加精准地选择渠道和策略，提高推广效果和转化率。同时，需要根据数据分析和反馈不断优化策略，提高推广效果和用户满意度。

6. 评估运营效果

通过用户画像，可以了解用户的反馈和行为，从而评估运营效果，及时调整和优化运营策略。具体可以从以下五个方面进行评估：

（1）目标受众是否准确。通过对比用户画像和实际受众的特征，可以评估目标受众是否准确，是否与预期的目标受众一致。

（2）渠道选择是否合适。根据用户画像中目标受众的特征，选择合适的渠道进行营销推广。通过对不同渠道的推广效果进行对比和分析，可以评估渠道选择是否合适，是否达到了预期的效果。

（3）广告投放是否精准。通过用户画像中目标受众的特征和兴趣爱好等信息，可以在广告投放中选择更加精准的投放方式，提高广告的点击率和转化率。通过对广告投放效果进行评估，可以分析出广告投放是否精准，是否达到了预期的效果。

（4）营销活动是否有效。根据用户画像中目标受众的特征和需求，设计相应的营销活动，如优惠券、限时折扣等。通过对营销活动的效果进行评估，可以分析出营销活动是否有效，是否达到了预期的效果。

（5）用户留存是否提高。通过用户画像中目标受众的特征和兴趣爱好等信息，可以制定更加符合用户需求的产品或服务，提高用户满意度和留存率。通过对用户留存率进行评估，可以分析出用户留存是否提高，是否达到了预期的效果。

总之，通过用户画像可以评估运营效果，帮助企业更好地了解目标受众的需求和兴趣，制定更加精准的营销策略，提高营销效果和用户满意度。

综上所述，用户画像是新媒体运营中非常重要的工具，能够帮助企业更好地了解用户需求和行为，提高运营效果和用户满意度。

本章小结

1. 新媒体用户既是新媒体服务的对象，也是新媒体时代中重要的一环，还是对传统媒体受众的颠覆。新媒体用户已不仅仅是传播内容的接收者，还是内容生产者、内容传播者、关系连接者和消费者等多方面的角色。新媒体用户也体现出独有的特征，即个性化与社会化共存、主动性与被动性共存、娱乐性与严肃性共存、情绪化与理性共存、免费使用和付费使用共存。

2. 新媒体用户研究分四个步骤，即明确研究目的、做好数据收集、数据处理与分析评估、用户数据报告。处于新媒体背景下，需要学会利用新媒体平台及第三方数据分析平台为新媒体运营提供依据。

3. 用户画像在新媒体运营中具有广泛的应用价值，如何构建新媒体用户画像需要不断探索。新媒体用户画像的构建一般有以下四个步骤：即基础数据采集、建立用户标签体系、建立算法模型和用户画像的数据可视化。同时，通过新媒体平台及第三方数据分析平台直接查看用户画像也是一种便捷的途径。

延伸阅读

基于大数据分析的新媒体用户画像构建及应用——以第一财经为例 [1]

第一财经是国内知名的财经专业媒体，依托其报纸、电视、广播、网站、App等多样化渠道，长期为广大投资者及财经爱好者提供精确、实时的市场信息。根据财经资讯内容的特点，第一财经自主设计并构建了集用户行为分析、用户画像、精准运营推送于一体的用户系统，通过精细化运营，为用户提供更高效的财经资讯服务。

---

[1] 姚学润,张琦,倪明昊,等.基于大数据分析的新媒体用户画像构建及应用——以第一财经为例[J].现代电视技术,2020(03):97-99.

一、系统设计与实现

1. 总体架构设计

第一财经用户画像系统从软件架构层面，可以分为信源层、采集层、存储层、服务层、应用层和展示层共六层。其中，信源层到存储层主要实现各类基础数据的采集；服务层中构建了多类型的业务模型和标签算法，并对完成清洗整理过程的各类基础数据进行数据建模；应用层实现各类数据画像以及基于数据画像的各类衍生服务，如：用户运营、内容推荐、活动推送等，形成多个独立的功能模块或组件；展示层则利用数据可视化技术对用户画像、运营数据等进行可视化呈现。系统总体架构如图 3-8 所示。

2. 日志采集

为了实现各渠道海量日志数据的采集、清洗、分析，第一财经设计并部署了基于 ELK 大数据分析架构的日志采集系统。在具体实现上，基于事件触发机制以及 http 请求，根据业务定义大量事件参数，实现基于不同应用的个性化日志采集，覆盖网站、WAP、App 等多样化渠道，实现跨渠道的数据汇聚、去重、合并；通过 logstash 配合 redis 实现多路数据流的高性能缓存和过滤，最终存入 elasticsearch 集群中进行保存，以满足前端数据建模所需的高性能数据检索。

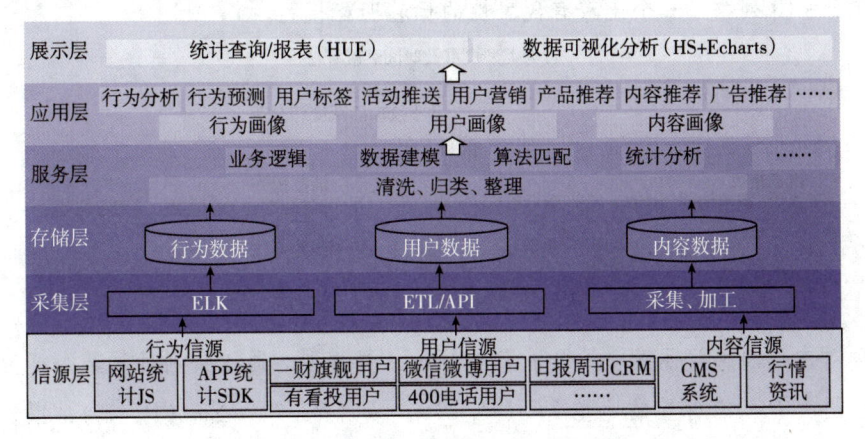

图 3-8 第一财经用户系统总体架构设计

3. 标签体系

用户标签体系是构建用户画像的业务基础。第一财经在用户标签体系的设计过程中，在横向上，结合财经媒体的业务特点，共建立了包括行为偏好、内容偏好、投资偏好、产品偏好、用户价值、社交偏好等在内的七大维度 100 余组标签组、

1000 余个具体用户标签，通过这些用户标签的匹配与组合，快速勾勒出用户个体或群体特征；在纵向上，对标签进行分层设计与管理，形成事实标签、模型标签和预测标签三个标签层级，针对不同层级的标签采用相匹配的算法模型和实现方式，确保了系统的可实施性。标签的分层设计如图 3-9 所示。

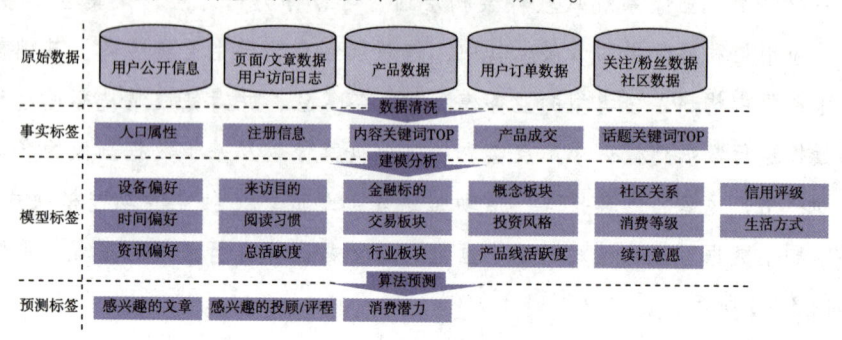

图 3-9 用户标签分层设计

4. 算法模型

各类原始数据经过数据清洗整理后，将通过算法和数学模型实现最终的标签匹配，因此算法模型的设计很大程度上决定着用户画像的最终实现效果。在第一财经用户画像体系的构建中，为了更精确地实现用户特征的提取与标签化，技术团队根据不同维度标签的特点，构建了科学而多样化的计算模型及用户标签算法体系。其中，图 3-10 列举了三个比较有代表性的标签匹配模型。

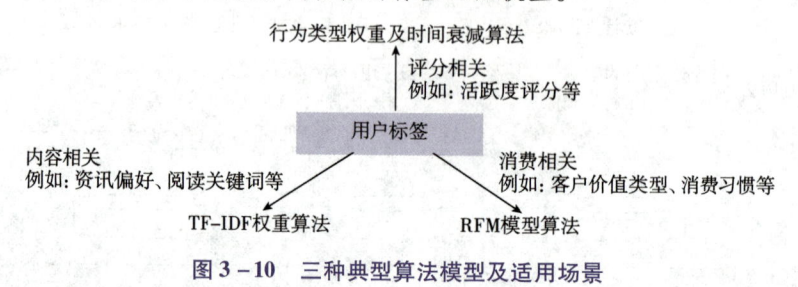

图 3-10 三种典型算法模型及适用场景

针对内容阅读类标签，采用了 TF-IDF 计算模型。通过分别计算某个标签 T 对于某个用户 P 所有标签的比重 $TF(P,T) = w(P,T)/\Sigma w(P,T_i)$，以及相应标签在全部标签中的稀缺程度 $IDF(P,T) = \log(\Sigma\Sigma w(P_j,T_i)/\Sigma w(P_j,T))$，再结合用户浏览、搜索、收藏、转发等不同行为的权重类型和次数以及时间衰减因素 $N(t) = e^{-0.05t}$，最终得到符合内容阅读规律且与第一财经业务场景（资讯栏目、资讯分类、用户操作等）相匹配的用户内容标签。

针对活跃度等评分类标签，采用了行为类型权重及时间衰减算法：Σ 行为类型权重×时间衰减×行为次数。通过考虑时间衰减因子 $N(t) = e^{-0.05t}$，对各类行为事件进行加权，最后采用 min – max 标准化方法实现归一化，最终获得可以直接进行横向比较的行为评分。

针对消费类标签，则采用了 RFM 模型，动态地显示了一个客户的全部消费轮廓，对消费用户个性化的沟通和营销提供了充分的依据。标签计算时，通过对每个用户最近消费（R）、消费频率（F）、消费金额（M）三个维度的综合计算，实现客户群体的精确细分，区别出低价值客户、高价值客户，便于用户部门、经营部门进行针对性的用户运营与营销。

5. 数据可视化

数据可视化作为对用户画像最终的展现，可根据不同用途对数据进行多维度呈现。第一财经除了通过各类基础图表、用户标签勾勒出个人和群体的基础用户画像外，还针对内容生产者、产品运营团队、决策者等不同群体设计了独立的仪表盘和数据分析工具。

（1）用户行为路径可视化。通过页面访问路径分析功能，了解不同环境、不同用户群体的自然流向，一方面，帮助定位并解决产品设计及运营中所隐藏的问题；另一方面，根据用户群组行为特征的挖掘，辅助广告及运营部门制定针对性的营销及运营策略。

（2）多层级用户访问指标分析。面向记者编辑、栏目或频道总监等内容生产者提供多层级的数据导航仓，对产品总体流量、频道流量、详情页流量、活跃用户、来源渠道等与内容生产息息相关的数据指标进行综合分析并呈现，让内容生产者快速掌握特定范围的用户访问情况以及对用户内容的反馈情况，从而进一步指导内容生产。

（3）多视角的数据决策看板。分别基于全媒体产品矩阵、内容生产流程、用户访问行为等不同视图，定制 50 余个面向决策者的数据透视看板，构建数据决策大屏。通过对生产端、产品端等多维度的海量数据挖掘，发挥数据的运营及决策辅助价值。

二、用户画像应用

1. 个性化推荐

用户画像可以辅助个性化推荐系统的设计。借助不同用户标签，可实现资讯、产品、投资标的、广告等不同维度的个性化内容推荐，如图3-11所示。通常基于用户画像的推荐算法可作为推荐混合算法之一加入最终的结果排序。

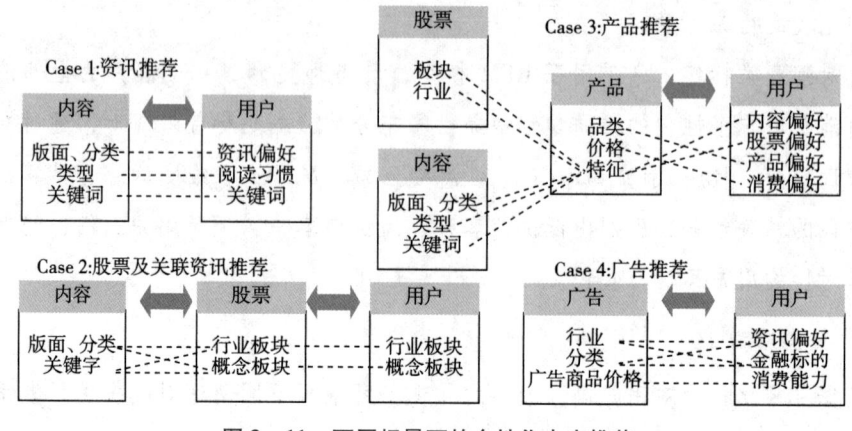

图3-11　不同场景下的个性化内容推荐

2. 用户聚类

第一财经在用户系统设计过程中，将不同维度的用户画像作为用户智能聚类的主要依据，在技术上实现自动、智能的用户聚类和分群。除系统提供的智能聚类外，还为运营者提供了基于用户画像的灵活聚类工具，可自定义聚类标准，实现精准的用户分群及群组分析，智能生成群体用户画像，实现针对特定用户客群的多维度数据分析以及精准内容推送，帮助实现精细化运营管理，提升运营效率。

3. 运营推送

第一财经基于用户画像，开发了集App、邮件、短信推送等于一体的多元化运营平台，帮助实现多渠道、高精度的用户运营。系统针对不同的运营渠道，内置了多种灵活快捷的消息内容编辑工具，从而实现用户筛选与运营的无缝衔接，帮助业务部门实现App、邮件、短信等多渠道的快速消息推送，并提供了推送效果的统计反馈功能，便于运营团队对运营效果进行实时监控。

用户画像作为大数据技术在用户研究领域的应用，可以有效帮助媒体机构实现新媒体端的用户识别和用户理解，从而为用户提供更精准的内容服务。用户画像系统的构建涉及数据采集、标签体系、算法模型、数据可视化等多个环节。在系统设计时，企业需要结合自身业务形态、关键业务指标、核心用户特征等多个维度对各个环节进行定制，以确保获得良好的业务适配能力。用户画像不仅能将用户分析清晰地呈现给企业决策者，还能通过后续的应用开发实现个性化推荐、用户聚类、运营推送等面向产品或运营团队的各类衍生应用，提供更丰富的应用场景。

课后思考

1. 新媒体用户的特征有哪些?
2. 新媒体用户研究的步骤包括哪几个步骤?
3. 如何构建新媒体用户画像?
4. 结合实例谈谈用户画像的作用。

第四章　新媒体内容营销

学习目标

1. 了解新媒体的内容形式
2. 牢记内容创新是根本
3. 掌握新媒体内容创作的常用工具

内容要点

1. 新媒体的内容形式
2. 新媒体运营
3. 新媒体运营核心环节
4. 内容创作工具

课程思政

国务院办公厅《关于加快推进媒体深度融合发展的意见》强调："要推进内容生产供给侧结构性改革，更加注重网络内容建设，始终保持内容定力，专注内容质量，扩大优质内容产能，创新内容表现形式，提升内容传播效果。"

通过对新媒体内容形式和运营的学习，帮助学生树立正确道德观，启发学生的创新及创业能力。

引导案例

人民日报：锚定数字化战略，打造新型主流媒体平台

在数字化发展越来越快的背景下，新闻传播格局和舆论生态发生着重要变化，互联网逐步成为新闻舆论的主阵地，媒介信息的生产传播方式不断转型重构，媒体深度融合战略重要性更加凸显。

构筑全媒体数字传播平台。面对数字化发展潮流，人民日报社忠实履行党的新闻舆论工作职责使命，审时度势，抢占先机，统筹谋划，全面推进数字化发展战略，成为主流媒体实施数字化转型战略和推进融合发展的示范者和引领者。

当前，人民日报社已初步构建起全媒体传播方阵，由一张报纸发展成为拥有报、刊、网、端、微、屏等10多种载体的新型主流媒体。其中，人民网是"网上的人民日报"，1997年1月1日正式上线，是国际互联网上最大的综合性网络媒体之一，承办的中国共产党新闻网是宣传中国共产党理论和路线方针政策的权威网站，具有独特的政治价值、传播价值、科技价值、平台价值、投资价值等"五大价值"优势。

"人民网+"是人民网推出的移动客户端产品，聚焦"新闻+政务服务商务"，汇集"领导留言板""人民维权""人民好医生"等为民服务互动版块，提供生活科普、辟谣求真、安全提示等民生服务类实用资讯和数据库，同时，充分发挥人民网长期积累的党政等方面资源优势，力图打造一批面向不同人群、不同行业、不同主题的"人民网+"系列服务产品集群，培育和尝试政务服务产品、民生服务产品、数据库产品。人民日报客户端用户活跃度在主流媒体新闻客户端中保持领先。

人民日报法人微博保持"中国媒体第一微博"优势，立足"新闻、观点、情感、创新"，全面、立体、共同记录转型中国，参与、沟通、记录时代；人民日报微信公众号传播力影响力在主流媒体微信公众号中排名第一；人民日报抖音账号粉丝数在主流媒体抖音账号中排名靠前；人民日报英文客户端海外用户居国内主流媒体英文客户端第一方阵；"人民号"移动新媒体聚合平台、全国党媒信息公共平台为入驻的大量主流媒体、党政机关、高校、优质自媒体提供内容生产和分发服务；人民日报电子阅报栏是向基层拓展、向楼宇延伸、向群

众靠近的重要融合传播平台；人民日报"视界"客户端坚持主流价值引领，增强原创和聚合能力，激发创新活力，扩大视频产能，汇聚优质视频。

重点聚焦内容主业，夯实数字平台舆论引导主阵地。为了充分发挥在新闻舆论上的导向作用、旗帜作用、引领作用，人民日报社数字化战略始终重点聚焦内容主业，不断提高舆论引导的能力水平，提升传播力、引导力、影响力、公信力。

一方面坚持正确政治方向、舆论导向、价值取向，唱响主旋律、传播正能量，努力推出更多有思想、有温度、有品质的新媒体产品，更好承担起举旗帜、聚民心、育新人、兴文化、展形象的使命任务。另一方面以用户为中心不断推进媒体产品形态创新，努力生产用户喜闻乐见的舆论引导产品，让正能量传播插上飞翔的翅膀。近年来，数字新媒体平台策划推出的融合产品《时光博物馆》《复兴大道100号》《中国一分钟》《少年》《军装照》《新千里江山图》等都取得刷屏之效。

聚焦数字化技术创新，赋能全面发展。不断创新应用5G、大数据、云计算、物联网、区块链、人工智能等信息技术革命成果，加强新技术在新闻传播领域的前瞻性研究和应用，让技术创新全面赋能报社数字化发展战略。

推出的智能创作机器人集成了5G智能采访、AI辅助创作、新闻信息追踪等多种功能，让新闻生产更加智能化。其中，AR（增强现实）眼镜已经成为记者、编辑内容采集的重要配备，让报道效果更加直观丰富。

2022年下半年上线人民日报"视界"客户端，成为首个以PUGC（专业用户生产内容）为特色的中央媒体视频平台，在搭建全产业链视频生产、分发、聚合生态体系，整合人民日报社内外的视频生产能力与传播资源上展现出巨大优势。

（资料来源：田俊荣，路畅.《人民日报：锚定数字化战略打造新型主流媒体》。有删改）

第一节　内容形式与创新

一、内容创新是根本

抓创新就是抓发展，谋创新就是谋未来。无论媒介形态如何变化、媒体渠道平台如何扩展，以内容为根本是媒体基本生存法则。媒体内容不仅呈现为信息，而且包括渗透其中的观念。在全媒体发展，媒体融合的大趋势下，对内容创新提出了更高的要求。

二、新媒体的内容形式

在进行新媒体内容策划与传播时，可以选择不同形式的内容实现不同营销目的。

1. 图文内容

图文内容是最常见的内容形式之一，包括纯文字形式、纯图片形式、图片＋文字形式。

纯文字形式，虽然内容生产简单，速度也较快，但是要做到观点明确、思路清晰、内容引人入胜，门槛相当高。执笔人不仅要具有足够的背景知识和专业知识，还要灵活熟练地运用语言艺术将内容表达出来。譬如微博、知乎等平台，都是以文字作为主要的表现形式。

纯图片形式，相比文字，图片是更加直观的表现形式，可分为静态图片和动态图片。通过图片的视觉化信息传达，可以使人物、场景、产品等信息得到更充分的表现。

文字＋图片形式，更适合公众号、小红书、大众点评、微博等新媒体内容创作。和文字内容适配度高的图片，能作为文字的有效补充，使文章更具观赏性，也能减少文字的枯燥感和无聊感，提高内容的阅读体验，加深理解和记忆。

2. 音频内容

音频也是新媒体领域广泛应用的内容表现形式之一，优质的音频内容可以带来很好的沉浸式体验，如喜马拉雅包含小说、资讯、相声评书、历史、悬疑、娱乐、广播剧等内容频道，截至2021年，喜马拉雅的用户数量已经超过了5亿，其中活跃用户数量超过了1亿。喜马拉雅已经成为中国最大的音频分享平台之一。

3. 视频内容

视频是当下最受欢迎的新媒体表现形式，也是近年来成长最快的内容类型，并有可能会成为未来的主流内容形式。相对于图文内容形式，视频内容信息丰富了许多。

根据非直播类视频时长的长短，可分为长视频和短视频。长视频主要集中在哔哩哔哩、芒果TV、爱奇艺、腾讯视频、优酷视频、搜狐视频等视频播放平台，内容以影视剧、纪录片、动画、二创等为主。短视频即短片视频，是一种互联网内容传播方式，一般是在互联网新媒体上传播的时长在5分钟以内的视频；随着移动终端普及和网络的提速，短平快的大流量传播内容逐渐获得各大平台、粉丝和资本的青睐。据中国互联网络信息中心于2023年8月28日发布的《中国互联网络发展状况统计报告》显示，截至2023年6月，我国短视频用户规模达10.26亿人，用户使用率为95.2%。2023年上半年各大网络视频平台继续坚持高品质内容创作，探索影视工业化道路，长、短视频平台之间的竞争关系逐渐转化为合作共赢，行业发展态势向好。截至2023年6月，我国网络视频（含短视频）用户规模为10.44亿人，较2022年12月增长1380万人，网民使用率达到96.8%，继续保持在高位的增长态势，几近成为全民化应用。

4. 游戏内容

以互联网为传输媒介，以游戏运营商服务器和用户计算机为处理终端，以游戏客户端软件为信息交互窗口的，旨在实现娱乐、休闲、交流和取得虚拟成就的，具有可持续性的个体性体验，即为互联网时代的游戏内容。新媒体的游戏内容主要采用H5技术和AR技术（增强现实技术）。

H5技术是一系列生成网页互动效果的技术集合，有参与感强、活动方式多、社交性强等优点。通过H5的互动功能，用户可以深度参与，更为贴切地感受到品牌或开发者想要传达的信息，同时会给用户留下更深刻印象。也正是由于其互动性和故事性，极易引起用户的兴趣，引发其在社交媒体上的广泛传播。

AR技术及WebAR技术，因其直观、极富表现力的展示效果，深受品牌青睐。其优势不仅是以更加吸引用户的方式传递信息，而且还能够显著改善用户体验。调研机构预计，2028年AR市场规模将达到977.6亿美元，应用场景遍布元宇宙、零售、商业、游戏、医疗等各个领域。如采用AR技术改善用户的网络购物体验。FRED Jewelry利用AR技术让客户在其官网上通过3D配置器定制手镯，并在虚拟环境中试戴。使用 WebAR 可以获得更简单的虚拟试穿体验。例如向面部添加滤镜、更改头发或对象的颜色、更换背景，以及简单的 3D 对象。欧莱雅和美宝莲等一些全球知名化妆品厂商都在使用这一技术。

三、新媒体内容的生产主体

根据内容的生产主体不同，新媒体内容可以分为用户生产内容、专业生产内容、职业生产内容（OGC）、专业用户生产内容（PUGC）。

1. 用户生产内容（UGC）

UGC 即为用户生产内容（User-generated Content），是指由普通用户创造的、上传到网络的各种内容。这些内容包括文字、影音、图片等。发布平台包括微博、抖音、小红书等社交媒体平台。随着互联网的发展，网络用户的交互作用得以体现，用户既是网络内容的浏览者，也是网络内容的创造者。

UGC 的应用范围非常广泛，涉及各种领域，比如旅游、美食、时尚、科技等等。以 UGC 为代表的网站如各大论坛、微博等，其内容均由用户自行创作，管理人员需要协调和维护秩序，UGC 代表最广大的长尾内容，能够充分利用流量优势提升用户参与度。

UGC 不仅为用户提供了一种创作和表达自己的方式，也成为品牌营销和产品推广的一种重要手段。许多公司和品牌通过 UGC 来与用户进行互动，激发用户的创造力和参与度，增强品牌认知度和用户忠诚度。如网易云音乐平台的 UGC 内容主要为用户自主产生的歌单和歌曲评论以及电台。

2. 专业内容生产（PGC）

PGC 即专业内容生产（Professionally-generated Content），是指由专业用户生产制作、经过后期处理的、覆盖面广且经典的高质量内容，如电影、电视剧、动画片等。专业用户可以是团队，可以是个人专业用户。内容和体验永远都是留住用户最重要的方式，PGC 的优点是在内容产出质量高，版权和营销效果方面也更有保障，在各大平台上拥有更多的曝光机会。

PGC 和 UGC 的区别是有无专业的学识、资质，PGC 的生产创作主体在所共享内容的领域具有一定的知识背景和工作资历，UGC 则没有。

3. 职业生产内容（OGC）

OGC 即职业生产内容（Occupationally-generated Content），指主要通过具有一

定知识和专业背景的行业人士生产内容，并且这些人会领取相应的报酬（如部分新闻网站自己的内容编辑）。生产主体主要是来自相关领域的职业人员，他们对内容产出严格把控，尽力满足用户对内容的需求。

OGC 和 PGC 以是否领取相应报酬作为分界。PGC 的生产创作主体往往是出于"爱好"，义务的贡献内容，不收取报酬；而 OGC 是以职业为前提，其创作内容属于职务行为，获取报酬。OGC 和 UGC 没有交集。

以 OGC 为代表的网站如各大新闻站点、视频网站，是传媒机构生产者生产内容。其内容均由内部自行创造和从外部花钱购入版权，准入门槛较高，内容质量有保证。OGC 在 OGC、UGC、PGC 三者之中往往居于核心位置，被用于生产头部内容，通过专业化、精品化的内容，打造品牌知名度。

4. 专业用户生产内容（PUGC）

在当前网络环境中，用户已经成为各平台的主导者，尤其是对现代品牌传播极为重要的社交媒体平台。要满足用户全方位的需求，内容的产出就需要多元化，也相应地出现了新的形式，即 PUGC。

PUCC（Professional user – generated Content）即以 UGC 形式产出的相对接近 PGC 的专业内容，率先由国内数字音频领域提出，后延伸到视频内容生产领域，被认为是"互联网短视频长远发展的趋势"。喜马拉雅 FM 提出的 PUGC 生态战略，内容生产以 UGC + PGC + 独家版权组成，同时打通产业上下游形成完整的音频生态链。

PUGC 短视频既满足了用户对专业化、高品质内容的需求，又达到了贴近性且个性化的效果，满足了短视频用户的多种需求，这一模式极大程度上提升了短视频平台的内容品质。哔哩哔哩是目前 PUGC 较为集中的社交型视频内容网站。

第二节　新媒体内容运营

一、内容运营

内容运营已经成为新媒体环境中营销的主流路径之一。内容运营是指运营者利用新媒体渠道，用文字图片或视频等形式将企业信息友好地呈现在用户面前，并激发用户参与、分享、传播的完整运营过程。

内容运营首要重视的就是内容的质量，不断提升内容的原创能力，形成自成一派的独立风格，探索开发新的玩法，才能有效培育和积累粉丝受众。特别是新媒体时代，只有内容本身足够吸引人，才能激发用户的认同与共鸣，自发主动参与内容的扩散和传播。

二、内容运营的核心环节

"内容为王"的时代，新媒体内容运营的核心环节包括选题规划、内容策划、形式创意、素材搜集和整理、内容编辑、内容优化以及内容传播。

1. 选题规划

新媒体领域备受关注的"10万+点击量""百万曝光率"等内容爆款，多数是建立在扎实的日常运营工作基础上的。新媒体运营的第一个环节就是进行选题规划，策划出下一阶段的主要内容形式、内容选题、预期效果等，并做成计划表，作为下一阶段的内容运营总纲。

常见选题可以从时间、季节、节假日等角度制造内容话题或者活动，也可以抓紧时事热点和可预测的大事件，还可以通过"评论抽奖"等各种方式吸引用户参与互动。

2. 内容策划

选题规划完成了阶段性的内容规划，内容策划则要把具体的工作内容设计整理出来，完成更具体的内容设计。

内容策划主要解决以下问题：本次策划的内容的目的是什么？以何种内容形式呈现？内容计划投放哪些渠道？这些渠道的用户是谁？有何特征？内容的制作周期是多久？预计传播周期是多久？内容的主题和风格是什么样的？

这些问题是需要团队进行头脑风暴和集思广益的，商讨各种细节，完成内容策划。

3. 形式创意

以上问题确定后，就要思考内容对应的实现形式。千篇一律的内容形式很容易造成用户的审美疲劳，不利于提高用户的黏性和活跃度，站在用户的角度看，新鲜感强、创新性高的内容往往具有更高的吸引力。软文、长图、互动海报、视频等，都是时兴的内容形式，但不要被其限制。运营需要根据品牌调性、定位、用户习惯、渠道特点、时事热点等，设计内容创意的表现形式，完成具体呈现。

4. 素材搜集和整理

内容形式敲定后，需要根据内容创意收集与整理相关素材。素材包括内部素材和行业素材。内部素材主要指产品图片、产品理念、活动流程、内部数据等，行业素材主要包括行业数据、行业新闻、网民舆论、近期热点等。要尽可能多的将这两大类素材细化分类整理。收集素材不仅仅是需要有目的查找，更离不开日常的收集与积累。

5. 内容编辑

在前四个环节的基础上，编辑创作有了基本方向与保证。根据上面步骤的结果，把定好的内容以及搜集好的素材整合在一起，进行文章、海报、H5、视频等内容的创作。如果说选题规划、内容策划、形式创意和素材整理是新媒体内容运营的准备环节，那么内容编辑就是内容运营工作中的执行环节，也是内容运营最基本的工作之一。

6. 内容优化

在内容正式发布前，运营人员要需对内容进行测试、反馈及优化，如果转化率低或反馈不好，需要对内容进行优化与调整。例如，将微信公众号文章编辑完成后，可以通过生成文章预览二维码或者导出长图等方式，将推文分享到内部群，一是确认内容和格式没有错误，二是通过小范围的传播，收集转化情况和用户反馈，并根据意见进行内容调整和完善。

7. 内容传播

推广和传播所设计的内容，是运营环节里的最后一步，也是检验内容效果的重要环节。有效的传播推广可以大大提高内容的曝光率，使更多的人看到它。传播的时间越长、范围越广，内容产生的效益就越大。

粉丝数量与内容的浏览量息息相关，一定数量的粉丝在内容发布初始就奠定了相应的基础点击量。但粉丝看到内容仅仅是传播的第一步，还要通过传播模式的设计，调动粉丝积极性，将内容转发扩散，影响更广泛的人群。例如，与用户的互动交流，有利于及时准确地获取用户的内容需求，有针对性地进行内容创作和传播，并借由此与用户建立信任关系，不断沉淀优质用户。还可以通过积极鼓励二创，增加内容自发传播。

第三节　新媒体内容编辑的常用工具

一、二维码制作工具

1. 二维码生成工具

（1）草料二维码生成器。草料二维码生成器是一款超级便捷、简单而易用的二维码生成器，提供二维码生成、美化、印制、统计、管理等技术支持和行业解决方案。只需要将需要的文字、网址和其他信息复制到输入框里面，然后点击确认就可以直接生成一张二维码。在生成二维码的基础上，可以在编辑栏中美化二维码。制作过程也非常简易，节省时间。大部分功能都是免费的，无论是静态码还是活码，页面都比较干净，功能很全。

（2）二维码生成大师。二维码生成大师是国内专业的二维码服务提供商，提供二维码生成、美化、活码、加密分享、有效期等服务，帮助用户通过二维码展示信息，分享信息。支持图片、视频、文件、富媒体生成二维码，能自定义美化二维码。活码功能则令二维码图案不变，内容可随时修改。

（3）码上游二维码。码上游二维码生成器可以轻松将图文、语音、视频生成二维码，适用于景区电子导游、博物馆展品语音讲解、产品说明书、产品宣传册等各种需要二维码展示图片、语音和视频等信息的场景。能够实现手机扫码填表登记信息，可替代传统纸质表格的填写，无接触、更健康，适用于活动预约、报名登记、访客登记、用户意见反馈、评分等场景，收集到信息后可推送到微信，也可导出到Excel，方便企业和单位对用户提交的信息进行数字化管理。生成二维码说明书，直接扫码查看视频等信息，比阅读长篇文字更容易让用户接受。

2. 二维码生成小程序

微信小程序中搜索"二维码"（图4-1），同样可以看到多个二维码生成与制作的小程序。根据自

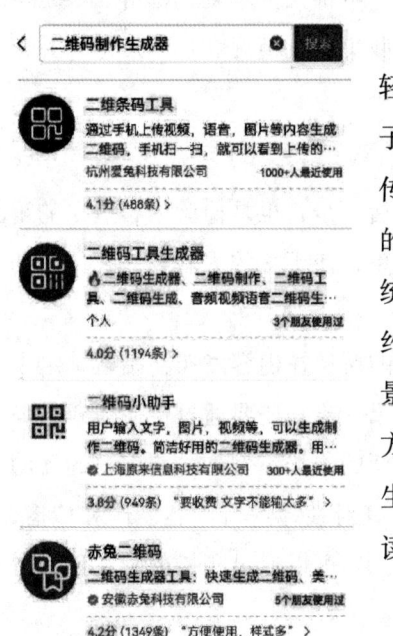

图4-1　二维码制作小程序

身需求，即可轻松生成、美化二维码。

二、图文设计工具

1. 图片处理工具

（1）美图秀秀。拥有照片编辑、贴纸素材、画笔工具、换背景颜色等功能，支持图片加贴纸、图片加文字、打标签等玩法，还有海报设计、平面设计、广告设计等功能，是电商免费做图、微商批量加水印、店主运营必备的图片编辑处理工具。

（2）Adobe Photoshop。Adobe Photoshop，简称"PS"，是由 Adobe Systems 开发和发行的专业图像处理软件。Photoshop 主要处理以像素所构成的数字图像。使用其众多的编修与绘图工具，可以有效地进行图片编辑和创造工作。PS 有很多功能，在图像、图形、文字、视频、出版等各方面都有涉及。在平面设计、影像创意、网页制作、视觉创意、界面设计等领域应用极为广泛。

2. 图文排版工具

（1）135编辑器。135编辑器（https：//www.135editor.com/）是一款提供微信公众号文章排版和内容编辑的在线工具，能够轻松助力微信公众号图文编辑。主要应用于微信文章、企业网站，以及论坛等多种平台，支持秒刷、一键排版、全文配色、公众号管理、微信变量回复、48小时群发、定时群发、云端草稿、文本校对等40多项功能与服务。

操作页面的最左侧是工具箱，中间是文本操作区，最右边是一个专门的素材的搜索框，可以根据需求输入关键词，寻找对应素材。文章排版完成之后，在操作区域的右侧有快速保存、手机预览、微信复制等保存和查看方式，导出使用时也是使用复制粘贴的方式。

（2）秀米。秀米（https：//xiumi.us/#/）是一款专用于微信平台公众号的文章编辑工具，秀米编辑器拥有海量原创模板素材和排版样式，风格多样化、个性化，强大的布局编辑功能，轻松制作公众号图文。秀米编辑器还内置了秀制作及图文排版两种制作模式，页面模板及组件更加丰富多元。

主操作页面左边就是工具区域，主要有图文排版、图文收藏、剪贴板和我的图库四类。图文排版是在图文编辑是会使用到的模板来源，模板资源更新快。图文模板工具还有非常多的细化编辑工具，例如标题、卡片、图片、布局等。

（3）壹伴。壹伴公众号插件（https：//yiban.io/）是一个公众号增强排版工具，相当于拓展了公众号后台的功能，文章采集、图片增强、各种表情等，实用功能较多，操作简单方便。它不是一个独立网页，所以使用的时候不需要跳转到其他网页，安装使用之后在微信公众平台后台就可以操作使用。编辑完成之后可以直接发布。它的样式素材非常多，模板设计的比较活泼可爱，配色非常清新。壹伴支持在插件内编辑图片，不需要利用其他软件编辑好再上传。可以直接进行边框、尺寸、裁剪、阴影等的图片编辑设计。壹伴不仅是一个图文排版工具，它还可以查看你的账号图文数据，阅读量、粉丝增减情况等，数据精准到以小时为单位。

（4）小蚂蚁。小蚂蚁微信编辑器（https：//www.365editor.com/）是一款微信公众平台编辑器，方便用户直接在电脑上进行微信内容的编辑，包括图文背景、内容标题、内容样式、内容分割、阅读原文等操作。在分类区可以根据需要选择样式类别，在页面的"样式展示区"选择所需的素材，在样式展示区选择素材后可复制到内容编辑区进行修改。

（5）i排版。微信编辑器i排版（http：//ipaiban.com/bianji）是一款可以在电脑上对微信内容进行编辑排版以及美化的软件。用户通过软件可轻松编辑适用于微信个人以及公众号的微信内容。排版效率高、界面简洁、样式原创设计，支持全文编辑，实时预览、一键样式、一键添加签名的微信图文编辑器。i排版的基本功能如下：

文字处理。i排版可以进行文字的输入、编辑、格式化等操作，支持多种字体、颜色等属性的设置。

图片处理。i排版可以插入图片，并进行大小、位置、边框等属性的调整和设置。

排版布局。i排版可以进行页面的布局设计，包括页面大小、页边距、栏数、行距等设置。

标题样式。i排版可以设置不同级别的标题样式，包括字体、颜色、对齐方式等属性。

目录生成。i排版可以根据文档中的标题样式自动生成目录，并支持目录样式的设置。

三、视频编辑工具

1. 手机端视频编辑工具

（1）剪映。剪映是一款抖音上功能非常强大的视频剪辑软件，能够满足各种视频制作需求，支持多种格式的视频文件，拥有各类特效、滤镜、花字、转场等功能，用户可以一键轻松添加，丰富视频创作。海量的曲库资源独家抖音曲库让声音更动听，提供多样的专业滤镜轻松打造质感画面效果。剪映还支持视频轨/音频轨编辑功能，识别语音生成字幕，满足用户不同的创作需求。

（2）小影。小影（VivaVideo）是一个面向大众的短视频创作工具，集视频剪辑、教程玩法、拍摄为一体，具备逐帧剪辑、特效引擎、语音提取、4K 高清、智能语音等功能。主题视频，提供不同场景的主题包，一键制作风格大片；关键帧，为文字、贴纸设置关键帧动作，做出动画效果，适合制作滚动弹幕；多音频，同一段视频添加多首音乐、录音、音效。

（3）乐秀。乐秀（VideoShow）是一款手机视频编辑 App，专注于小影片制作、短视频制作与视频剪辑的拍摄、视频编辑。具有动画贴纸、胶片滤镜、视频美颜、马赛克、去水印、海量音乐等功能，操作简洁，用照片和视频制作成超赞的视频。支持 Android、iOS 平台。

（4）必剪。必剪是 BiliBili 网站发布的一款视频编辑 App。产品定位是一款"年轻人都在用的剪辑工具"。"必剪"能够创建属于视频剪辑者的专属虚拟形象，实现 0 成本做虚拟 UP 主。除了虚拟形象制作以外，"必剪"还可实现高清录屏、游戏高光识别、神配图、封面智能抠图、视频模板、封面模板、批量粗剪、录音提词、文本朗读、语音转字幕、画中画、蒙版等功能。还有超燃音乐、素材及专业画面特效，能够给视频编辑加点料。还有一个重要功能是"一键投稿"，支持投稿免流量，BiliBili 网站账号互通，能够让编辑者投稿快人一步。

（5）快影。快影是快手公司旗下一款简单易用的视频拍摄、剪辑和制作工具。具有强大的视频剪辑功能，丰富的音乐库、音效库和新式封面，在手机上就能轻轻松松完成视频编辑和视频创意，制作出令人惊艳的趣味视频。快影是用户编辑搞笑段子、游戏和美食等视频的优质选择，特别适合用于 30 秒以上长视频的制作。

2. 电脑端视频编辑工具

（1）爱剪辑。爱剪辑是以更适合国内用户的使用习惯与功能需求为出发点所开发的视频剪辑工具。使用者不需要视频剪辑基础，不需要理解"时间线""非编"等各种专业词汇，让一切都还原到更直观易懂的剪辑方式。爱剪辑具有更全的视频与音频格式支持，更逼真的好莱坞文字特效，上百种专业风格滤镜及调色效果，大量转场特效，更全的卡拉 OK 效果，更炫的 MTV 字幕功能，更专业的加相框、加贴图以及去水印功能。

（2）蜜蜂剪辑。蜜蜂剪辑是一款操作简单，功能专业的全平台视频剪辑软件，可在 Windows、Mac、iOS 和 Android 上享流畅剪辑体验，满足不同人群的剪辑需求。蜜蜂剪辑可快速裁剪、分割、合并视频，给视频加字幕、去水印、添加背景音乐、视频调色、添加倒放效果、视频快进慢放、视频配音、语音和字幕互转、绿幕抠图以及制作画中画视频等。

（3）Premiere Pro。Adobe 公司推出的一款视频剪辑软件，被广泛应用于广告制作和电视节目制作中，提供了采集、剪辑、调色、美化音频、字幕添加、输出、刻录的一整套流程。功能比较强大，但是操作上需要一定的基础。

四、H5 海报制作工具

1. H5

广义上，H5 是指 HTML5，即网页使用的 HTML 代码，第五代超文本标记语言。"超文本"是指页面内可以包含图片、链接，甚至音乐、程序等非文字元素。"标记"是指这些超文本必须由包含属性的开头与结尾标志来标记。浏览器通过解码 HTML，就可以把网页内容显示出来，它也构成了互联网兴起的基础。

狭义上的解释，H5 就是互动形式的多媒体广告页面，它可以对编程、视频处理、音频处理、图片处理、动画制作等多项技术进行融合展示，如运行在微信 App 里面的网页链接。

2. 常用制作工具

（1）易企秀。易企秀创意营销平台（https://www.eqxiu.com/）（图 4-2）提供免费 H5 微场景、海报、长图、表单、视频、互动游戏、建站、小程序八大制作工具及秀推智能营销平台，能够助力完成内容创意、传播获客、数据管理及效果转化。易企秀适用于企业宣传、产品介绍、活动促销、预约报名、会议组织、收集反馈、微信增粉、网站导流、婚礼邀请、新年祝福等。企业可以结合需求设计完成 H5 海报，分享至微信或微博等社交平台。

（2）人人秀。人人秀（https://rrx.cn/store）（图 4-3）是一站式互动营销服务平台，能够免费制作 H5 页面、微场景、创意海报、电子邀请函等。人人秀是第一家支持电脑端、手机端等多终端适配的服务平台。

（3）iH5。iH5 云创平台（https://www.ih5.cn/）（图 4-4）提供 H5 程序逻辑可视化解决方案。iH5 具备工具属性，虽然看上去像一款只是制作前端 H5 的 SaaS 产品，但事实上 iH5 集成了"前后端"所需的几乎所有功能。运营人员可以通过使

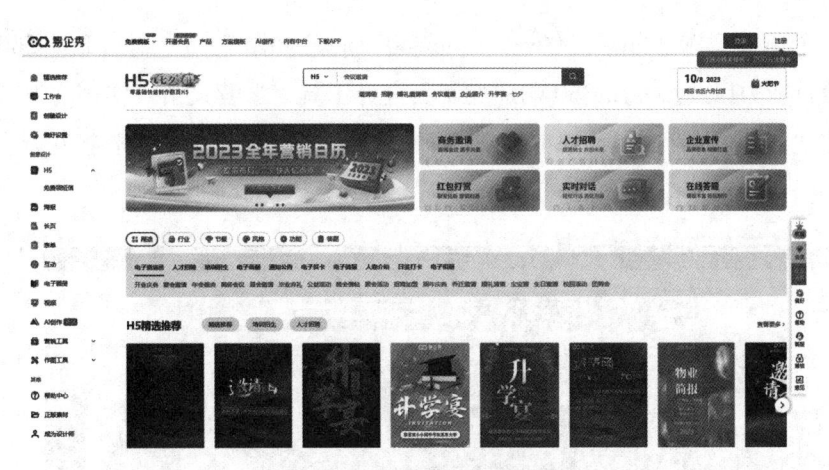

图4-2 易企秀创意营销平台

图4-3 人人秀营销服务平台

用iH5制作各种营销场景、游戏、App、流程系统、网站。

图4-4 iH5云创平台

新媒体营销

（4）意派。意派（https://www.epub360.com/）（图4-5）通过Epub360强大的交互设计能力以及Coolsite360响应式网页设计工具，运营人员可实现交互式新闻设计、流式新闻H5设计、数据可视化设计、专题设计，通过接口定制开发，可实现跨端的内容发布及传播。

图4-5 意派360平台

（5）Maka。Maka（https://www.maka.im/）（图4-6）适用于新媒体营销、电商设计、3D模型、微信邀请函、Logo设计等。

图4-6 Maka平台

（6）兔展。兔展（https://www.rabbitpre.com/）（图4-7）具有H5、短视频、互动游戏、小程序等多种表现形式。具有文字功能、图片功能、按钮功能、表单功能、底图功能、音乐功能、配置功能等制作功能。

图4-7 兔展平台

本章小结

1. 新媒体的内容形式主要有图文内容、音频内容、视频内容、游戏内容。

2. 根据内容的生产主体不同，新媒体内容可以分为用户生产内容（UGC）、专业生产内容（PGC）、职业内容生产（OGC）、专业与用户生成内容（PUGC）。

3. 新媒体内容运营包括选题规划、内容策划、形式创意、素材搜集和整理、内容编辑、内容优化以及内容传播等核心环节。

延伸阅读

2023品牌内容营销发展洞察

由亿邦智库联合飞瓜数据发布的《2023品牌内容营销发展洞察报告》显示，截至2022年12月，我国社交媒体用户人数突破10.15亿，同比增长7.54%。与此同时，社媒内容电商持续火热，飞瓜数据显示，抖音"618"大促GMV同比增长73%，近3年"618"大促呈高增长态势；小红书及视频号同步呈现高景气涨势。伴随着对用户时间及心智渗透加深，社交媒体势能已起，以社媒为经营土壤的内容营销价值凸显。

内容不仅是品牌吸引用户眼球的营销利器，更是与用户建立关系与获得受众信任的重要桥梁。内容创作能力核心逻辑在于串联"人、货、场"要素，覆盖用户流量路径，与目标受众建立联系，最终实现品牌认知、产品种草、促销转化、圈层触达目的，构建品牌营销精准、长效差异化竞争力。

新媒体营销

从行业趋势看，伴随平台多元分化的趋势及数字化技术升级，全域整合营销、数字化赋能、玩法推陈出新是新媒体内容营销未来的主要趋势。

全域整合营销成为未来重要方向。 在快速变化的商业环境中，各个平台正逐步完善内容与商业布局，并呈现出各自独特的优势与特色。伴随平台多元分化的趋势，全域整合营销已成为品牌长效经营必备能力。品牌在实施全域整合营销时，必须贯穿消费者的完整旅程，从唤起认知兴趣、引导购买决策，直至培养满意度和忠诚度。这种策略的价值在于有效地消除渠道壁垒，优化资源分配，从而助力品牌打造核心竞争力，取得业绩增长。

数字化赋能内容营销全链路提质增效。 数字化技术升级及消费者行为数据积累推动内容营销链路精细化、升维化。品牌未来内容营销能力核心竞争在于数据洞察能力。通过对行业、用户、广告数据科学有效评估，为不同营销阶段提供精准分析及决策依据，指导策略并不断形成正向反馈循环，是品牌在数字化时代构建差异化竞争力及确定性增长的必由之路。

不断挖掘内容营销的玩法，推陈出新。 从目前内容营销整体趋势来看，营销的对象是无数个性格差异极大、兴趣偏好分散的独立个体，他们因为共同的爱好聚集成团，因为共同的价值观形成内容共鸣，未来营销必然要遵循"以人为核心"的原则。站在品牌侧角度而言，公域获新、私域维复、私域拓新、商域求转，将各域持续挖深将未来几年的基本课题；从玩法上看，新技术驱动虚拟人IP持续生长，目前仍处于营销窗口期；AR/VR贴纸内容、视频内容、直播内容，从小部分高新行业向需要跨屏体验的行业转变。

未来内容营销能力核心竞争在于数据洞察能力。通过对行业、用户、广告数据科学有效评估，为不同营销阶段提供精准分析及决策依据，指导策略并不断形成正向反馈循环，是品牌在数字化时代构建差异化竞争力及确定性增长的必由之路。

内容营销是长远的话题，品牌方仍要从自创内容、专业内容、共创内容、借力内容多角度持续打磨策略。

（资料来源：《2023品牌内容营销发展洞察报告》《2022内容营销洞察报告》）

课后思考

1. 结合实例，谈谈UGC和PUGC对品牌传播的影响。
2. 尝试运用新媒体创作工具，进行内容创作。

第五章　微博营销

学习目标

1. 了解微博营销的特点
2. 掌握微博营销的工具应用
3. 掌握微博营销的常用策略

内容要点

1. 微博营销的概念
2. 微博营销的策略

课程思政

中共中央、国务院发布《扩大内需战略规划纲要（2022—2035 年）》，其中明确提出支持社交电商等多样化经营模式，鼓励发展基于知识传播、经验分享的创新平台；支持线上多样化社交、短视频平台规范有序发展。

通过对微博营销的学习，培养学生正确的价值观和社会责任意识，在学会微博营销策略的同时，提高创新意识，培养工匠精神。

引导案例

朴实无华国货品牌　接梗狂揽多条热搜

2023 年最吸引公众关注的事，"79 元眉笔事件" 必定榜上有名。据不完全统计，随着事件的持续发酵，近两个月内围绕这一事件延伸的微博热搜有百余条，相关话题累计阅读量更是超百亿。而迎着这波热度，美妆品牌在微博的讨论氛围也显著上升。

这其中，最大受益者必然是蜂花等老牌国货品牌。蜂花从主动接梗推出多个79元套组，到"捡箱子发货""能捡粉丝吗"等主动抛梗，再到呼吁多关注其他国货品牌打起"朴实无华"的商战，9月12～13日两天，蜂花一个品牌狂揽了十余条热搜。

蜂花这种会自嘲又接地气、充满正能量的品牌人设，也赢得了广大网友的好感。随着网友的不断挖掘，蜂花之前一直默默做的"好人好事"也获得了迟缓的正向反馈，#蜂花香皂 残障人士包装#、#蜂花终身认养了一只大熊猫#等话题接连上榜。热点事件的流量红利也反哺了蜂花在其他平台的销售。据飞瓜数据显示，在蜂花9月11～15日持续近4天的直播，观看人次3994万，预估交易额2.5千万～5千万元。在此之前，品牌直播观看人次基本在100万上下，成交额也基本没有超过1000万元。

随着蜂花的爆火，精心、莲花味精、鸿星尔克、白象、蜜雪冰城、活力28等越来越多的老国货品牌开始加入这场团建。44岁的老国货郁美净也在官方微博上发文称，"别催了别催了，连夜通网了，毕竟44岁了，不太会玩大家应该不会怪我吧"。同时小红书、抖音等社交平台全面入驻，开启国货电商时代。在郁美净的微博和抖音底下，蜂花、陈克明食品、洽洽等国货品牌以及广大网友都纷纷留言表示"怎么才来"。而被戏称"终于通网"的郁美净一天涨粉32万，相关热搜超过8个，在这些热搜下，不少网友开始"现身说法"进行安利和种草国货品牌。

国货品牌拟人化的官微风格极大地拉近了与年轻消费者之间的距离，在微博这种极容易放大声量的"广场"里，非常容易二次发酵出圈。同时，品牌自身对于热点事件的快速应变能力以及其运营团队精准把握当下年轻人情绪的能力，才是重要因素。

（资料来源：《Q3增长超50%，微博美妆生态里的趋势和机遇》）

第一节 微博营销概述

微博营销是一种基于新兴社交媒体平台——微博的数字营销策略。起初，微博是一种简短的微型博客平台，仅允许用户分享文字、图片和视频，以及与其他用户互动。微博的用户群体庞大，包括各个年龄段、背景和兴趣爱好的人们。微博营销的目标是通过在微博上建立品牌存在，吸引潜在客户，提高品牌知名度，促进销售以及与受众建立稳固的关系。

一、微博营销的特点

1. 多媒体内容创作

微博营销的一个显著特征是多媒体内容的创作和分享。用户可以发布包括文本、图片、GIF 动画和视频等多种形式的内容，使品牌有更多机会吸引注意力。品牌可以借助视觉和声音元素来传达信息，这有助于吸引更多用户并提高内容的传播效果。此外，微博还支持直播功能，品牌可以通过直播与用户实时互动，增强用户参与度。

2. 即时互动

微博是一个实时互动的平台，信息在微博上传播的速度非常快，这使得品牌可以与用户建立更加密切的联系。品牌需要随时跟踪热门话题、事件和趋势，及时发布相关内容，以与用户保持互动。同时，用户也期望获得即时的回应和反馈，品牌需要积极回应用户的评论和问题。用户可以在微博上发布评论、点赞、分享和@提及其他用户，这种互动性为品牌提供了与用户交流的机会。品牌可以回应用户的问题、提供帮助和回应反馈，从而提高可信度和用户满意度。

3. 用户多样性

微博的用户群体非常多样化，包括各个年龄段、地域、文化背景和兴趣爱好的人。这为品牌提供了一个广泛的潜在用户，可以满足不同用户群体的需求。品牌可以通过定向广告和内容策略来吸引特定目标用户，同时也可以通过广泛的内容吸引更广泛的用户。

4. 数据驱动的决策

微博提供了丰富的数据和分析工具，帮助品牌了解其用户的喜好、互动方式和行为模式。这些数据可以用于优化营销策略，改进内容和提高转化率。品牌可以跟踪关键指标，如点击率、分享率、互动率和销售转化率，了解用户的行为和反馈，从而评估其营销活动的效果并做出相应的调整。

5. KOL 合作

微博上有许多知名的意见领袖（KOL），他们拥有大量的粉丝和很大的影响力。与 KOL 合作可以帮助品牌增加曝光度，提高信任度，并推广产品或服务。KOL 的参与可以增加品牌的可信度和吸引力。微博拥有丰富的内容生态和 KOL，在许多垂直领域，在流量大幅增长的同时，也能和客户实现商业营销方面的价值共赢。

二、微博账号的分类

微博账号有多种类型，分为个人微博、企业微博、政务微博、校园微博及其他类型等。

个人微博，是新浪微博账号占比数量最多的一类，是以个人名义申请的微博账号。

企业微博，不少企业都开设了官方微博，作为企业或品牌的官方渠道。有些还形成了以官方微博、企业领导人微博、高管微博、产品微博为一体的矩阵式经营模式。

政务微博，是指代表政府机构和官员的、因公共事务而设的微博，主要用于搜集意见、倾听民意、发布信息、服务大众。

校园微博，是指由各大高校开设的官方微博账号类型，在高校传播信息、沟通交流、教育教学、危机公关等方面都起着较为重要的作用。

其他类型微博，除了以上类型，还有很多其他类型的微博账号，例如，为了某活动推广而特别开设的微博，具有一定的时效性，短期内可以实现快速传播。

三、微博营销的重要性

微博营销在当今数字时代的营销领域扮演着至关重要的角色，具有以下五个方面的优势：

1. 提高品牌知名度和曝光度

微博拥有庞大的用户群体，通过微博营销，品牌可以快速提高曝光度，让更多的人了解品牌。与传统广告媒体相比，微博可以更精准地定位用户，提高曝光效果。有趣的、有用的内容可以迅速传播，让更多人了解品牌。品牌可以通过在微博上发布有吸引力的内容来提高知名度和曝光度。

2. 增加用户互动和忠诚度

微博的实时互动特性使品牌能够与用户建立更紧密的关系。微博提供了丰富的互动机会，品牌可以与用户建立更紧密的联系。通过积极参与用户的评论、提供有价值的信息和回应用户的需求，品牌可以提高用户的忠诚度，建立品牌信任，增加用户满意度。

3. 制定数据驱动的策略

微博提供了丰富的数据和分析工具，帮助品牌更好地了解用户。这使品牌能够制定更精确的营销策略，确保资源的最优利用。

4. 创新和竞争优势

随着技术和社交媒体的不断发展，微博营销也在不断创新。微博营销鼓励品牌创新和变革，品牌需要不断尝试新的内容类型、互动方式和营销策略，以满足不断变化的用户需求。品牌可以借助新功能和趋势来保持竞争优势，吸引更多用户。在竞争激烈的市场中，微博营销可以帮助品牌保持竞争力。通过不断与用户互动、提供有价值的信息和娱乐，品牌可以吸引更多的用户，提高品牌影响力，占据市场份额。

5. 维护企业的危机公关

营销团队可以通过微博平台，实时监测用户对于品牌或产品的评论及疑问。如遇到企业危机事件，可以通过微博对负面口碑进行及时的正面引导，尽快淹没搜索引擎中有关负面的消息，使企业的损失降至最低。

总的来说，微博营销是一种多样化、互动性强、数据驱动的数字营销策略，对于提高品牌的知名度、吸引用户、建立用户忠诚度以及保持竞争优势都具有重要作用。随着社交媒体的不断发展，微博营销将继续成为数字营销领域的关键组成部分。

第二节　微博营销的功能与工具

一、微博营销的功能

微博可以为企业提供多方面的功能。

1. 品牌建设和形象传播

微博营销是品牌建设的重要组成部分。品牌可以通过微博发布文本、图片、视频和链接等多种内容，向用户传达信息，这是品牌与用户直接互动的途径之一。

通过发布有关品牌文化、价值观、故事和使命的内容，品牌可以更好地向用户传达自己的形象和定位。微博提供了一个平台，品牌可以展示自己的独特性，吸引用户的注意力，塑造积极的品牌形象。

当品牌转型之时，利用微博"舆论发酵场"的优势，有利于品牌进一步将"科技"植入消费者心智。如何利用品牌现有资源达到 1＋1＞2 的效果呢？梳理安踏在微博的品牌资产，可以发现，安踏除了品牌号拥有 180 万粉丝外，近两年还签约了多位明星，他们的粉丝也是安踏的高潜客群。但大部分消费者对于安踏的印象还停留在"传统运动品牌"，为了扭转品牌形象，安踏借鉴科技产品发布会的思路，发布了"奥运冠军"跑鞋。为了达到更好的出圈效果，安踏将跑鞋名称改成了更适合在微博生态下传播的"奥运冠军"。这四个字不仅表明跑鞋使用了奥运冠军同款科技，还是安踏讲述品牌故事的起点。发布会当天，安踏联动明星资源和微博大 V，通过开屏、热搜、直播等方式实现产品全方位曝光。同时，安踏将流量引入品牌私域，在粉丝的自发传播下，相关话题登上热搜，提高了用户关注度，而且当天十几位体育明星一起为新品造势。

品牌转型是一件需要长期持续投入的事情。安踏这次在微博举办线上发布会，目标也不仅仅是获得短期流量，更重要的是把用户从热搜、话题等公域，引入品牌私域，并通过精细化运营，完成心智植入和提升转化。

在公域，围绕"奥运冠军"跑鞋，利用预热期话题矩阵以及大量 KOL 种草博文积蓄流量，再利用品牌号承接公域流量，并导流至品牌私域。微博公私域转化的一个关键环节，是利用品牌号的"品牌时刻"，利用安踏联动代言人在微博的明星资产为发布会造势。粉丝关注品牌官微、带指定话题发博、加入安踏粉丝群、观看发布会，均可为明星获得心动值。围绕这个核心概念，整场发布会分为预热期、引爆期、深化期三个阶段。通过这些互动形式，安踏将公域流量引入粉丝群，粉丝的积极转发又可反哺公域。同时，安踏还与微博合作，通过数据筛选出优质粉丝博主，用奖励措施鼓励其发布个性化、真实的种草内容，以提升转化效率。将流量从公域引到私域后，下一步关键动作就是精细化运营，提高留存和转化。

2. 用户互动和参与

微博营销鼓励用户参与和互动，通过发布引人入胜的内容、提出问题、举办投票和竞赛等活动，品牌可以促使用户与其互动，提高用户参与度。这种互动可以帮助品牌更好地了解用户的需求和反馈，建立用户忠诚度。

微博允许用户@提及其他用户或转发他人的微博，从而扩大信息的传播范围。这有助于增加品牌曝光度，将信息传播给更广泛的用户。

对于众多美妆护肤品牌来说，情人节营销的难点在于：如何在提高曝光度之余，提升产品的销量；又如何在售卖产品之余，不折损用户的互动热情。YSL和网友们一起过节的思路是，和大账号@节日君一起玩。节日期间，网友喜欢来@节日君微博看看微博平台的节日动态，喜欢和@节日君互动打趣，并在账号参与抽奖。YSL绑定"#情人节#"话题词，与@节日君一起征集创意话题，有趣味互动情感向的，也有送礼消费向的。在YSL与@节日君征集的创意话题中互动的网友，均可参与抽奖送礼活动，有机会获得YSL定制礼盒。创意话题能拉高网友的情绪点，激发网友自发互动，消费向话题为产品的转化需求做好了铺垫。

3. 信息传播和宣传

微博是信息传播的重要平台，品牌可以通过微博传播最新的产品信息、促销活动、重要新闻和事件。微博的信息传播速度快，有助于将信息快速传递给用户，扩大影响力。

考虑到广告主需求，同时结合微博天然的媒体优势，微博正式发布品效营销推广引擎——微博V引擎，旨在为全行业广告主提供品效营销解决方案，通过深度盘活微博全域资源，促进社交场域内品效双驱动，从而满足广告主提高品牌声量、增加商品销量转化、搜集销售线索、增加App下载等多元的营销诉求。微博V引擎独有的品—效—话题的高效协同模式，具备声量可观、转化可见和阵地可聚的三大价值，每一个触点都充分发挥各自价值。

4. 销售和转化

微博营销不仅仅是建设品牌和提升知名度，还可以直接促进销售。品牌可以在微博上推广产品、提供购物链接、举办促销活动，引导用户进行购买行为。通过数据分析，品牌可以追踪销售转化率，评估营销活动的效果。微博营销不仅仅是品牌传播，还可以直接促进销售增长。通过在微博上宣传产品、提供购物链接、举办促销活动等方式，品牌可以引导用户进行购买行为，增加销售额。微博上的购物功能也为品牌提供了直接销售的渠道。

5. 直播和话题讨论

微博支持直播功能，品牌可以通过直播与受众实时互动，分享新产品发布、活动和重大消息。此外，微博上经常有各种热门话题的讨论，品牌可以参与其中，与用户分享相关信息，提高曝光度。

2023年3月2日，第19届杭州亚运会组委会与微博战略合作签约仪式在杭州举行。杭州亚运会将于2023年9月23日至10月8日举办，杭州亚运会联合微博在杭州亚（残）运会倒计时200天、100天、30天等重要时间节点，亚运演唱会、火炬传递、开闭幕式、亚运首金等庆典和文化活动时，通过在微博开设话题页、专栏等进行宣传。

二、微博营销的工具

微博平台提供多种工具为品牌和企业服务，企业可以借此进行多种营销活动。

1. 粉丝服务平台

粉丝服务平台是由新浪微博推出的一项新功能，微博用户均可使用该平台，为粉丝提供精彩内容和互动服务。平台主要功能有群发功能、自动回复、自定义菜单、素材管理、开发者中心等。

2. 活动中心和抽奖中心

通过微博平台发起营销推广活动，是商家运营中最基础、最有效的方法之一。活动策划采用绑定话题、有奖活动等多种形式，可以达到提升活动热度、吸引粉丝、增强互动及高效传播的目的。

抽奖中心也是微博"营销推广"中的一个基本功能，可以结合相关活动来实施，活动中设置抽奖环节能让活动的互动性、粉丝参与度更高，提升活动效果。

近年，在"618"大促活动中，天猫在微博打造了话题"#我选猫更省#"，覆盖百亿补贴、品牌会员日、88VIP等多个业务，将利益点内容囊括在这个大促阵地中。首先，微博联合天猫打造了网红打卡H5：在"我选猫更省"的热门旅游地，"大额泉"喷涌着令人心动的大额券，"会员挑战乐园"中各种优惠齐上阵。参与用户不光能够获得天猫"618"攻略，沉浸式体验省钱快乐，还有机会领取现金红包，趣味玩法+现金奖励使得该H5实现了裂变式传播，博文获得近10万的转发、点赞、评论。

3. 微任务

微任务是微博"营销推广"中一个重要的推广工具，可支持个人用户自我推广、企业用户精准投放推广以及自媒体账号承接推广任务等三种功能。

想在微博实现品牌效果转化,微博还为品牌们打造了新鲜玩法——品牌任务。对于国货服装品牌森马来说,春节发布了新品,如何让产品与年轻人在微博玩在一起?森马瞄准了有着众多潮酷年轻人的时尚垂类赛道,与@微博时尚联合发起"#兔子要红了#"话题,邀请众多时尚美妆博主,在穿搭、美妆等各类时尚场景里展示这只可爱的兔子。同时,参与@节日君在元旦发起的节日活动,在"#来微博过元旦#"的话题页面中以任务互动的方式,展现品牌身影。在关注任务中,露出@森马官博吸引关注,引导网友参与新年产品向的"#兔子要红了#"热聊话题,为品牌中国年营销增加效果导向。

4. 活动类型

活动类型主要有直通车推广和阅读+推广两种,用户授权后即可进入微任务平台发布推广任务。

通过微博品速的内容定向能力,可精准定向含指定关键词的博文,在此类博文的评论流第三位展现广告。例如,在世界杯期间,微博平台世界杯的讨论氛围浓厚,含相关词的博文量快速上涨,使用内容定向可精准触达兴趣人群。精准投放不仅可以通过原生内容链接兴趣人群,还可以通过强势的曝光资源,覆盖明星、KOL等核心圈层。

5. 超级粉丝通

超级粉丝通是基于新浪微博的海量用户,把企业推广信息广泛推送给粉丝和潜在用户的一种广告投放服务营销产品,它可以根据用户属性和社交关系将信息精准地投放给目标人群。

超级粉丝通通过优质信息流资源,可以做到推广信息海量触达。同时,还具有数据追踪功能,进行详细的效果数据分析,完整地呈现推广传播数据。用户通过微博广告中心在线申请开通该服务,并进行服务费用支付后,即可设置广告投放。微博超级粉丝通产品提效,不仅支持批量复制计划及计划内创意,还将支持跨系列、跨计划,实现高效复用已有优质创意。同时,复制的创意在未改动的情况下,可免审直接进入投放阶段。此外,微博超级粉丝通"人群定向"产品支持为大促品牌定制精准人群包,比如电商高价值人群、抽奖活动人群、竞品人群等,让优质博文能够触达品牌专属的兴趣人群。

微博超级粉丝通的"聚宝盆"功能可以让广告主方便快速地以明星或KOL账号代投广告博文,无须为其开通超级粉丝通账号,就能将原生的商业内容覆盖至非品牌蓝 V 粉丝的目标消费群体。"聚宝盆"功能不仅能大大提升投放效率，还能扩大兴趣人群，进行心智种草。在"618"大促活动中，宝洁使用"聚宝盆"功能代投 KOL，精准触达非粉圈层，投放博文互动率超过了 18%。在心智种草的同时，配合链接导流至天猫超市，还可实现转化收割。

微博超级粉丝通 OCPX 智能投放系统，能根据转化用户特征进行模型学习，以寻找更多有转化意向的人群。光电脱毛科技品牌 Ulike 在"618"大促活动中投放的博文，无须点击落地页，就能直接跳转店铺。不仅转化链路缩短，又通过 CID 实时回传技术来进行 OCPX 的模型学习，从而找到最可能产生转化的目标人群。最终，从点击到购买的转化率达到了 60%～70%。

6. 粉丝头条

粉丝头条是新浪微博官方推出的一款营销推广产品，当用户有重要的信息发布，希望自己的粉丝在 24 小时内微博首页第一位看到该重要信息，则可以用粉丝头条来实现。购买粉丝头条服务的投放价格与粉丝量、粉丝活跃度及投放频率等相关。粉丝越多，活跃度越高，投放频率越高时，粉丝头条价格也会相应动态上涨。

微博粉丝头条的"帮上头条"产品是指为他人的博文做推广，购买后博文将置顶展现在被投博主粉丝关注流，强势吸睛。品牌在联动明星达人、品牌官博开展系列电商活动的"前中后"整条营销链路，均可使用"帮上头条"迅速占领粉丝注意力，有效扩大品牌声量。

在 2022 年妇女节电商营销中，雅诗兰黛策划了"#美美与共#"的话题营销活动，借助"帮上头条"，在营销活动的各个环节均实现了超预期效果。在活动前，品牌官方微博发布直播预告，通过购买"帮上头条"，为直播间引流，加速了活动预热，从而使曝光量增加超过 100 万，互动量增加超过 10 万。在产品开售后，品牌联动明星多次发博为产品宣传，并抓住时机为发布的博文投放"帮上头条"，渗透明星粉丝圈层，引爆活动关注。在此过程中，曝光量增加超过 2000 万，互动量增加超过 500 万。在活动后，联动十多位达人沿用活动话题发文，结合"帮上头条"的投放，为话题热度续航，达到持续种草的效果。经过活动"前中后"的组合营销，主话题"#美美与共#"阅读次数已超过 3 亿，讨论次数 24.6 万。

7. 热搜

微博作为图文社交领域的领导者，一直是热点讨论和信息传播的重要平台。其中，热门搜索列表做出了巨大贡献。虽然各大平台都有类似热门搜索列表的产品，但目前微博的热门搜索列表是唯一具有全网信息影响力的列表。可以说，微博仍然是热门讨论的第一位。

用户在微博上的分享、讨论、点赞，最终呈现出的是一个个热点，所以微博热搜是底层产品机制决定的，每一次跨圈层的转发、@被传播、话题被热议，都是源自用户真实参与所带来的搜索和讨论。传播的热度则反映出事件的真实性、及时性和高互动性。热搜的筛选机制在于热度而非算法，这是社交＋热点能力的重要体现。聚焦的热点主要有六大类，即高国民度节日、台网影视剧综、节气热点、家国社会事件、全民赛事以及小众垂直热点。

2014年，热门搜索在客户端推出实时列表，每10分钟更新一次，让用户随时随地看到最新的热门信息。2017年，实时热门搜索列表加速到每分钟更新一次，成为行业第一，为用户提供更实时、更新鲜的热门内容。2018年，热门搜索全面升级算法，在搜索热度的基础上，将热点讨论、传播和互动数据纳入计算，更全面、客观地反映微博热点排名。同年，热门搜索设置了顶级新闻列表，扩大了主流声音，加强了平台的正能量传播氛围。2020年，热门搜索建设了城市列表，使更多的区域热点也能被发现和关注。

为了促进列表生态更健康、内容更多样化，自2020年以来，微博不断加强热门搜索列表的标准化运作。微博上存在的大量热点，往往更有助于推动品牌或产品的流量提升，也能够为品牌带来增益效果。2022年，微博尝试了"1＋1＋1"的营销新模式，即通过1个节日主话题进行内容聚合，垂直领域以1个衍生场景话题进行讨论，品牌通过热点伴随的方式加入其中，再以1个定制商业热搜话题的方式为品牌导流。越来越多的品牌可以成为热点、借势热点、共建热议话题，引爆大众流行，助力品牌穿越周期、实现真正的价值增长。比如，母亲节共有109个相关热搜，290亿博文的曝光以及8000位明星大V的参与，衍生出330个创新话题。2023年6月上映的爆款电影《消失的她》截至6月底已在热搜登榜超321次，有力助推票房超过35亿元。

在媒体、娱乐、垂类等不同人群带来的差异化价值之下，微博也在探索如何赋予品牌更高质量的商业价值。通过近年的尝试，探索出两个方向：成为热点和用足热点。

热搜是微博舆论场最受关注的区域，如果品牌事件能够登榜热搜，也就意味着能成为用户最关注的焦点。在2022年，微博探索出了更多元、更精细化的热点玩法。理想L9上市时面临着两个挑战：一是国产车以45.99万切入豪华车区间，二是这款车定位是一辆奶爸车，但奶爸是个非常广泛的圈层，如何充分沟通是一个问题。在上市期间，微博基于两个挑战帮理想做了产品拆解，多维引爆。在宏观产业观察角度，由媒体主持"#国产激光雷达是什么水平#""#消费时你要里子还是面子#"的话题，为消费者心智定调；在产品力角度，由行业媒体拆解外观、产品、车型等；以及对发布会突发事件的报道，专门面向母婴群体、旅行群体的话题等，再通过垂类运营以及企业主、KOL 观点，将话题打造成热点，在 36 小时登榜十多个热搜。

在上榜热搜之后，再做精准的人群定向，对不同话题的人群通过不同广告素材反复触达，让理想的社交声量提升了 1675%，兴趣人群扩容了 852%。最直观的反馈是，上市当天晚上，理想的官方预定小程序被挤爆，整个上市 72 小时内订单超过 3 万单。

上了热搜并不算完成任务，流量很重要，但也是把双刃剑。产品在吸引流量大曝光之后，还要解决理解、信任等问题，流量才能带来更大的价值。企业上热搜的后续运作仍是重要的内容。根据热点实现确定的销量转化是非常关键的。在智能营销时代，没有高质量的数据就得不出任何有价值的结论，也就无法做出有针对性的决策。而数据掌握在平台手里，借助平台优势可以对流量实现深度的洞察，这也再次说明热点平台的价值。而在这一方面，微博似乎已经形成一套清晰的热点营销运营模式，具备较强的确定性。

8. 超级话题

"超级话题"简称"超话"，是基于某个可持续讨论主题的兴趣社区，聚集了具有共同兴趣的用户。超级话题与普通话题不同，必须进入某个社区才能和社区里的人展开互动，把内容让社区里的用户看到。超话可以成为企业进行品牌营销、产品推广、用户互动等活动的有效平台。

微博超话的打造可以从以下几个方面进行：

（1）突出品牌特色。超话是企业品牌的延伸，企业要突出自身品牌的特色，吸引目标用户的关注。超话定位是指超话的主题、目标用户、内容方向等。企业要根据自身的品牌定位、产品定位、营销目标等来制定超话定位。

（2）聚焦目标用户。超话要聚焦目标用户，了解他们的兴趣爱好、需求等，以便制定符合他们需求的内容。企业要注重超话内容的质量和创意，能够吸引目标用户的关注。内容的形式可以包括图文、视频、音频、直播等。

（3）注重互动性。超话是一个以互动为核心的社区，企业要注重与超话用户的互动，提高超话的活跃度。互动的方式可以包括评论、转发、点赞、签到、投票等。

（4）持续运营。超话的打造是一个长期的过程，企业要坚持不懈地进行内容更新和运营，制订运营计划，并根据实际情况进行调整，才能取得良好的效果。

此外，企业还可以通过以下方式来提升超话的效果：使用热门话题提高超话的曝光度和互动率，与 KOL 合作，以借助 KOL 的影响力，扩大超话的影响力。利用数据分析，了解超话的效果，进行针对性地调整。总之，微博超话的打造是一个重要环节，合理的打造可以提高微博营销的效果。

2023 年 4 月，西安本土品牌冰峰在共青团陕西省委宣传部的指导下，携手西安欢乐谷、新浪陕西、陕西省青年新媒体协会举办了一场"冰峰杯"陕西青年音乐人选拔赛，让怀揣音乐梦想的高校大学生和青年音乐人有机会用多元化的音乐诠释青春精神。活动之初，冰峰分别上线了两个话题，一个是品牌向的"#冰峰杯音乐人选拔赛#"，一个是地域向的"#陕西青年音乐人选拔赛#"。话题页展现大赛主视觉，同时露出品牌元素，整体的配色和设计充满年轻活力。这两个话题不仅能承载用户的表达欲、在公域中引起关注，还能跟线下的活动充分联动，加强用户互动。一是在线下的比赛场上设置游戏，工作人员和参赛者掷骰子，如果参赛者点数更大，即可获得冰峰饮料一份，若失败，可以关注@西安冰峰饮料并带"#冰峰杯音乐人选拔赛#"话题发博文，也能获得冰峰饮料一份。趣味玩法将线下观众引流线上，助推话题扩散。二是在话题页中设置了投票，用户通过浏览榜单点击进入话题页即可参与互动，为支持的选手线上投票。

微博营销实例

酱香拿铁

"瑞幸+茅台"的组合刷爆了朋友圈，光速成了争相炫耀的"现象级"产品。2023 年 9 月 5 日，瑞幸咖啡官方微博发布"酱香拿铁"销售数据，美酒加咖啡的搭配刷新了单品纪录，首日销量突破 542 万杯，单品首日销售额突破 1 亿元。茅台需要年轻人，瑞幸需要高级感，促成了此次联名合作，且引爆舆论。茅台、瑞幸跨界联名，火爆刷屏成功破圈。当天，在多个北京瑞幸咖啡门店，"酱香拿铁"推出不久即售罄。9 月 6 日，"酱香拿铁在泰国火了"的话题在微博热搜登顶榜首。

新媒体营销

瑞幸咖啡在其官方微博账号上发布了多条关于酱香拿铁的博文,其官博主页背景也改为酱香拿铁产品图片。从9月1日开始,瑞幸官方微博就连更三天的倒计时海报,见图5-1,为联名新品预热的同时不断吸引网友的好奇心。通过发博、超话、图文加视频发布等多种方式,酱香拿铁火爆全网。贵州茅台官方微博也通过转发瑞幸咖啡微博进行互动。短短几日,酱香拿铁的相关话题播放量早已远超1亿,引起了用户自传播。而茅台的破圈效应蔓延到了资本市场,9月4日开盘,茅台股

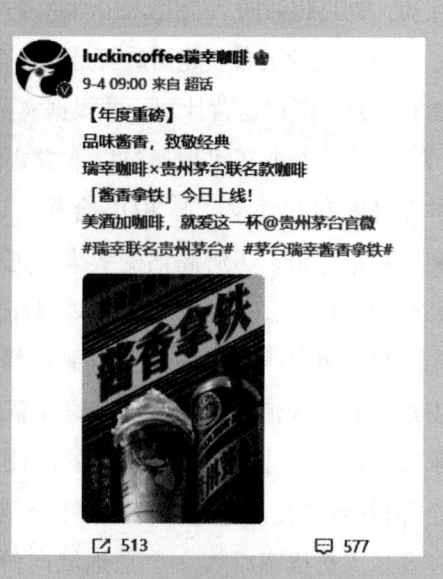

图5-1 瑞幸咖啡微博账号

价一度冲至1879.94元/股,同时也带动了白酒板块集体上涨。连续营销两天后,9月4日,瑞幸咖啡与茅台的战略合作启动。酱香拿铁以IIAC金奖咖啡豆作为原料,每一杯都含有53度贵州茅台酒,历经专业团队上百次调试,实现了浓郁酱香与咖啡醇香的完美融合,也实现了快消咖啡品牌与高档白酒品牌的完美融合。配合此次新品上线,瑞幸也推出广告片,道出了酱香拿铁可以品尝的多个场景。贵州茅台培育了年轻消费者的茅台酱香口感,推动了茅台品牌年轻化、时尚化。瑞幸咖啡提升了其在咖啡行业的综合实力以及品牌调性,向高端品牌靠拢。

(资料来源:《"酱香拿铁"单日破亿,现象级联名爆款能否复制?》)

第三节 微博营销策划

微博营销策划是企业在微博平台上进行营销活动的规划和实施,是实现企业营销目标的有效手段。

一、微博营销策划流程

微博营销策划一般可以分为以下几个步骤:

1. 目标分析

首先要明确微博营销的目标，是提升品牌知名度、提高产品销量，还是增加客户黏性等。根据目标的不同，微博营销的策略和内容也会有所不同。必须明确微博营销的目的，比如品牌知名度提升、产品销量提高、客户黏性增加等。需要设置可量化的目标，如粉丝数量、转发量、点赞量、互动率等。

2. 受众分析

要了解目标客户群体的人口学特征，包括年龄、性别、职业、地域等。了解目标客户群体的兴趣爱好，包括消费习惯、消费偏好等。通过受众分析有针对性地进行内容策划和推广。

3. 竞争分析

了解同行业的微博营销情况，包括内容形式、内容主题、推广策略、效果评估等。分析竞争对手的优势和劣势，比如在内容质量、推广效果、粉丝活跃度等方面，以便制定差异化的营销策略。

4. 内容策划

根据目标和受众分析，制定微博营销内容的策划方案，可以从形式、主题等方面进行策划。内容的形式可以包括图文、视频、音频、直播等。内容的主题可以包括产品介绍、行业资讯、用户互动、活动推广等。内容要新颖、有趣，才能更具有吸引力；内容要准确、专业、有价值，才能更具说服力。初始时，微博有字数限制。后来取消了140字的限制，可发布的内容大大丰富，更便于品牌和企业进行内容策划。

爱慕携手微博用话题"#选内衣有多难#"打头阵。话题一上线，便激发了大量女性用户的倾诉欲，她们纷纷于此吐露心声。用户在品牌构建的场域里自由发声，在参与的过程中逐渐感受到品牌的关爱和理解，从而跟品牌产生深厚的情感链接。"#选内衣有多难#"阅读次数高达2.4亿，讨论次数多达1.2万，成功为爱慕三十周年活动造势，蓄水一大波用户关注，并引流到品牌话题"#三十如一 始终爱慕#"。在相关话题的铺垫下，爱慕"人体美学内衣"概念被广泛传播。随后，为了进一步传递对消费者的关爱，妇女节前夕，爱慕联动@微博服饰、@微博美学、@时尚头条等大账号资源，顺势推出一支女性主题的TVC，讲述爱慕三十年来见证中国女性力量的故事。因此，从议题中挖掘用户需求，在互动里达成价值观的一致，最终才能种草目标圈层。

5. 推广策略

除了原创内容之外，还需要进行一定的推广，以便扩大影响力。推广策略可以包括付费推广、草根推广、KOL 合作等。付费推广，新浪微博的推广平台包括超级话题、品牌热搜、微博头条、微博直播等。草根推广，通过与草根达人合作，提高微博的曝光度和影响力。KOL 合作，与行业 KOL 合作，进行产品推广或品牌宣传。

在消费回归理性的环境下，"大水漫灌式"的广告投放显然已很难奏效。微博还推出了信息流广告，从产品出发，通过探索"破圈—种草—转化"的精细化营销链路，助力大促营销发现新增量。

6. 效果评估

通过对微博营销的效果进行评估，以便及时调整策略，提高营销效率。粉丝数量可以通过微博的数据分析，了解微博的粉丝数量、粉丝增长率等。转发量、点赞量、互动率可以通过微博的数据分析，了解微博内容的传播度和影响力。活动效果可以通过活动的报名人数、参与人数、成交额等指标，了解活动的效果。

2022 年 9 月，颐莲以微博为阵地，展开了一系列活动，并借助微博公私域联动经营链路，使得品牌的认知和影响力有了显著提升。据微博社交用户数据银行显示，2022 年 9 月~2023 年 5 月，颐莲社交声量峰值提升 8 倍、声量均值提升 22 倍，而这也进一步促进了品牌在电商渠道的销售转化。数据显示，2023 年 5 月、6 月，颐莲天猫店铺的交易金额、访客人数、支付转化率等都与去年同期相比有了显著提升。其中 5 月访客量是平销访客量的 1.5~2 倍，"618"大促活动的转化率也达到了近 1 年峰值的 20.36%。

二、微博定位策略

微博营销的定位策略是指企业在微博平台上对自身的品牌形象、产品定位、营销目标等进行定位，以便在众多微博账号中脱颖而出，获得目标受众的认可。

微博营销的定位策略可以从以下两个方面进行考虑：

1. 个人微博定位

对于个人微博，定位时首先要给自己塑造一个鲜明具体的人设形象，拥有自己独特的形象气质，这样更容易吸引同类人群的注意，引起他们的共鸣。

2. 企业微博定位

企业微博营销定位主要是指其形象及功能定位，企业在营销推广中将策划与其定位相吻合的营销内容及一系列活动，因此定位是否清晰明确将会直接影响微博营销的效果。一般来说，企业微博定位，主要有以下两种类型：

第一，品牌推广类。这类微博主要用于树立企业品牌形象，提高其品牌知名度、美誉度。微博发布内容主要以企业品牌内涵、重大新闻事件、品牌活动、新品发布等为主。企业需要明确自身品牌的定位，是高端品牌、中端品牌还是低端品牌，是时尚品牌、科技品牌还是生活品牌。品牌的定位决定了企业在微博平台上的内容风格、话题选择等策略。

第二，内容互动类。这类微博主要用于维系企业与粉丝的关系，在互动交流中潜移默化与粉丝成为朋友，走进他们的生活，以情感导向提升粉丝的认可度和忠诚度。业务服务类则是直接定位于产品销售或客户服务，营销目的十分明确，就是为了促进销售或为客户答疑解惑而开设的微博。一般主要发布相关产品的促销活动、产品小贴士、市场调查等。

三、内容策划策略

微博发布内容需要选用高质量内容，即便是转发博文也要进行筛选，选出符合企业定位的高价值内容，这样才能吸引粉丝并留住粉丝，长期即可在粉丝群中产生较高的认可度和信任度。

1. 内容高价值性

在内容的互动方面增强趣味性，可以发布一些互动性的话题博文或活动博文。关于微博话题的设计，可以从两方面寻找话题素材，一是针对目前热点话题进行借势发挥，二是结合自身定位及营销目的制造话题。文案文字内容不宜太长，应简短易懂。同时，可以适度结合当下的热点或话题，从而自带热点，顺应热点继而成为热点。文案内容的故事性宜增强，具有可读性、有吸引力，还能够为粉丝提供多方位的价值。另外，文案设计通过情境导入，能够增强用户视觉体验感。这样的内容具有高价值性，赋予产品和品牌高价值，让用户印象深刻，能够更好地推广品牌。将产品价值点逐步引导到用户关注上。从场景上深入，就产品技术和用户持续沟通，深度解析，最终渗透用户购买决策。

如何发出受到消费者喜闻乐见的内容，如何传递明确积极的态度，如何让用户沉浸式参与其中，对品牌而言至关重要。巴黎欧莱雅通过"她守护36计"反击骚扰项目，借助微博资源为女性赋予力量，传递品牌态度。社会议题传播中很重要的是吸引权威媒体的参与和大众的讨论，而微博优质的媒体资源和开放社交场域能为品牌传播带来更大的助力。在经过充分的话题预热后，巴黎欧莱雅带话题发布品牌TVC视频，针对性骚扰问题，具象化五类典型骚扰场景，并相应献上《孙子兵法》里的五条锦囊妙计——声东击西、有据可循、走为上计、里应外合、雪中送炭。好的内容是传播的基础，微博优质媒介资源则能让传播如虎添翼。

2. 原创与转发的合理搭配

一个微博账号想要做出自己的品牌，其微博文章要有一定比例的原创作品。即使在转载别人的文章时，也尽量加上自己转载的理由，给出自己对转载内容的分析见解，使转载也具有独特性，富有创意。禁止转发不符合法律法规和微博平台要求的博文，对于一些消息的转发也要确认信息来源，确保其真实性后才可转发，否则会对企业和品牌造成极大的负面影响。

3. 避免硬广植入

在发布营销推广信息时，一定要避免硬广植入，尽量把要发布的广告信息嵌入有价值的文章内容中，或以多种文风形式发布，如讲故事、温馨小贴士、趣味游戏、互动活动、幽默小段子等形式进行广告植入。

4. 多种内容表达形式相结合

目前，微博发布的内容形式越发多样化，不仅可以发布文字、图片，还能发布视频、音频，在内容中还可以进行投票、点评等，因此在内容编排时对表达形式的应用也就有了一定的要求。同样的微博文字信息，结合不同的表达形式，会产生不一样的效果。

2023年9月初，在瑞幸咖啡与茅台酒跨界合作产品酱香拿铁推出的时候，瑞幸咖啡微博不仅推出多个广告图片推广酱香拿铁（图5-2），同时还推出广告视频和

图5-2 瑞幸咖啡的酱香拿铁广告

酱香拿铁原料生产全记录视频进一步丰富推广内容（图5-3），让更多受众更深入了解酱香拿铁这一新款联合产品，打造更高的流量。

图5-3 瑞幸咖啡酱香拿铁原料生产全记录

5. 内容共创

随着平台、媒体的社交化，那些能够与消费者产生深度的共鸣，能够引发消费群体共同参与的传播，都有一个共同点是营销在潜移默化中产生了内容共创甚至共生。

内容共创并不是新近出现的，它是一直存在的。早期是品牌与品牌、综艺、电视剧剧情等共创的内容，在社交媒体上有了大爆发，其实是用户自发性地创造内容、发表意见，实现了用户与品牌内容的共创共生，为品牌带来了更广泛的传播。这些看似用户自发性行为的背后，其实都离不开品牌通过社交、种草逻辑量身打造的营销组合拳，给用户留下了更多互动创作的空间。在社交媒体下，品牌为用户构建了边看、边玩、边买的购买路径，也让品牌完成了曝光、引流和营销转化的链路，无形中将用户变成了产品的消费者与营销的传播者。

四、发布时间

对于内容发布，需要注意的是发布时间、发布频率、发布时机，以及对已发布内容的定期整理。规划合理的发布时间和频率、选择适当的发布时机，都能让内容的发布效果事半功倍。有些时候，有规律的发微博频率能够对粉丝产生强烈的吸引力。

微博发布时间规划是指根据微博用户的活跃时间段，制定微博发布时间表。合理的微博发布时间可以提高微博的曝光度和互动率，从而达到营销目的。

微博用户的活跃时间段一般分为以下几个时段：

上午10：00～12：00：上班族开始工作，学生开始上课，这段时间是微博用户最活跃的时间段。

晚上7：00～9：00：工作结束后，人们开始休息娱乐，这段时间也是微博用户活跃的时间段。

周末下午：周末是人们休息的时间，这段时间微博用户的活跃度也较高。

企业在制定微博发布时间表时，可以根据自身的目标受众和营销策略进行调整。例如，如果企业的目标受众是上班族，那么可以将微博发布时间安排在上午10：00～12：00和晚上7：00～9：00。如果企业的目标受众是学生，那么可以将微博发布时间安排在晚上7：00～9：00和周末下午。

此外，企业还可以根据热门话题、事件等情况调整微博发布时间。如果有热门话题或事件发生，那么企业可以将微博发布时间安排在该话题或事件的热度高峰期，以便获得更高的曝光度。

微博发布时间规划的策略如下：

（1）坚持固定发布时间。固定的发布时间可以让粉丝养成习惯，提高粉丝的关注度。

（2）根据目标受众调整发布时间。根据目标受众的活跃时间段，制定合理的发布时间表。

（3）根据热门话题调整发布时间。根据热门话题或事件的热度，调整微博发布时间。

总之，微博发布时间规划是一个重要环节，合理的发布时间可以提高微博营销的效果。

五、增粉策划策略

通过具有大量粉丝的好友进行推广，例如，一些"大V"可以短时间内获得较高的关注度；通过与运营商合作，获得大量的展示和推荐，从而获取粉丝，但是成本也相对较高；也可以在一些外部社交平台账号的发布内容中或私信中植入自己的微博账户信息，借此进行引流增粉。采用"内容营销"的方式，只要微博内容有价值、有质量、够趣味，都能吸引更多的粉丝阅读、评论、转发扩散。追随微博热门话题进行评述或转发，也能够在短期内吸引大量粉丝。

微博增粉的方法有很多，可以从以下几个方面进行考虑：

1. 内容质量

内容是微博增粉的根本，企业要注重内容的质量和创意，才能吸引目标用户的注意力。内容要具有原创性、趣味性、实用性，能够满足用户的需求。

麦当劳官方微博转发了一位粉丝创作的麦麦文物。建立了一座"麦麦博物馆"，见图5-4，带领大家走进千年前的麦当劳。博物馆陈列着"M记新鲜出土的宝物"，分别有巨无霸青铜器汉堡、传世宝玉薯条、青花瓷可乐、亮晶晶薯饼、黄金麦辣鸡翅、麦当劳外带纸袋。官方微博不仅自己持续更新发博文，还在评论区与网友激情互怼、友好互动，诙谐可爱的风格引发粉丝的狂热追捧，见图5-5。

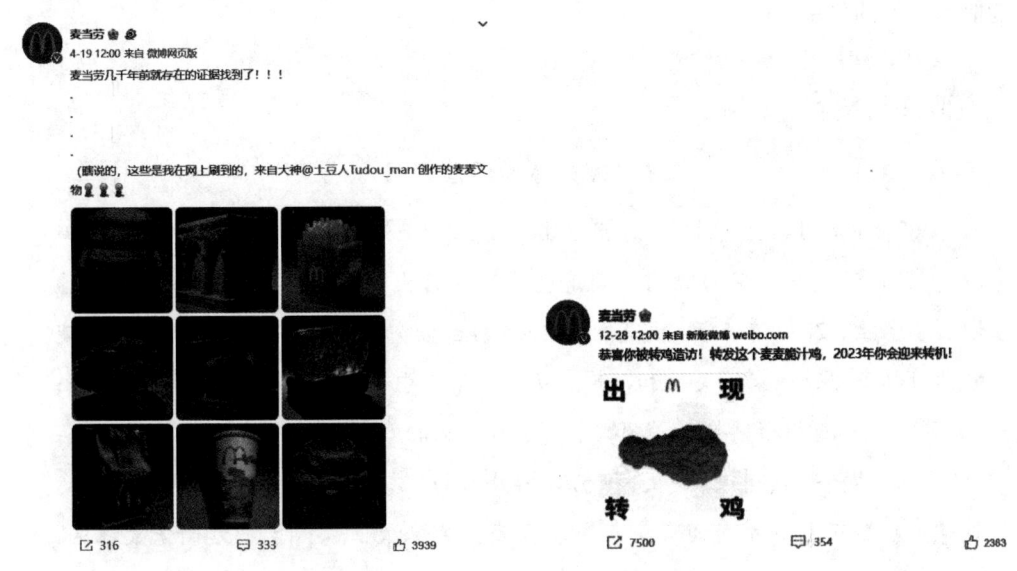

图5-4 麦麦文物微博　　　　图5-5 "出现转鸡"微博

2. 互动性

微博是一个以互动为核心的社交平台，企业要注重与粉丝的互动，才能提高粉丝的黏性。企业可以通过评论、转发、私信等方式与粉丝进行交流，了解粉丝的需求，提高粉丝的参与度。

3. 推广策略

除了原创内容外，还可以进行一定的推广，以便扩大影响力。推广策略包括付费推广、草根推广、KOL合作等。为了解决微博用户增粉难的痛点，粉丝头条全新推出了增粉直升机产品，具备增粉成本更划算、增粉更可控、增粉效率更快捷等优势，适应新账号冷启动增粉、持续稳定粉丝量级等多样诉求。

4. 参加行业活动

参加行业活动，与同行交流互动，可以结识潜在的粉丝。

5. 赞助赛事

赞助赛事，可以提高企业的知名度和影响力，吸引更多粉丝。

6. 与明星合作

与明星合作，可以获得明星的粉丝，扩大影响力。

总之，微博增粉是一个长期的过程，需要坚持不懈地进行内容更新和推广，才能取得良好的效果。

微博增粉案例

《原神》微博运营策略

2022年7月，《原神》拥有500万粉丝，而做出"第二个500万粉丝新增"，只用了大概一半的时间，表情包等活动的出圈在一周内给官方账号迅速增长了粉丝。2023年6月，《原神》微博粉丝数突破了千万大关。短期陡增现象也引起了部分玩家的关注和讨论。从这个案例中我们可以推敲出两点：第一，《原神》足够重视微博运营；第二，《原神》做微博运营有一套高效的方法论。研究《原神》如何运营微博，根据《游戏日报》对《原神》日常运营内容的拆解，主要有3个方向的考量：内容方面，做爆款创意；生态方面，做社区、话题、热点的循环增长；创作者方面，重视玩家向KOC和KOL的转化。

内容爆款或许最能解释《原神》是如何做到加速增粉的。在公域、私域破圈的循环下，《原神》通过热点内容营销，多角度营销热搜，积累着泛兴趣用户，流转到官微/社区等私域场景。据《游戏日报》粗略统计，2022年1月~2023年5月有超过220个《原神》相关话题登上过微博热搜，在原神的版本直播、版本更新等节点，原神成为微博热搜的常客，原神玩家的分享博文及微博社区生态的搭建，助推着原神一次又一次的出圈。

首先，《原神》热搜的一大特点是自带深度触达影响，玩家看到自己喜欢的游戏出现在榜单上，会引发更广泛的讨论，带动更多玩家参与其中。所以《原神》相关的IP、版本和角色话题频频登上热搜，就会稳定吸引玩家关注内容的源头，也就是《原神》官方微博。

其次,《原神》热搜的另一大特点是集合了大量社会性话题,例如"#原神登陆央视网络春晚#""#原神凯迪拉克#""#原神喜茶#"等。这些话题是突破玩家圈层的,一方面本身会触达潜在用户,另一方面也会推动《原神》玩家拉身边朋友参与,进而转化为新增用户。

(资料来源:《100万,〈原神〉又完成一个新成就?从运营团队的方法注拆解"成功秘诀"》)

六、活跃度提升策略

微博活跃度可以通过一些互动方法或途径进行提升。可以迎合粉丝喜好,发布有吸引力的内容,多和粉丝互动,或用评论、转发、私信、@提醒等多种方式。

(1) 及时回复。收到别人的@提醒或是评论,第一时间回复很重要,快速回复往往让博主感到很贴心,如同在线聊天互动,会增添彼此的好感。

(2) 及时转发。如遇粉丝神评论应主动转发,粉丝看到了自己的微博被转发会非常高兴,如果获得大家共鸣,该粉丝会收到几十次甚至上百次@提醒,这对他是一种难忘的体验。

(3) 私信交流。有些话题和内容不便公开,可以通过私信和分析沟通交流,强调私密度,保护客户隐私。

(4) 主动关注。遇到一些志趣相投的粉丝,主动关注往往会得到对方的回粉,这就是微博魅力让一群人聚拢在一起。

(5) 粉丝之间互动。设置一些粉丝间互动,激活粉丝。让粉丝通过品牌互动起来,能够有效增加活跃度。

微博营销案例

《长相思》微博互动营销

2023年8月11日,《长相思》官方微博在网盘发出小夭梅林分轨文件(图5-6),号召剧集粉丝进行二次创作,前所未见的操作成功带动剧集风评和讨论度重回高峰。该剧获得粉丝一致好评,得益于《长相思》进行的微博互动活动,剧宣不再俯视观众、邀请观众上桌互动的态度,使观众对剧集表现出越来越高的互动、讨论热情。

图5-6 电视剧《长相思》官方微博

2023年8月22日，电视剧《长相思》在微博已经累计拿下了热搜1993个，见证了全程的热门话题；同时，"#长相思#"主话题目前的阅读量已破294亿。根据微博、酷云联合呈现"微博爆款剧集"评估标准，《长相思》是今年第二部爆剧和截至目前唯一爆款古装剧。评估的指标之一是微博的全站讨论量破3000万，而《长相思》这一数据高达1.57亿。微博上的全民讨论，是《长相思》能成就爆款的关键条件。

在获得观众喜爱的基础上，《长相思》获得了传播发酵的原动力。但能够保持整个播出周期的热度、持续衍生话题，离不开微博官方号@电视剧长相思联动多个角色号形成的营销主阵地，发挥了重要作用。一方面是话题热度上的推动和引导，通过亲自下场配合玩梗、翻牌，让粉丝群体获得互动式的参与感和满足感。据统计，截至2023年8月22日，7个角色号发博文477条，粉丝214.4万，斩获话题热搜68个；加上在超话里的陪聊翻牌服务，创造了一个沉浸式的观剧环境，实现对用户观剧情绪的沉淀和放大。另一方面则作用于口碑剧粉的聚合和持续走高的话题讨论热度，为剧方创造了话题引导的空间，实现了口碑上的多次舆情扭转。微博也表现出强时效属性。通过平台热搜、超话、直播间等不同场景和工具，打造真实有效的话题孵化场。这样的互动助推了剧集营销的效果，从开播至收官，《长相思》持续创造了覆盖整个播出周期的一系列话题出圈，效率之高非常少见。

（资料来源：《剧集营销新时代，微博为〈长相思〉搭建全场景 IP 游乐园》）

七、微博矩阵账号

企业微博矩阵账号是指企业在微博平台上运营多个账号，以满足不同用户需求和实现不同营销目标的一种方式。企业微博矩阵账号的运营策略可以从以下几个方面进行考虑：

（1）明确账号定位。在运营企业微博矩阵账号之前，企业首先需要明确每个账号的定位，包括账号的目标用户、内容方向、营销目标等。只有明确了账号定位，才能制定针对性的运营策略，并有效实现营销目标。

（2）打造差异化内容。企业微博矩阵账号之间应该具有一定的差异，以满足不同用户需求。差异化内容可以从以下三个方面来打造：

第一，内容主题。不同的账号可以聚焦不同的内容主题，例如产品、服务、品牌、活动等。

第二，内容风格。不同的账号可以采用不同的内容风格，例如严肃、幽默、亲切等。

第三，内容形式。不同的账号可以采用不同的内容形式，例如图文、视频、音频等。企业可以合理利用微博平台的免费资源，并根据实际情况选择付费推广。

（3）加强账号互动。企业微博矩阵账号之间应该加强互动，以提升用户活跃度和黏性，相互带动。互动方式可以通过评论和互动等方式进行。账号要及时回复用户的评论，表现出热情和专业性，以提升用户体验。各个矩阵账号之间要经常进行转发互动以扩大影响力，以高流量账号带动低流量账号，以多粉丝账号带动少粉丝账号。矩阵账号也要开展线上线下活动，以吸引用户参与。

（4）利用数据分析。企业应该利用数据分析来了解用户行为，以优化运营策略。数据分析可以从粉丝画像、内容阅读量、互动数据等方面来进行。通过以上策略，企业可以有效运营企业微博矩阵账号，实现品牌曝光、产品宣传、活动推广等营销目标。

第四节　风险管理与未来趋势

微博的社交媒体礼仪需要注意：

（1）尊重他人。微博是一个以互动为核心的社交平台，要尊重他人，不发表冒犯性、歧视性、辱骂性等言论。

（2）文明用语。使用文明用语，避免使用脏话、粗话等。

（3）注意隐私。不要发布他人的隐私信息，保护他人隐私。

（4）不传播谣言。不传播未经证实的信息，避免造成不良影响。

（5）不发布虚假信息。不发布虚假信息，误导他人。

（6）不发布广告。不发布过多的广告信息，避免影响他人体验。

（7）注意时效性。发布内容要注意时效性，避免信息过时。

（8）避免重复发布。避免重复发布内容，避免造成信息污染。

（9）注意内容质量。发布内容要注意质量，避免发布低质量、无价值的内容。

在微博上，企业要注意以下事项：

（1）保持专业性。企业的微博账号要保持专业性，避免发布过于个人化、娱乐化的内容。

（2）注重互动。企业要注重与粉丝的互动，积极回复粉丝的评论和私信，提高粉丝的黏性。

（3）避免营销过度。企业要避免营销过度，过多的广告信息会引起粉丝反感。

（4）遵守平台规则。企业要遵守微博平台的相关规则，避免发布违规内容。

微博营销领域不断发展，未来将出现更多的趋势和机会。视频内容在微博上的受欢迎程度不断提高，未来品牌可能会更多地利用视频来传达信息和吸引用户。微博的直播功能也将继续发展，为用户提供实时互动的机会。并且，随着移动设备的普及，微博将继续推动移动化和社交购物体验。品牌可以通过微博推广产品并提供购物功能，让用户能够在微博上直接购买产品或服务。

微博将继续探索和应用新兴技术，如人工智能（AI）、虚拟现实（VR）和增强现实（AR），以提供更丰富、沉浸式的内容体验。这些技术可以帮助品牌吸引更多用户，并创造与众不同的互动体验。百度智能云曦灵是行业内首个针对电商营销场景训练专属的"营销大模型",并将该模型接入数字人直播全流程的平台,其打造的几十位带货主播已经活跃在各个直播间中。

随着对数据隐私和安全性的关注增加,微博将不断加强用户数据保护措施。品牌需要遵守相关法规和政策,确保用户数据的安全性和隐私。

本章小结

微博营销已经成为企业在数字时代建立品牌形象、提高知名度和与用户互动的重要手段。它融合了传统营销和数字营销的元素,为品牌传播开辟了新的可能性。企业可以根据品牌定位、资源与需求等因素,为自身打造合适的微博营销策略。

延伸阅读

小米微博矩阵

一般来说,企业只注册一个微博,但部分大企业为了更好地实现品牌推广、活动转化、客户服务这些具体的功能,会打造微博营销矩阵。例如在微博搜索栏中搜索小米时,出现一系列小米账号(图5-7),如小米手机、小米公司、小米、小米智能生态、小米MIX、小米电视、小米商城等。每一个账号都跟小米有关,但都承载着不同的功能。而小米的官方账号不仅仅局限于以上几个,还包括小米路由器、小米平板、小米盒子、小米手环、小米移动、小米笔记本、小米社区、小米浏览器、小米官方旗舰店、小米服务等。

小米集团的官方微博账号是其品牌形象的核心,通过发布官方新闻、产品信息、营销活动等内容,向消费者传递品牌形象、产品特点和服务理念。该账号在小米集团微博矩阵中担任着品牌传播和信息发布的核心角色。企业微博"小米公司"吸粉1374万,主要任务是分享企业文化、价值观,实现品牌推广,打造品牌IP。

小米集团的产品账号包括各种不同的产品线账号,如小米手机、Redmi、米家、小米手机、小米MIX、小米电器等。这些账号主要发布有关产品的信息、特点、评测、活动执行、销售转化和客户服务等内容,以吸引消费者的关注和购买。这些账号在小米集团微博矩阵中扮演着产品推广和营销的重要角色。

小米几位创始人的微博都有百万以上的粉丝,主要任务为跨界引流、用户调研、制造话题等。

图 5-7 小米账号微博搜索截图

小米集团的客户服务账号负责回复消费者的问题和反馈,提供售后服务和技术支持。这些账号在小米集团微博矩阵中扮演着品牌形象的维护和消费者关系管理的重要角色。粉丝运营的微博——小米之家主要任务是引导米粉参与线上、线下的活动。小米集团的生态伙伴账号主要发布有关小米生态圈内的各种智能设备、应用程序等内容,以促进小米生态圈的发展和拓展。这些账号在小米集团微博矩阵中扮演着生态圈建设和扩大的重要角色。

小米集团建立小米微博矩阵,全员参与微博。小米集团的微博矩阵从不同的角度出发,为消费者提供了全方位的信息服务和交流平台。

小米的官方微博几乎天天举办转发、抽奖活动,少数的奖品却赢来了大量的转发。小米的价格、功能及其对目标用户的定位决定了小米营销微博粉丝的数量不仅要多,同时质量要高。小米公司进行微博营销的最终目的是从它的微博粉丝身上寻找潜在的客户,获得潜在的商业利益,因此对粉丝群体的分析和定位非常重要。小米不断发起新的活动,增强微博可玩性,吸引米粉的关注,重新调动米粉的积极性。小米公司在与新浪网合作进行微博营销时,也充分利用了名人的市场号召力及其庞大的粉丝群,与名人微博进行了联合营销。在小米微博营销的过程中,主力军除了小米自身的公司微博、员工微博外,更有新浪微博平台一些粉丝众多的微博大号。通过这些账号的联动和互动,小米集团不仅向消费者传递了产品信息和服务理念,也建立了良好的品牌形象和消费者关系。

(资料来源:《小米手机微博营销深度解析》)

课后思考

1. 通过哪些渠道可以提升粉丝量?
2. 微博营销的优势是什么?
3. 微博矩阵账号对于企业的作用是什么?

扫码获取本章课件

第六章　微信营销

学习目标

1. 了解微信营销的特点
2. 掌握微信营销的工具应用
3. 掌握微信营销的常用策略

内容要点

1. 微信营销的概念
2. 微信营销的策略

课程思政

《电子商务"十三五"发展规划》明确提出，积极鼓励社交网络发挥内容、创意及用户关系优势，建立链接电子商务的运营模式，刺激网络消费持续增长。

通过对微信营销的学习，培养学生正确的价值以及职业道德和职业素养，在学会微信营销策略的同时，提高创新意识，培养工匠精神。

引导案例

构建微信私域流量，提升洽洽用户黏性

洽洽目前有"洽洽食品""周末洽洽"和"洽洽福利社"等多个公众号。洽洽食品为了提升用户黏性和增加销售，采取了社群营销策略。通过构建私域

流量，洽洽食品在社群中与消费者建立了紧密联系，并通过多种方式引导用户参与和分享，实现了口碑传播和销售增长。

洽洽食品在公众号上设置了引流入口，通过推出"0.01元"的中免单福利活动吸引用户关注。此外，还通过"个人中心"中的"添加福利官"功能，引导用户添加企微号并加入社群。此外通过小程序、视频号等多个渠道引流至洽洽社群。洽洽食品在不同渠道添加的 IP 不同，这些 IP 具有亲民化、年轻化的特点，与消费者建立情感连接。

在社群中，洽洽食品通过发布品牌故事、产品介绍、活动推广等内容，提升用户对品牌的认知度和好感度。同时，借助社群互动功能，开展抽奖、答题等活动，增加用户参与度和黏性。洽洽食品在社群中积极与消费者互动，解答疑问并提供福利。通过引导用户在社群内分享购物体验和评价，实现口碑传播和品牌传播。此外，还鼓励用户在社群内发布原创内容，增加社群活跃度和用户黏性。洽洽食品通过对社群数据的分析，了解用户需求和喜好，优化产品和服务。根据用户在社群的互动数据和反馈意见，调整产品定价、促销策略等，提高销售业绩和用户满意度。

通过构建私域流量和社群营销策略，洽洽食品实现了与消费者的紧密联系和高效互动。通过发布优质内容、开展互动活动以及引导口碑传播等手段，提升了用户黏性和品牌认知度。同时，借助数据分析不断优化产品和服务，实现了销售业绩和用户满意度的提升。

（资料来源：根据洽洽多个公众号编写）

第一节 微信营销概述

微信营销是指品牌和企业利用微信平台，通过发布有关产品、服务、品牌或相关话题的内容，以吸引用户、建立用户关系、提高知名度、促进销售和实现营销目标的过程。

一、微信营销的作用

1. 品牌建设和形象传播

微信营销是品牌建设的重要组成部分。通过发布有关品牌文化、价值观、故事和使命的内容，品牌可以更好地向用户传达自己的形象和定位。微信提供了一个平台，品牌可以展示自己的独特性，吸引用户的注意力，塑造积极的品牌形象。微信拥有庞大的用户基础，通过微信营销，品牌可以快速提高曝光度，让更多的人了解品牌。与传统广告媒体相比，微信可以更精准地定位用户，提高曝光效果。

例如，阿迪达斯在微信上积极开展品牌建设活动，包括发布有关运动、健康、时尚等相关内容。他们与体育明星合作，举办线上活动，吸引用户参与。通过微信，阿迪达斯成功建立了与用户的互动。

2. 用户互动和参与

微信营销鼓励用户参与和互动。通过发布引人入胜的内容、提出问题、举办投票和竞赛等活动，品牌可以促使用户与其互动，提高用户参与度。微信提供了丰富的互动机会，这种互动可以帮助品牌更好地了解用户的需求和反馈，品牌可以与用户建立更紧密的联系。通过积极的互动和参与，品牌可以提高用户的忠诚度，建立品牌信任，提高用户满意度。

3. 信息传播和宣传

微信是信息传播的重要平台，品牌可以通过微信传播最新的产品信息、促销活动、重要新闻和事件。微信的信息传播速度快，有助于将信息快速传递给用户，扩大影响力。

4. 销售和转化

微信营销不仅仅是品牌建设和知名度提升，还可以直接促进销售。品牌可以在微信上推广产品、提供购物链接、举办促销活动，引导用户进行购买行为。微信上的购物功能也为品牌提供了直接销售的渠道。通过数据分析，品牌可以追踪销售转化率，评估营销活动的效果。

5. 数据驱动决策

微信提供了丰富的数据分析工具，品牌可以根据数据结果进行决策。数据驱动的决策使品牌能够更好地了解用户的需求和行为，优化营销策略，以提供更有价值的内容和更好的用户体验。数据分析还可以帮助品牌更好地追踪广告和营销活动的效果，确保投资得到充分回报。

例如小米手机的微信营销策略主要包括以下三个方面：

（1）内容营销。小米手机在微信公众号上发布大量原创内容，包括产品介绍、技术解析、使用技巧、用户体验等，以吸引用户关注。小米手机还与 KOL 合作，创作高质量的视频、直播等内容,以扩大影响力。

(2)活动营销。小米手机经常在微信上举办各种活动,例如抽奖、免费试用、限时抢购等,以吸引用户参与。小米手机还会根据用户需求,推出个性化的活动,以提升用户体验。

(3)服务营销。小米手机在微信上提供售前售后服务,以提升用户满意度。小米手机还会建立用户交流群,以听取用户意见,并提供解决方案。

二、微信营销的特点

微信营销具有一些不同于传统营销方法的特点,了解这些特点对于制定成功的微信营销策略至关重要。

1. 社交性

微信是一个社交媒体平台,用户之间可以实现轻松的互相联系和互动。微信营销更强调与用户建立真实、亲近的社交关系,而不仅仅是单向传播信息。

2. 多样化的内容形式

微信支持多种内容形式,包括文字、图片、视频、语音、小程序等。品牌可以根据目标用户的兴趣和行为选择不同的内容形式,以提供更丰富的信息和互动。

3. 定向传播

微信提供了精准的定向传播功能,品牌可以根据用户的性别、年龄、地理位置等信息,将内容精确地传递给目标用户,提高传播效果。

4. 个性化互动

微信营销强调个性化互动,品牌可以根据用户的行为和偏好,提供个性化的推荐内容、服务和优惠。这种个性化互动有助于提高用户满意度和忠诚度。

5. 私密性与用户信任

微信的信息传递是相对私密的,用户更愿意与亲朋好友、信任的品牌互动。因此,品牌需要赢得用户的信任,建立起长期稳定的互动关系。

6. 数据分析和优化

微信提供了丰富的数据分析工具,品牌可以跟踪用户互动、阅读量、点击率等关键指标,了解用户的行为和反馈。这些数据有助于评估营销活动的效果,并根据数据结果进行优化和调整。

三、微信营销的成功要素

要实现成功的微信营销,品牌需要考虑一些关键要素。

1. 目标明确

品牌应该明确制定微信营销的目标,这些目标应该具体、可衡量、可达成,并与品牌的总体营销目标一致。不同的目标可能需要不同的策略和指标来衡量。

2. 用户分析

了解目标用户是成功微信营销策略的关键。品牌需要深入了解用户的兴趣、需求、喜好和行为模式。通过用户分析,品牌可以更好地定制内容,以满足用户的需求。

用户数据可以通过微信平台获取。微信平台提供的用户数据,如性别、年龄、地区、关注标签等。用户在微信公众号、微信小程序等平台上的行为数据包括阅读量、点赞量、转发量,还包括用户在线调查、问卷调查等。

用户分析可以帮助企业了解用户的基本特征,如性别、年龄、地区等,可以了解用户的行为习惯,如阅读内容、点击链接的情况、参与活动的情况等,还可以了解用户的兴趣爱好,如关注的主题、喜欢的品牌等。

3. 内容策略

制定多样化的内容策略非常重要。品牌可以考虑发布产品介绍、幕后花絮、用户故事、品牌故事等各种类型的内容,以吸引不同类型的用户。内容应该与品牌形象和用户需求保持一致。品牌输出内容要坚持原创,原创内容能够让你的微信营销更加有吸引力,更容易获得用户的关注。

内容与用户的兴趣相关,则能够引起用户的共鸣;内容具有一定的创意和趣味性,则能够吸引用户的注意力;内容具有一定的实用性,则能够给用户带来价值。企业可以充分利用微信平台的优势,如图片、视频、直播等,打造高质量、有创意的内容,以吸引用户关注。

4. 互动和参与

创造互动性的内容可以鼓励用户参与。品牌可以提出问题、发起投票、组织问答活动,与用户建立更密切的互动关系。积极回应用户的评论和问题也是互动的关键。品牌要策划有趣的活动,吸引用户参与,提高用户活跃度。

5. 数据分析和优化

品牌应该利用微信提供的数据分析工具,不断跟踪关键指标,评估营销活动的效果。基于数据分析的结果，品牌应该不断优化微信营销策略和营销内容。

6. KOL 合作

与知名的意见领袖（KOL）合作可以帮助品牌扩大曝光度和影响力。选择合适的 KOL 合作伙伴，并与他们建立良好的合作关系是成功微信营销的重要一步。企业可以选择与具有影响力、与产品定位相契合的 KOL 合作，以提升活动效果。特别是在当下自媒体发展成熟的环境下，KOL 可以帮助品牌吸引更多的关注和信任，扩大品牌的用户群体。

7. 定期更新和维护

微信内容需要定期更新和维护，以保持用户的兴趣和互动。品牌应该确保持续提供有价值的信息和娱乐，不断满足用户的需求。品牌更新的频率也会影响到其对用户的吸引。

四、微博营销与微信营销的区别

微博营销和微信营销都是利用社交媒体平台来进行营销活动，但两者之间存在着一些关键区别，主要体现在以下四个方面：

1. 平台属性

微博是一种开放的平台，任何用户都可以注册并发布内容，因此微博营销的传播范围更广，更适合于品牌曝光和产品宣传。微信则是一个封闭的平台，用户只能看到自己关注的人发布的内容，因此微信营销的传播范围更窄，但用户黏性更高，更适合于私域流量运营。

2. 用户属性

微博用户以年轻人为主，他们对新鲜事物接受度高，更愿意参与社交互动。微信用户则更加注重实用性，更愿意关注与自己生活相关的内容。微信是精准的人群覆盖，关注者为高黏性用户。微博是基于兴趣的关注，黏性普遍偏低。微博面向所有粉丝广泛覆盖，传播是开放性的，微博用户间则是基于兴趣、爱好、行业属性、观点、时间等形成的微弱关系。微信用户间是亲朋好友生活工作等比较紧密的真实关系。

3. 营销方式

微博营销的常见方式包括以下三种：

（1）发布原创内容。通过高质量的内容吸引用户关注，并引导他们参与互动。

（2）参与热点讨论，在热点话题中发表自己的观点，以提升品牌知名度。

(3) 与KOL合作,选择具有影响力的KOL合作,借助他们的粉丝来传播产品信息。

微信营销的常见方式包括以下三种:

(1) 朋友圈营销。通过朋友圈发布产品信息和优惠活动,以触达用户。

(2) 社群营销。创建微信群或微信小程序,与用户建立更深层次的联系。

(3) 公众号营销。通过微信公众号发布图文、音频、视频等内容,以吸引用户关注。

微信里对信息的转发只能发生在自己的小范围的朋友圈内,而不能转发给大范围的公众账号的受众,这极大降低了信息的扩散宽度。微信更强调与用户的互动深度,而微博则强调更长的传播链条,更多的转发,更多的粉丝覆盖。

4. 适用场景

微博营销和微信营销由于平台客户基础不同,平台功能和运营方式不同,其适合场景也有细微区别,见表6-1。

表6-1 微博微信营销适用场景

平台	场景	方式
微博	品牌曝光	通过微博发布高质量的内容,提升品牌知名度
	产品宣传	通过微博参与热点讨论和与KOL合作,扩大产品影响力
	活动推广	通过微博发布活动信息和优惠活动,吸引用户参与
微信	私域流量运营	通过朋友圈、社群、公众号等方式,建立与用户的强关系
	产品销售	通过朋友圈、公众号等方式,向用户推销产品
	客户服务	通过朋友圈、公众号等方式,为用户提供售前售后服务

微博营销和微信营销各有优势和劣势,企业在选择合适的营销方式时,需要根据自身的目标和定位来进行综合考虑。

五、未来趋势

微信营销领域不断发展,未来将出现更多的机会。以下是一些可能的未来趋势:

1. 视频内容

视频内容在微信上的受欢迎程度不断增加,未来品牌可能会更多地利用视频来传达信息和吸引用户。微信的视频功能将继续发展,为用户提供更丰富的内容体验。

2. 移动电商整合

微信已经在电子商务领域取得了重大进展,未来品牌可能会更多地整合电子商务功能。微信小程序也将继续发展,为品牌提供更多的销售渠道。微信将进一步完善生活服务功能，为用户提供更加便利的生活服务。用户可以在微信上进行支付、购物、出行、娱乐等活动，享受一站式服务。

3. 社交属性

社交属性将更加突出。社交属性是微信的核心优势，在未来，社交属性将更加突出。微信将进一步加强社交功能，为用户提供更加丰富的社交体验。社交广告将继续在微信上崭露头角。品牌可以通过社交广告将产品和服务推荐给潜在客户，并可利用微信的精准定向功能来提高广告效果。

4. 人工智能和机器学习

微信可能会越来越多地应用人工智能和机器学习技术，以提供更个性化的用户服务和体验。自动回复、智能客服和个性化推荐将成为微信营销的一部分。

5. 数据隐私和安全性

随着对数据隐私和安全性的关注增加，微信将不断加强用户数据保护措施。品牌需要遵守相关法规和政策，确保用户数据的安全性和隐私。

第二节 微信的功能

微信账号有多重分类，如公众号、个人号、社群账号、视频号、小程序等。

微信为品牌提供了丰富多样的营销功能，以帮助品牌更好地利用微信来建立在线关系，吸引受众，提高知名度，促进销售。

一、文字和图片发布

微信支持文字和图片的发布，品牌可以通过发布有关产品、服务、行业动态、品牌文化等内容来吸引用户。这是微信营销最基本的功能之一。

二、视频分享

微信的视频分享功能使品牌可以上传和分享各种类型的视频内容，包括宣传片、产品演示、用户故事、品牌活动等。视频是一种强大的内容形式，可以更好地吸引用户的注意力。

三、语音消息

品牌可以使用语音消息功能来与用户建立更亲近的联系。这种功能可以用于发布语音信息、回答用户问题、提供服务等。

四、微信公众号

微信公众号是企业和品牌的官方账号，可以用来发布文章、新闻、故事等长文本内容。公众号还提供了自定义菜单、粉丝互动、留言评论等功能，可以实现各种功能，如购物、支付、社交等，有助于品牌与用户建立更深层次的联系。微信公众号的营销效果主要体现在品牌传播和用户教育方面。

微信公众号功能相对简单，主要包括发布图文、视频、音频、小程序、H5、投票、互动等。微信公众号的功能定位是内容发布，主要用于向用户发布信息和内容。微信公众号适合于品牌曝光、产品宣传、活动推广等场景。

（1）品牌曝光。通过微信公众号发布高质量的内容，提升品牌知名度。

（2）产品宣传。通过微信公众号发布产品信息和优惠活动，扩大产品影响力。

（3）活动推广。通过微信公众号发布活动信息和互动活动，吸引用户参与。

在数字化热潮下，数字藏品平台犹如雨后春笋般涌现。基于腾讯推出了数字藏品交易平台——腾讯幻核，Burberry 于 2021 年 8 月推出了数字藏品售卖平台，这也是首家在腾讯生态发布数字藏品的奢侈品品牌。小程序、公众号、企业微信等腾讯生态的多形态表达贯穿了 Burberry 整个活动的前中后期，在活动开始前，腾讯广告在朋友圈通过信息流广告以及腾讯惠聚名品的首屏内容广告释放了活动信息，实现了活动的前期预热宣传；在展览期间，通过展品旁边的二维码，一键解锁语音导览、探索品牌设计灵感，并将线下活动带来的流量整合到 Burberry 的线上社交零售小程序中；而在参观展览后，还可以通过腾讯幻核打造的 H5 页面于社交零售小程序内直接领取 Burberry 的数字藏品，实现了整体活动的营销闭环，也实现了营销效果的最大化。

"上海大众汽车"微信公众平台专门设置了一个"车型鉴赏"功能版块，在这个版块中，粉丝可以查看大众品牌下各种款型的汽车产品。粉丝点击"车型鉴赏"菜单后，就可以进入"车型选择"页面。该页面会默认展示大众品牌下的最新车型，粉丝只要点击想要了解的相应车型图片，就可以进入相应车型的鉴赏页面，详细地了解该车型的各方面参数。这种从外形到详细参数、具体报价的最全面、最权威的展示和介绍，极大地提升了粉丝的体验感。在具体车型的鉴赏页面中，还有"申请试驾"选项，假如粉丝对这款车型比较感兴趣，则可以点击"申请试驾"，进入"申请试驾"页面，填写完资料以后点击"提交"按钮，就可以申请相应车型的试驾了。这种"鉴赏—试驾"模式极大地提升了粉丝的鉴赏体验，增加了和粉丝之间的互动，拉近了和粉丝之间的距离。粉丝关注"上海大众汽车"微信公众号后，不仅可以查看该品牌下相应车型的参数和报价、申请试驾，还能从该平台获得 LBS 快捷定位附近 4S 店的功能支持。在点击"便捷服务"中的"附近 4S 店"选项，弹出提示信息后，粉丝可以点击"上海大众汽车"微信公众平台左下角"键盘"图标，点击"+"键，再点击"位置"图标，发送"位置"信息，之后便能找到距离最近的该品牌 4S 店。通过这项功能，粉丝可以快速地找到距离自己最近的大众汽车 4S 店，为自己的爱车进行各种保养服务，从而大大提升自己的体验感。

五、微信小程序

微信小程序是一种轻量级应用程序，可以在微信内部运行。品牌可以使用小程序来创建在线商城、提供在线服务、推广活动等。小程序具有快速加载和用户友好的特点，适用于各种场景。微信小程序的功能定位是应用，主要用于为用户提供各种服务。

（1）产品销售。通过微信小程序实现产品的在线销售。

（2）服务提供。通过微信小程序提供各种服务，如订餐、预约、出行等。

（3）会员管理。通过微信小程序进行会员管理，提升用户体验。

面对愈加激烈的公域流量竞争，越来越多的品牌开始注重私域流量建设，通过搭建小程序，打造丰富的线上渠道和玩法，和用户产生更深度、更长效的互动和链接，持续进行品牌价值观输出，利用创意营销驱动消费者持续购买形成闭环，将品牌消费者真正变成品牌粉丝。

为了让更多可口可乐消费者转化为小程序粉丝，可口可乐集团推出"可口可乐粉丝节"营销 IP，通过"积分兑换"的核心机制，让消费者通过揭盖扫码累计积分，直接来到"可口可乐吧"小程序换购权益，每年作为固定开启日，以此来培养用户进行小程序日常互动的心智，让粉丝能够在小程序上留存下来，建立专属可口可乐粉丝的长期阵地。超过 160 万人次访问可口可乐粉丝节元宇宙街区，超 2 万用户绑定"可口可乐吧"小程序，超 5 万次合影在元宇宙街区中发生，在虚拟街区与粉丝碰撞出无限快乐；而当 2022 年结束，6 小时群星云集、快乐无限的音乐跨年嘉年华，直播累计观看人数 3.29 亿。

2023 年 9 月初瑞幸咖啡上线酱香拿铁跨界新品，在小程序首页可以看到有新品广告，同时还有通道可以进入优惠通道和购买页面（图 6-1）。由于产品收到消费者的狂热欢迎，每天一上线便很快售罄。

微信公众号营销和微信小程序营销都是利用微信平台进行营销的手段，但两者

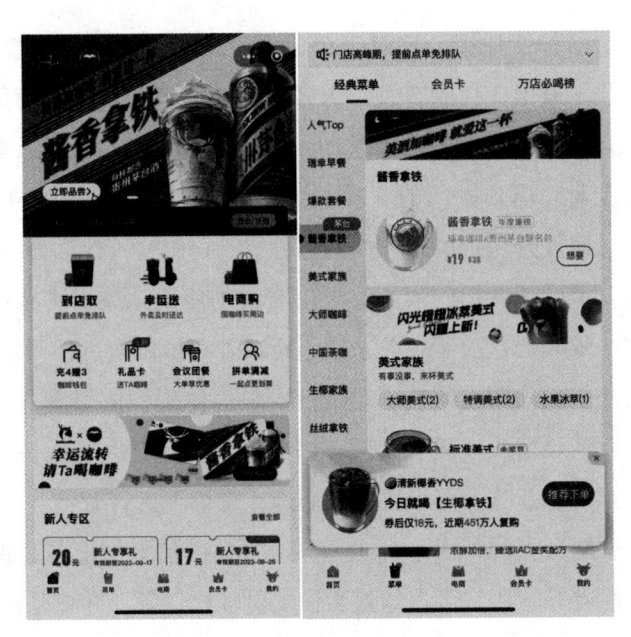

图6-1 瑞幸咖啡小程序

在定位、功能、效果等方面存在一定的差异。

微信公众号定位于内容营销,主要用于发布图文、视频、音频等内容,以吸引用户关注,并通过内容来实现营销目的。微信小程序定位于服务营销,主要用于提供产品或服务,以满足用户需求,并通过服务来实现营销目的。

微信公众号功能相对简单,主要包括发布图文、视频、音频、小程序、H5、投票、互动等。微信小程序功能丰富,可以提供丰富的服务,如商品购买、订单管理、售后服务、线上活动等。

微信公众号的营销效果主要体现在品牌传播和用户教育方面。微信小程序的营销效果主要体现在产品销售和用户服务方面。

微信公众号适合于需要进行内容营销的企业,例如媒体、教育、咨询等企业。微信小程序适合于需要提供服务的企业,例如电商、O2O、旅游等企业。

六、微信支付

微信支付是微信的在线支付功能,品牌可以通过微信支付接受付款,这对于电子商务和在线销售非常重要。

自2013年上线以来,微信支付这一移动支付服务迅速普及,成为中国市场最受欢迎的移动支付方式之一。微信支付的普及,对微信营销产生了深远的影响。

微信支付提升了微信营销的转化率。微信支付的普及,使得用户在微信上购买商品或服务变得更加方便快捷。这对于企业来说，意味着用户在看到营销信息后，更有可能进行转化。微信支付的普及，为微信营销提供了更多的可能性。企业可以通过微信支付来开展各种各样的营销活动，例如抽奖、团购、秒杀等。微信支付的使用，可以促进企业与用户之间的互动。企业可以通过微信支付来开展促销活动，鼓励用户参与，从而提升用户的参与度和黏性。

微信支付降低了微信营销的成本。微信支付的使用，减少了企业对现金、刷卡等传统支付方式的依赖。这对于企业来说，意味着在微信上进行营销可以降低成本。

微信支付提高了微信营销的效率。微信支付的使用，使得企业可以更加快速地完成交易，提高营销效率。增强了微信营销的安全性，可以有效保障用户的支付安全。这对于企业来说，意味着可以更加安心地在微信上进行营销。

美团外卖是中国最大的外卖平台之一，经常在微信上推出各种促销活动，包括满减、折扣、优惠券等。用户可以通过微信支付轻松订餐，并享受优惠。

七、朋友圈

微信的朋友圈是一个社交功能，于微信4.0版本2012年4月19日更新时上线，用户可以通过朋友圈发表文字和图片，也可以同时通过其他软件将文章或者音乐分享到朋友圈。微信朋友圈广告是基于微信生态体系，以类似朋友的原创内容形式在用户朋友圈进行展示的原生广告。通过整合亿级优质用户流量，朋友圈广告为广告主提供了一个国内独一无二的互联网社交推广营销平台。

企业微信还可以通过朋友圈进行营销，朋友圈是初次成为好友最能展现自我的地方。所以朋友圈的内容一定要有吸引力和价值，比如福利内容、活动预热（最好能在评论区附上活动或福利链接）。同时要塑造朋友圈人设，比如企业举办的公益活动、节日祝福等。同时朋友圈的发布时间也不能过于频繁，避免刷屏。

吸引消费者到实体店是星巴克的最终业务目标，而实现这一目标的最有效方法之一就是分发商店优惠券。随着微信支付成为最受欢迎的支付方式之一，分发优惠券变得前所未有的轻松。在圣诞节期间，星巴克在短片中发起了以微信公众号为主题的限量版圣诞节主题红色咖啡杯微信广告。在用户点击广告后，会向他们提供星巴克圣诞节特别优惠券，优惠券将自动转移到用户微信钱包中。

微信提供了精准的定向传播功能，品牌可以根据用户的性别、年龄、地理位置、手机相关（品牌型号、手机系统及联网环境）、婚恋情况、学历、兴趣标签（商业兴趣/App兴趣）等信息，将内容精准地传递给目标用户，提高传播效果。微信支持自由选择地级市以上城市用户进行定向，相关数据来源于用户近一个月的常用地点信息。微信也支持投放给近段时间内有过一切互动行为的用户，包括一个月内取消关注的粉丝。

八、视频号

微信视频号是目前热门的短视频平台之一，但是只制作好的视频并不足以把账号快速做起来，运营推广是必不可少的。微信公众号是微信生态圈中最重要的一部分，也是推广视频号的最佳途径之一。品牌可以运用公众号分享视频号，让更多的用户看到视频号。品牌还可以将视频分享到微信社群中，用户看到后可以关注到品牌的视频号。利用微信小程序推广视频号，创建视频号相关的小程序页面，并分享到朋友圈或群聊中。通过在微信小程序上推广视频号，可以增加视频内容的曝光率，提高用户的观看量。

第三节　微信营销策划

一、微信营销策划步骤

微信营销策划是一个系统性的过程，涉及多个步骤。营销策划的主要步骤如下：

1. 设定目标

策划的第一步是明确目标。品牌需要确定在微信上的营销目标，例如增加粉丝数、提高用户互动、促进销售等。这些目标应该是具体、可衡量的。微信营销的目标可以分为短期目标和长期目标。短期目标可以是提高公众号粉丝量、增加产品销量等；长期目标可以是提升品牌知名度、建立品牌形象等。

2. 目标用户分析

了解目标用户是成功策划的关键和基础。品牌需要深入了解用户的特征、兴趣、需求和行为模式等，从而制定针对性的营销策略。这些可以通过市场调研、用户调查和数据分析来实现。

3. 制定内容策略

内容是微信营销的核心。企业需要基于对目标和目标用户的分析，策划有创意、有价值的内容，吸引用户的关注，包括确定发布的内容类型、频率、形式和风格。内容可以包括图文、视频、音频、直播等，内容策略应该与品牌形象和用户需求保持一致，打造高质量、有创意的内容，以吸引用户关注。

4. 渠道选择

微信营销渠道有很多，企业需要根据目标用户的使用习惯，选择合适的微信营销渠道，如公众号、小程序、朋友圈广告等。

5. 互动计划

互动是微信营销的重要组成部分。品牌应该制订互动计划，包括提出问题、发起投票、组织问答活动等方式来鼓励用户参与。互动计划应该与内容策略相结合，以提供有吸引力的互动体验。

6. 时间表和预算

策划中需要确定时间表和预算。时间表包括发布内容的时间、互动活动的时间等。预算涉及内容制作、广告投放、KOL 合作等费用的预估。

7. 数据分析和优化

一旦营销活动开始，品牌需要不断地跟踪和分析数据，评估活动的效果。企业需要搜集相关数据，如粉丝量、阅读量、转发量、点赞量等，并进行分析，了解营销效果。通过数据分析，了解微信营销的效果，并进行调整和优化。

二、微信营销策划的关键成功因素

成功的微信营销策划不仅需要制定策略，还需要考虑一些关键因素，以确保策划的成功。

1. 创新性

微信是一个创新性很强的平台，品牌需要不断尝试新的内容形式和互动方式。创新性的内容和活动可以吸引用户的关注和参与。原创内容能够让品牌的微信营销更加有吸引力，更容易获得用户的关注。

2. 一致性

品牌形象和内容策略应该保持一致。一致的品牌形象可以帮助用户更容易地识别品牌，并建立信任感。品牌也应根据用户的兴趣爱好和需求，创作与用户需求一致的内容。

3. 互动性

互动是微信营销的关键。品牌需要积极与用户互动，回应用户的评论和问题，提高用户参与度。互动可以建立用户忠诚度和品牌信任。品牌也可以策划有趣的活动，吸引用户参与，提高用户活跃度。通过使用热门话题可以提高微信营销的曝光度和互动率。

4. 数据驱动

数据分析是微信营销策划的重要组成部分。品牌需要不断地分析数据，评估活动的效果，并根据数据结果进行优化和调整。例如，2022年GUCCI通过调整线上渠道的投放策略，加强微信生态的建设活动。活动数据分析如下：

（1）销量增长。2022年GUCCI微信小程序端销售额同比2021年增长超400%。

（2）ROI提升。微信效果渠道整体投入产出比超1∶2，同比2021年提升超过150%。

（3）流量成本下降。通过上述一系列的优化运营与提效，GUCCI微信端点击成本同比2021年下降35%，小程序站内访客成本同比下降52%。

（4）品牌资产提升。通过投放腾讯三方人群和一方人群自动扩量，GUCCI在一方人群的累积上有明显提升，截止到2022年第四季度，GUCCI一方人群资产规模与年初第一季度相比提升了103%。

（5）用户心智提升。根据腾讯广告RACE数据显示，GUCCI对用户心智的影响提升明显，截止到2022年11月中旬，用户心智份额在奢侈品行业中排名第一，占比近20%。

第四节　微信营销策略

一、微信裂变

微信裂变传播是一种利用社交网络进行营销的策略，通过用户之间的分享和传播来扩大品牌或活动的影响力。这种传播方式可以帮助品牌快速扩大受众群体，增加知名度，提高用户参与度，促进销售。

微信裂变是指通过分享机制来快速扩大用户规模的一种营销方式。要想成功实施微信裂变，需要创建有吸引力的内容，激励用户分享，设定分享规则，并且检测和追踪。

1. 创建有吸引力的内容

内容是裂变的基础，只有有吸引力的内容才能激发用户分享的欲望。在创建内容时，需要注意以下几点：首先，内容要与用户的兴趣相关，能够引起用户的共鸣；其次，内容要具有一定的创意和趣味性，能够吸引用户的注意力；最后，内容要具有一定的实用性，能够给用户带来价值。

2. 激励用户分享

用户分享的目的是获得利益，因此需要对用户进行激励。常见的激励方式包括提供优惠券、折扣等福利，抽奖、积分等奖励，限时抢购、免费试用等机会。

3. 设定分享规则

分享规则是裂变的核心，它决定了用户分享的数量和质量。在设定分享规则时需要注意：首先，规则要简单明了，容易理解和执行；其次，规则要具有一定的挑战性，能够激发用户分享的欲望；最后，规则要可量化，能够进行检测和追踪。

4. 检测和追踪

要想了解裂变活动的效果，需要对活动进行检测和追踪。常见的检测和追踪方式包括统计分享数量、点击数量、转化率等数据，分析用户画像、了解用户的行为，利用数据分析工具对活动进行深入分析。可以在公众号、个人号、微信群、小程序里转发和推荐，但是都需要用户强制分享才能享受福利。对于公众号、个人号、微信群而言，主要是海报或图文，需要通过截图来证明用户分享成功，而小程序则是分享小程序本身。

肯德基在微信公众号上发布大量原创内容，以吸引用户关注；还会与 KOL 合作，创作有趣的视频、漫画等内容，以提升品牌形象。肯德基经常在微信上举办各种活动，以吸引用户参与；还会根据节日、热点等，推出针对性的活动，以提升品牌影响力。肯德基在微信上提供订餐服务，以方便用户下单；还会提供积分兑换、会员卡等服务，以提升用户体验。

二、码云活码

码云活码是码云推出的一款智能化的 H5 页面制作工具，其主要功能就是让企业在拥有自己的品牌风格和营销策略的同时，更好地实现线上推广。借助活码，企业可以快速制作出酷炫的 H5 活动页面，将产品宣传、活动策划、营销推广等各项内容完美呈现。

1. 码云活码的优点

（1）云端制作。码云活码是云端制作的，随时随地都可以编辑和调整。用户可以通过电脑、手机、平板等设备随时随地登录码云活码平台，编辑和调整 H5 页面的内容。

（2）功能丰富。码云活码支持多种类型的内容，包括图文、视频、音频、直播等，企业可以根据自身的需求，灵活选择合适的内容。

（3）操作简单。码云活码的操作非常简单，易于上手。用户只需拖拽、调整等方式，即可轻松制作出 H5 页面。

（4）数据分析。码云活码提供详细的数据分析报告，企业可以通过数据分析，了解 H5 页面的效果，并进行调整和优化。

2. 码云活码的作用

（1）提升品牌知名度。企业可以通过活码制作精美的 H5 页面，展示企业的产品、服务、文化理念等，从而提升品牌知名度。

（2）提高产品销量。企业可以通过活码开展营销活动，吸引用户参与，从而提高产品销量。

（3）加强与用户的互动。企业可以通过活码提供用户服务，加强与用户的互动，提升用户体验。

总之，码云活码是一款非常实用的线上营销工具，其能够帮助企业更好地实现线上推广，提升营销效果。

三、企业微信矩阵账号

微信矩阵是一个特定类型的同级微信公众号的集合，根据不同的目标用户或服务功能，在微信平台布局多个账号，用以增加粉丝量，提高品牌曝光度。

1. 产品矩阵账号

企业可以根据不同的产品或服务，创建不同的账号，针对不同的用户群体进行运营。例如，一家家电企业可以创建一个主账号，用于发布企业新闻、品牌活动等内容；还可以创建多个子账号，分别针对不同产品或服务的用户群体进行运营。

2. 服务矩阵账号

企业可以根据不同的客户服务需求，创建不同的账号，提供不同的服务。例如，一家汽车企业可以创建一个主账号，用于发布企业新闻、产品信息等内容；还可以创建一个服务账号，用于提供售前咨询、售后服务等。

3. 活动矩阵账号

企业可以根据不同的活动主题，创建不同的账号，进行活动宣传和互动。例如，一家旅游企业可以创建一个主账号，用于发布企业新闻、旅游资讯等内容；还可以创建一个活动账号，用于宣传和互动。

企业可以根据自身需要，选择合适的企业微信矩阵账号运营策略。

品牌实例

2021年12月，刚成立两年的徕芬销售额仅700万元，而2022年9月销售额已逼近10亿元。2022年"618"大促活动期间全网销售额更是达到1.67亿元，"霸榜"各大主流电商平台吹风机品类的第一名。它是如何布局？如何与消费者建立更深层次的联系，持续有效地提升品牌形象，获得增长？

徕芬主要在线上建立以微信为核心的私域矩阵，在公众号、视频号、小程序均建立了私域引流渠道，见图6-2。另外在抖音、小红书、微博等平台上都进行了不同程度的私域运营或电商转化。

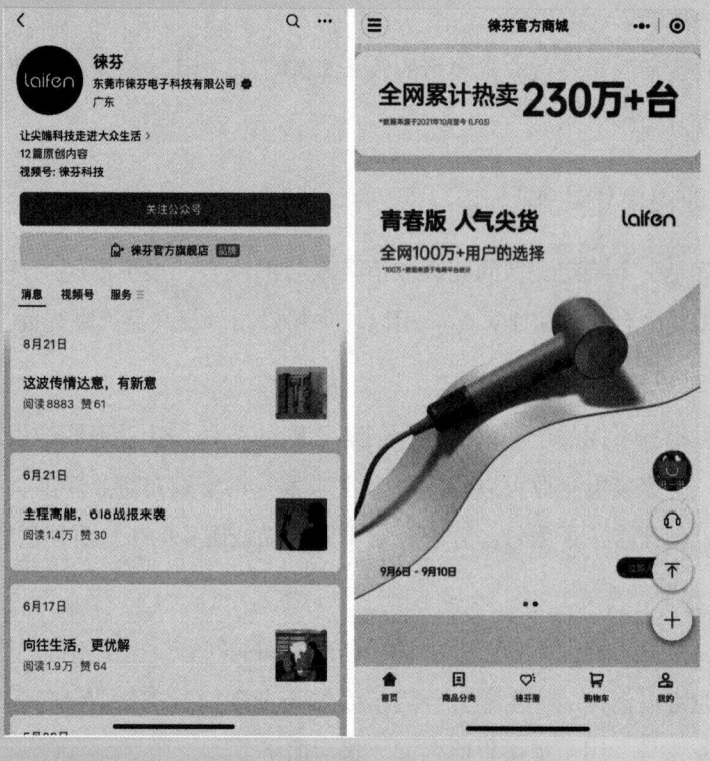

图6-2 徕芬微信公众号和小程序

> 关注徕芬官方公众号后,即可收到"徕芬福利官"企业微信二维码,通过福利引导用户添加,再进一步引导添加社群。在徕芬的小程序徕芬官方商城,首页和我的页面中都设置了私域触点,添加福利官即可进入社群。徕芬在视频号主页设置了添加微信入口,用户点击可添加福利官小徕;另外在首页点击宠粉福利会跳转到小程序添加福利官杰子,再引导用户入福利群。徕芬通过企业微信建立用户与私域的链接,每一位员工微信都成为对外输出的窗口。朋友圈内容发布时间不固定,主要为产品种草、活动推广、社群引流等内容。

四、内容营销

内容营销是微信账号运营的重要组成部分,通过发布高质量的内容,吸引用户关注,并提高用户黏性。在内容营销中,可以关注以下几个方面:内容可以通过图文、视频、音频等形式来发布,以满足不同用户的喜好;内容要具有一定的创意和趣味性,能够吸引用户的注意力。另外,内容要具有一定的实用性,能够给用户带来价值。

五、活动营销

活动营销可以帮助企业与用户建立联系,提升用户体验,并促进粉丝增长。在活动营销中,可以关注以下几个方面:活动可以通过抽奖、赠品、限时优惠等形式来开展;活动的奖品要具有一定的吸引力,能够吸引用户参与;活动规则要简单明了,易于理解和执行。

1号店把游戏的形式结合到微信活动推广中来。1号店在微信中推出了"你画我猜"活动,活动方式是用户通过关注1号店的微信账号,1号店每天会发一张图片给订阅用户,然后用户可以发答案参与这个游戏。如果猜中图片答案并且在所规定的名额范围内就可以获得奖品。

招商银行发起了微信"爱心漂流瓶"的活动。微信用户用"漂流瓶"功能捡到招商银行的漂流瓶,回复之后招商银行便会通过"小积分,微慈善"平台为自闭症儿童提供帮助。有媒体统计,在活动期间,用户每捡十次漂流瓶基本上有一次会捡到招商银行的爱心漂流瓶。

洛阳文旅局短视频纪录片通过美食传递城市信息,打造城市品牌,将轻快的画面配以诙谐的讲解制作,更具传播性。利用微视短视频平台进行社交传播,输出3

分钟内竖版短视频,增加用户沉浸式的体验,见图6-3。节目精选15个洛阳特色小吃,以美食为主,多场景深挖人物故事,通过市井小吃,体现城市的浓厚历史文化和现代都市百态。节目内外互动创新,节目通过腾讯视频与微视双端播出,邀流量明星代言,带动粉丝经济,推动洛阳美食出圈。另外,通过微博线上话题互动,发起排队小吃挑战赛,引起全网各地排队小吃,打卡互动,同时发起全网美食锦鲤达人挑战赛,将项目再次推向高潮。朋友圈节目上线宣发,深度触达美食、旅游兴趣类客群,同时落地页跳转视频集合页,让网友关注更新进度的同时一览洛阳美食。截至《排队小吃》第一季收官,实现全网播放量越过7000万,让洛阳地道美食和城市文化走向全国、吸引全民关注。

图6-3 精彩洛阳内容营销

六、社交营销

社交营销可以帮助企业扩大影响力,并促进粉丝增长。在社交营销中,可以关注以下三个方面:社交媒体的选择,可以根据企业的目标用户来选择合适的社交媒体。社交内容的发布,要定期发布高质量的内容,以吸引用户关注。社交互动的开展,要积极与用户进行互动,以提升用户体验。

资生堂集团在2021年与腾讯达成战略合作,在大力发展资生堂小程序基建的同时,借助腾讯全域流量将优质的人群资产沉淀到品牌私域,实现品牌与效果的长期经营。7月底至8月初,以品牌私域为起点,通过新粉福利发起社交裂变,为周年庆事件造势。资生堂品牌私域联动全国超过300个社群,发起150周年庆典专属拼团活动,借助微信生态熟人社交的特点,在品牌拥趸的熟人圈发起福利拼团,迅速扩大周年大事件营销的影响力。商业流量创意曝光,品效合一沉淀转化心智。借助品牌代言人影响力和创新广告形式,吸睛传递周年庆主题"万美资生",让品牌精神深入人心。曝光人群效果追投,临门一脚帮助品牌意向人群沉淀私域,领取优惠券。微信生态多形式内容种草,引导更多用户预约资生堂周年庆直播。朋友圈、视频号、社群等公私域多触点联动,引导用户进入视频号直播间,联动明星和KOL连续5天与直播间观众以脱口秀、明星访谈等形式进行趣味互动,烘托直播间氛围,助力品牌小程序生意转化。

以优质明星/创意内容让品牌声量在微信全域爆发：创意内容引爆话题传播，达人矩阵式种草加深品牌记忆，搜索超级品转承接主动关注，明星艺人做客视频号直播将活动热度带到最高点，助力小程序 GMV（Gross Merchandise Volume，商品交易总额）提升。公私域多链路触达品牌 TA（Target Audience，目标受众），助力品牌拓新转化私域增长：以话题性事件营销取代全媒开屏，联动公私域反复触达 TA，精准实现曝光—种草—沉淀转化的消费者全链路模式。品牌声量在微信生态高速增长。微信指数在视频号直播 Big Day（爆发日）和视频号信息流发布期间有大幅提升，同比竞品在活动期间微信指数表现高 20%~30%，带动小程序 GMV 环比增长 30%。

七、服务营销

许多企业都会在微信上提供售前售后服务，以提升用户满意度。

小米手机建立用户交流群，以听取用户意见，并提供解决方案。肯德基在微信上提供订餐服务，以方便用户下单。肯德基还会提供积分兑换、会员卡等服务，以提升用户体验。

微信已经跟网站、短信、手机 App、呼叫中心，一并成为南航五大服务平台。早在 2013 年 1 月 30 日，南航微信发布第一个版本，就在国内首创推出微信值机服务。随着功能的不断开发完善，机票预订、办理登机牌、航班动态查询、里程查询与兑换、出行指南、城市天气查询、机票验真等这些通过其他渠道能够享受到的服务，用户都可通过与南航微信公众平台互动来实现。

八、微信引流

微信账号引流主要有以下五种方法：

1. 内容引流

内容是微信引流的核心，企业需要围绕目标用户的需求，创作高质量、有价值的内容，吸引用户关注。内容可以包括图文、视频、音频、直播等。

2. 活动引流

企业可以通过举办活动来吸引用户关注，例如抽奖、赠送礼品、提供优惠等。活动要具有吸引力，能够激发用户参与。

随着微信触点与私域基建不断完善和丰富，越来越多品牌开始在该生态加码大促营销。如何在愈加激烈的行业竞争中成功突围成为品牌面临的一大挑战。丝芙兰作为国际领先的化妆品品牌，瞄准小程序增长潜力，2022年9月首次在微信加大会员大促和双十一大促投放，并通过多维深度运营，实现行业第一ROI（Return of Investment，投资回报率）成功为品牌带来大幅增量。通过微信朋友圈竞价直购广告引流至丝芙兰官方小程序商城。

3. 合作引流

企业可以与KOL、名人、媒体等合作，借助他们的影响力来吸引用户关注。

4. 广告引流

企业可以通过微信广告来投放广告，吸引用户关注。广告要精准投放，才能达到效果。

5. 其他渠道引流

企业还可以通过网站、论坛、社交媒体等其他渠道来引流。

企业还可以通过以下方式来提升微信账号引流效果：

（1）举办抽奖活动，吸引用户参与。

（2）赠送礼品，吸引用户关注。

（3）提供优惠，吸引用户消费。

（4）使用热门话题使用热门话题可以提高账号的曝光度和互动率。

（5）与KOL合作。与KOL合作可以借助KOL的影响力，扩大账号的影响力。

（6）与媒体合作，在媒体平台上发布内容，扩大营销影响力。微信账号引流是一个综合性的策略，需要结合企业的自身情况和目标用户，进行精准的定位和策划，才能取得良好的效果。

Burberry通过微信界面摇一摇，点击屏幕进入伦敦清晨景色，最终随着景色地毯去就能到达终点站上海。借用微信这一平台，使用户真正能够参与进来，既满足了客户的新鲜感又让客户记住了品牌的推广信息，实现了移动营销多元化的联动与交互。在农历新年假期，Burberry开发了一款微信软件"A Lunar New Year Gift"。用户通过点击、滑动和摇一摇的方式打开品牌产品，还可以创建一个个性化的新年信封，分享给亲友，还有可能赢取实体限量版的Burberry新年信封。

九、公众号定位策略

公众号的定位策略是指公众号运营者根据自身的优势、目标用户和市场情况，对公众号的定位进行思考和规划。公众号定位是公众号运营的基础，只有定位准确，才能有效吸引目标用户，实现公众号运营的目标。

微信公众号的定位策略应该注意以下三点：

（1）坚持差异化定位。公众号定位要尽量做到差异化，避免与其他公众号重复。差异化定位可以帮助公众号在竞争中脱颖而出，吸引目标用户。

（2）注重用户需求。公众号定位要以用户需求为导向，提供用户真正需要的内容。只有这样，才能真正吸引用户，实现公众号运营的目标。

（3）不断调整优化。公众号定位是一个动态的过程，要根据实际情况不断调整优化。公众号运营者要时刻关注用户的需求和市场变化，及时调整公众号的定位，确保公众号能够始终保持正确的方向。

公众号定位策略应该注意以下三个方面：

（1）做好市场调研。在确定公众号定位之前，要先做好市场调研，了解目标用户的需求和市场情况。只有了解了市场情况，才能确定公众号的定位是否具有竞争力，是否符合用户的需求。

（2）分析竞争对手。除了了解目标用户的需求外，还要分析竞争对手的定位。了解竞争对手的定位，可以帮助公众号在定位上做到差异化，避免与竞争对手重复。

（3）结合自身优势。在确定公众号定位时，还要结合自身的优势和资源。只有结合自身优势，才能更好地实现公众号的定位。

布丁酒店微信公众平台设有"维权""附近酒店"和"布丁社区"等功能，并且支持"零秒退房"。粉丝通过这些服务板块，可以非常顺利地查找酒店所在的位置，向酒店管理层提出自己遇到的问题，也可以在社区内和有着相同经历和感受的人进行互动。正是这种将细节做到极致的态度大大提升了其在粉丝心目中的形象。为了拉近和粉丝之间的关系，增强粉丝的归属感，获得粉丝的认可，"布丁酒店"微信公众平台会经常性地组织一些活动，比如免费旅游、私人定制、抢红包、秒杀、免费看电影、积分兑换精美礼品。

十、微信资源积累

微信资源积累的方法有很多，主要可以分为以下三个方面：

1. 内容资源

内容是微信资源的核心，优质的内容可以吸引用户关注，提升公众号的知名度和影响力。公众号运营者可以通过创作原创内容、转载优质内容、合作 KOL 等方式来积累内容资源。

（1）创作原创内容。原创内容可以让公众号更具特色，更容易获得用户的关注。公众号运营者可以根据自身的优势和兴趣爱好，创作原创内容。

（2）转载优质内容。优质的内容可以提升公众号的知名度和影响力。公众号运营者可以通过转载优质内容来丰富公众号的内容，提升公众号的质量。

（3）合作 KOL。KOL 可以帮助公众号快速传播，提高公众号的转化率。公众号运营者可以与 KOL 合作，共同创作内容，提高公众号的影响力。

2. 流量资源

流量是微信资源的重要组成部分，优质的流量可以帮助公众号快速传播，提高公众号的转化率。公众号运营者可以通过微信广告、微信小程序、微信生态等方式来积累流量资源。

（1）微信广告。微信广告可以帮助公众号快速获得流量，提升公众号的知名度。公众号运营者可以根据自身的需求和目标用户，选择合适的微信广告投放方式。

（2）微信小程序。微信小程序可以为公众号提供一个新的流量入口。公众号运营者可以开发优质的微信小程序，为用户提供便利的服务，吸引用户关注。

（3）微信生态。微信生态包括微信公众号、微信朋友圈、微信群等。公众号运营者可以利用微信生态来进行流量转化，提高公众号的转化率。

3. 社交资源

社交是微信的特色，公众号运营者可以通过社交来积累人脉、扩大影响力。公众号运营者可以通过微信群、微信朋友圈、微信公众号等方式来积累社交资源。

（1）微信群。微信群可以帮助公众号运营者结识志同道合的朋友，扩大人脉。公众号运营者可以加入相关行业的微信群，进行交流学习。

（2）微信朋友圈。微信朋友圈可以帮助公众号运营者展示自身的价值，提高公众号的影响力。公众号运营者可以通过微信朋友圈分享原创内容、转载优质内容，提高自身的知名度。

（3）微信公众号。微信公众号可以帮助公众号运营者与用户进行互动，提升用户的黏性。公众号运营者可以通过微信公众号的评论、私信等功能，与用户进行互动，了解用户需求，提升公众号的服务质量。

微信资源积累是一个长期的过程，需要公众号运营者不断努力和积累。公众号运营者可以根据自身的实际情况，选择合适的资源积累方式，不断提高公众号的知名度、影响力和转化率。

第五节　微信盈利模式

微信营销盈利模式主要可以分为以下五种：

1. 广告

广告是微信营销最常见的盈利模式。企业可以通过在微信平台投放广告，来推广自身的产品或服务，从而获取收益。微信广告是基于微信生态体系，整合朋友圈、公众号、小程序、视频号、搜一搜和看一看等多重资源，结合用户社交、阅读和生活场景，利用专业数据算法打造的社交营销推广平台。

广告可以用以下方式进行投放：

（1）微信广告。微信广告是微信平台提供的广告投放服务。企业可以根据自身的需求和目标用户，选择合适的微信广告投放方式。朋友圈广告是以类似朋友的原创内容形式在用户朋友圈进行展示的原生广告。通过整合亿级优质用户流量，朋友圈广告为广告主提供了一个国内独一无二的互联网社交推广营销平台。可以推广品牌活动、门店、产品、应用、公众号等，也可以用来收集销售线索。朋友圈品牌画廊广告以竖版多屏展现形式，为品牌打造高级橱窗质感，配合明星素材、线下活动联动等多样创意玩法，帮助品牌在新品推广、节日营销等场景强势吸睛，广告互动点击率显著高于大盘均值。左滑广告即可顺滑进入落地页，大幅提升用户进店量，促进后端转化。

（2）微信公众号赞助。企业可以通过赞助微信公众号，来获取广告展示位置。以类似公众号文章内容的形式在包括文章底部、文章中部、互选广告和视频贴片等四个广告资源位进行展示的内容广告。

（3）微信小程序广告。企业可以通过在微信小程序上投放广告，来推广自身的产品或服务。它是一个基于微信公众平台生态，利用专业数据处理算法实现成本可控、效益可观、智能触达的广告投放系统。

（4）微信视频广告。微信视频号广告是在视频号流内自然展现的广告，支持推广短视频和直播。广告主可在原生化短视频内容展示卖点，推广商品、应用等，也可推广直播间进行转化销售。

（5）微信搜索广告。微信搜索广告是微信用户主动需求的第一入口，覆盖微信生态内众多的搜索场景，全域连接品牌和用户，助力广告主以更短链路获取高效曝光与转化，升级全域经营闭环，可以通过超级品牌专区和搜索结果广告进行投放。

（6）看一看广告。看一看广告可以打造内容聚合专区，丰富形态组件展示多元内容，通过社交裂变助力加深用户心智，可以配合品牌新品上市、产品评测、事件营销等多样诉求和多个行业的应用。

随着消费者行为和媒介触点变化，线上生意场也在发生着巨大变革。品牌官网一直以来都是奢侈品牌最重要的自有线上渠道，但以搜索引擎导流官网为代表的传统效果渠道销量持续低迷，开拓并提升新的线上自有阵地消费转化势在必行。因此，作为品牌在社交和内容媒体上核心自有阵地的微信小程序商城，成为GUCCI线上销售的重点渠道之一。优先选择微信竞价信息流广告和搜一搜精准搜索广告作为GUCCI核心的投放形式，从主动搜索和精准触达两个维度全方面覆盖目标人群。考虑流量质量和历史投入产出比表现，选择微信朋友圈和公众号点位组合投放，充分利用现有的投放形式和素材组合对核心人群进行高频触达；积极尝试微信的新资源如2022年新上线的视频号信息流、搜一搜超级品牌专区、微信搜一搜关键词广告等。不断进行创意样式以及转化路径测试，如多图和大图样式、着陆页A/B测试优化，灵活调整预算，提升整体投放效率。

2. 电商

微信电商是近年来兴起的一种新的盈利模式。企业可以通过在微信平台开设商城，来销售商品或服务，从而获取收益。微信电商可以通过以下方式来盈利：

（1）商品销售。企业可以通过在微信平台销售商品或服务，来获取收益。

（2）佣金分成。企业可以与商家合作，通过佣金分成的方式来获取收益。

苹果公司在微信上推出了多次成功的营销活动，包括产品发布、促销活动、用户互动等。他们通过微信官方账号向粉丝发布最新的产品信息，吸引用户关注。此外，苹果还通过微信支付支持在线购物，方便用户购买产品。

3. 会员制

会员制是微信营销的一种付费模式。企业可以通过向用户提供会员服务，来获取收益。会员制可以通过以下方式来盈利：

（1）会员费。企业可以向用户收取会员费，来获取收益。

（2）增值服务。企业可以为会员提供增值服务，来获取收益。

4. 知识付费

知识付费是近年来兴起的一种新的盈利模式。企业可以通过在微信平台提供知识付费服务，来获取收益。知识付费可以通过以下方式来盈利：

（1）课程收费。企业可以向用户提供付费课程，来获取收益。

（2）会员制。企业可以通过提供会员制服务，来获取收益。

5. 社群运营

社群运营是微信营销的一种运营模式。企业社群运营可以通过以下方式来盈利：

（1）社群会员制。企业可以向社群用户收取会员费，来获取收益。

（2）社群广告。企业可以向社群用户展示广告，来获取收益。

（3）社群电商。企业可以通过在社群中销售商品或服务，来获取收益。

微信营销盈利模式是一个多元化的生态，企业可以根据自身的实际情况，选择合适的盈利模式，来实现盈利。

企业在建立成功客户流量池后，可以设立一些社群活动活跃客户气氛，借此促成转化。比如福利活动、抽奖活动、签到活动等，设立奖品激发客户的参与度。

本章小结

微信营销已经成为数字时代品牌营销的关键一环。利用微信的丰富功能和特征，品牌可以更好地与受众互动、传播信息、建立用户关系、提高知名度、促进销售，实现多种营销目标。微信营销不仅是一种传播工具，更是一种品牌与用户建立互动的方式。只有深入理解微信营销的含义和特征，并灵活运用各种策略和技巧，品牌才能在竞争激烈的市场中脱颖而出，实现成功的品牌传播和营销目标。未来，微信营销将继续引领品牌进入数字时代的新篇章。

延伸阅读

笑奥天下，玩心无极——奥利奥国风新品全域营销

奥利奥始终不断追求与消费者密切沟通，深入洞察到当代年轻人越来越推崇国风国潮。顺应国潮趋势的日渐壮大，奥利奥此次以玩心为轴，希望突破创意与技术，让年轻一代保持玩心，弘扬中国文化。为了配合此次国风主题"campaign"，奥利奥突破传统开创性地推出全球首款限量白色奥利奥，打造与水墨画卷相契合的水墨中国风饼干和水墨国风音乐礼盒，见图6-4。

在活动期间，所有奥利奥的粉丝前往奥利奥玩心小宇宙商城都有机会领取抽奖码，

新媒体营销

图 6-4　奥利奥国风新品营销

有可能成为天选之子，认领一块独一无二的 NFO（Non-fungible OREO）——永不过期的奥利奥数字饼干，并见证奥利奥国风艺术品 AI 创作的全过程。这件创意大作也邀请到粉丝一同参与。届时，在活动页面点击奥利奥月亮，全网粉丝能够跨越物理时空，一起欣赏一场唯美的奥利奥座数字流星雨。延续"玩在一起"的品牌精神，奥利奥以玩心为轴，借助腾讯微信生态，公私域联动，开启微信超级新品日，打造现实世界里品牌与消费者的集体狂欢。奥利奥以微信小程序为中心阵地，为小程序的会员用户们带来了独一无二的特权体验和玩法。奥利奥充分利用微信生态四大公域——广告公域、内容公域、微信公域以及线下公域，从公域破圈到私域沉淀再到运营激活，在奥利奥的玩心小宇宙的小程序里，流量变成了"留量"。奥利奥始终选择与用户玩在一起，一切以用户体验为出发点，使得粉丝更有归属感、成就感和幸福感。在内容公域，奥利奥与 5 位 KOL 达人达成合作，持续输出高质量图文和视频组合内容，覆盖品牌、产品、生活方式等全领域联合种草，并通过订阅号信息流、朋友圈广告等广告加热手段帮助内容热度快速提升，加速传播破圈。在微信公域，微信搜索超级品牌专区集合展示快速聚拢引流。消费者通过搜索品牌词或者明星词进入品牌专区，在品牌专区整合展示了奥利奥的公众号、小程序、视频号等私域触点，精准地与目标人群互动，把公域流量高效地转化为私域用户，沉淀品牌自己的私域用户池。在线下公域，通过商品扫码持续引导新客涌入。奥利奥将小程序印上了饼干盒，消费者只要扫码就可快速进入奥利奥小程序。同时还进行品牌直播，进行全域触点饱和式造势助力直播收割。

最终的营销效果：奥利奥小程序曝光量高达 1.38 亿，点击率 1.1%，超行业平均水平 37.5%；会员数增加超过 9 万人，bigday 当天新增会员数环比增加 200%；小程序内 48 小时爆卖 1.2 万份国风新品礼盒，环比日常提升 60 倍；国风音乐盒在

24 小时内抢购一空,火爆出圈,一盒难求。

(资料来源:《笑奥天下,玩心无极——奥利奥国风新品全域营销》)

> **课后思考**

1. 通过哪些渠道和策略可以提升微信粉丝量?
2. 微信营销的优势是什么?
3. 微信营销有哪些策略?
4. 微信营销的盈利模式有哪些?

扫码获取本章课件

第七章　短视频营销

学习目标

1. 了解短视频和特点
2. 理解目前中国短视频产业链及行业格局
3. 了解短视频行业发展历程
4. 掌握中国主流短视频营销平台的特点和基本运营
5. 掌握短视频营销方案的设计流程
6. 掌握短视频的制作流程，前期准备、拍摄、剪辑和推广等

内容要点

1. 短视频的概念和特点
2. 短视频行业及发展历程
3. 主要短视频平台对比
4. 短视频营销方案的设计
5. 短视频的制作

课程思政

国家发改委在《关于支持新业态新模式健康发展激活消费市场带动扩大就业的意见》中提出"支持线上多样化社交、短视频平台有序发展，鼓励微创新、微应用、微产品、微电影等万众创新"。

通过对短视频运营和营销方案设计的学习，培养学生正确的价值观和正向的营销和认知理念，同时培养学生的创新思维。

引导案例

老板电器是厨房电器品牌，创办于1979年，主要生产抽油烟机、燃气灶、蒸箱、烤箱等厨房电器。近年来，老板电器为了获得年轻用户的青睐，助力品牌年轻化，在抖音上开展营销并引起热议。

2021年10月，为了宣传蒸烤一体机，老板电器在抖音发起话题挑战，邀请所有抖音用户发布跳"蒸烤舞"的短视频，该舞蹈的背景音乐歌词为"蒸好吃、烤好吃，蒸烤混动真好吃，只要家有老板蒸烤一体机，蒸蒸烤烤都好吃"。歌词朗朗上口，吸引了大量用户参与挑战。最终该挑战的总视频播放量破亿次。

通过此次抖音短视频营销，老板电器发现用户十分喜欢这种话题挑战。于是，2022年3月，老板电器再次发起变装挑战，该变装挑战的名称是"老板蒸烤炸一体机"，也直接展示了此次营销的商品，再次迎来破亿的播放量，累计达到2.2亿次播放量。

除此之外，老板电器还会在其抖音官方账号发布使用相关电器制作美食的教程，结合生活中的小故事制作系列短视频，如"老板厨房故事""老板美食研发部""百味厨事""厨房博物馆""家宴"等系列，吸引了大量的用户长期关注，截至2023年8月，老板电器抖音官方账号已累计38.8万粉丝。

第一节 短视频行业概述

一、短视频的概念及特点

1. 短视频的概念

短视频对网民来讲已经不是什么新鲜的名词了，一经推出就火爆了整个移动互联网。短视频是相较于长视频和中视频来讲的。长视频一般是指时长超过30分钟的视频，以影视剧、纪录片等为主；中视频则一般是指时长5分钟至30分钟的视频，视频创作者可完整讲述一个事情，表达更连贯，用户也可以获得更大的信息量，加深记忆。而短视频即短片视频，是一种互联网内容传播方式，一般是在互联网新媒体上传播的时长在5分钟以内的视频。随着移动终端普及和网络的提速，短平快的大流量传播内容逐渐获得各大平台、粉丝和资本的青睐。

2. 短视频的特点

(1) 短小精悍。短视频的特点是时间短，时长一般在 15 秒至 5 分钟，内容丰富，题材多样，富于创意，注重在前 3 秒和用封面吸引用户，视频节奏快，内容紧凑，符合现代用户碎片化的阅读习惯，适合在闲暇时刻观看，相对于图文来说，视频能够带给用户更好的视听体验。

(2) 易于制作。短视频制作简单，创作过程简单，人人可参与，一部手机在手即可随时随地创作和上传视频。短视频平台为促使更多用户进行创作，简化了视频的制作流程，界面设计符合用户行为逻辑，操作起来简单流畅，可一键拍摄视频，并可用平台提供的选择滤镜和音效进行美化，这种将拍摄、编辑以及发布"一键生成"的傻瓜式操作模式，使上至老人下至儿童都可以进行短视频创作，成为自己生活的"导演"。移动短视频平台鼓励人人参与，随时记录生活，例如抖音平台的宣传语就为"记录美好生活"。在自媒体时代，公众真正实现了从信息的接收者到信息的制作者和传播者的转变。

(3) 传播迅速。短视频的传播门槛低，渠道多样，容易实现裂变式传播与熟人间传播。上传自己制作的视频，可以在不同平台上分享，促进视频的播放量、点赞、评论等。丰富的传播渠道和方式能够使短视频传播的力度大、范围广、交互性强。此外，短视频短小精炼，使得即拍即传成为可能，移动客户端成为视频传播的主要途径。

(4) 内容多元。由于短视频平台门槛较低，所以各类人群都可以进行创作并搜寻自己关注的短视频。因此，短视频涉及的内容十分多元化，育儿、体育、烹饪、旅游、音乐、舞蹈、手工、美妆、科普、搞笑等，甚至自编自演的小情景故事都可吸引相应的受众群体，无论男女老少都可以找到自己关注的视频类型。总体来说，创意娱乐性强的短视频获取的关注量较高。

(5) 用户黏性高。短视频具有即时性和互动性的特点，并且与图片和文字相比更具画面感，内容更加丰满立体、真实可信，逐渐发展为移动端社交的重要载体。用户发布视频后，通过标签分类，平台通过大数据处理将视频推荐给其他关注此话题的用户，"评论功能"可促进用户共同进行线上讨论，增强用户的黏性；"点赞功能"增强了此视频的关注度，集赞越多，则说明吸引的"注意力"越高；"转发功能"是其他用户可将该短视频在自己的社交平台进行转发，扩大传播范围并提高了传播效果；"关注功能"是成为短视频发布者的"粉丝"，之后创作者发布短视频后可第一时间接收并进行互动。这些功能增强了短视频传播的精准性,极大地调动了用户创作和观看的积极性。

(6)社交属性强。短视频软件设有点赞、评论、分享等功能,鼓励用户之间进行互动,实现视频分享,短视频的传播渠道多样化,传播迅速,使得人们更容易接受、更喜闻乐见。短视频不是视频网站的缩小版,而是社交的延续,是一种信息传递的方式。用户通过参与短视频话题,突破了时间、空间、人群的限制,更有参与感,这也进一步提升了短视频信息传播力度、范围,具有较强的社交属性。

二、短视频产业链

中国短视频行业产业链主要包括上游内容生产方、中游内容分发方和下游用户终端,已形成清晰的产业链。上游内容生产方主要分为 UGC(用户生产内容)、PGC(专业生产内容)和 PUGC(网红/明星生产内容)三大类;中游内容分发方包括短视频平台、社交平台、新闻资讯平台、电商平台、垂直平台、直播平台和传统视频平台等。此外,产业链参与主体还包括基础支持方(如服务器提供商、电信运营商、技术运营商)、广告商和监管部门,见图7-1。

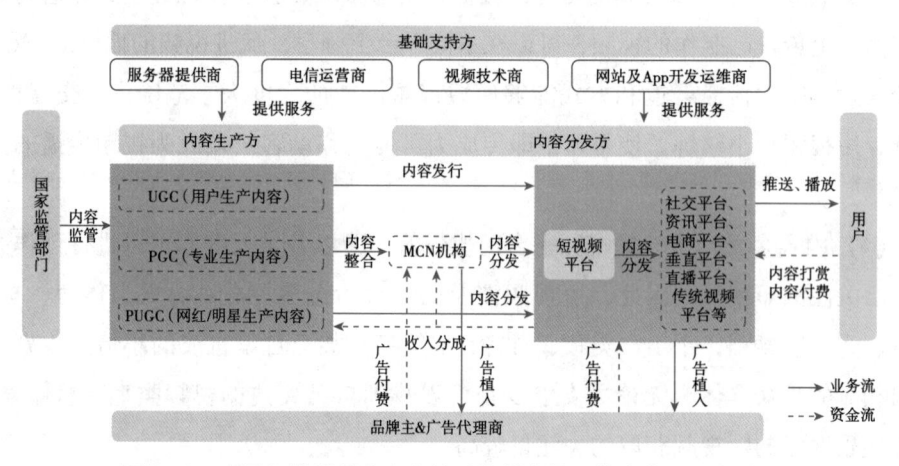

图7-1 中国短视频行业产业链(资料来源:前瞻产业研究院)

三、短视频行业发展历程

短视频行业发展历程可以分为以下几个阶段(图7-2):

成熟期
（2018年至今）
快手小店、抖音小店上线，短视频行业进入变现转化阶段，各大平台生态布局日渐成熟
短视频平台与直播和电商的深度融合
代表平台：抖音、快手等

爆发期
（2016～2018年）
2016年抖音上线行业高速发展，短视频想精细化、垂直化方向发展
代表平台：抖音、快手等

萌芽期
（2016年以前）
2011年短视频行业苗头出现
2013年快手、秒拍、微视的出现，拉开短视频时代的帷幕
代表平台：快手、秒拍、微视等

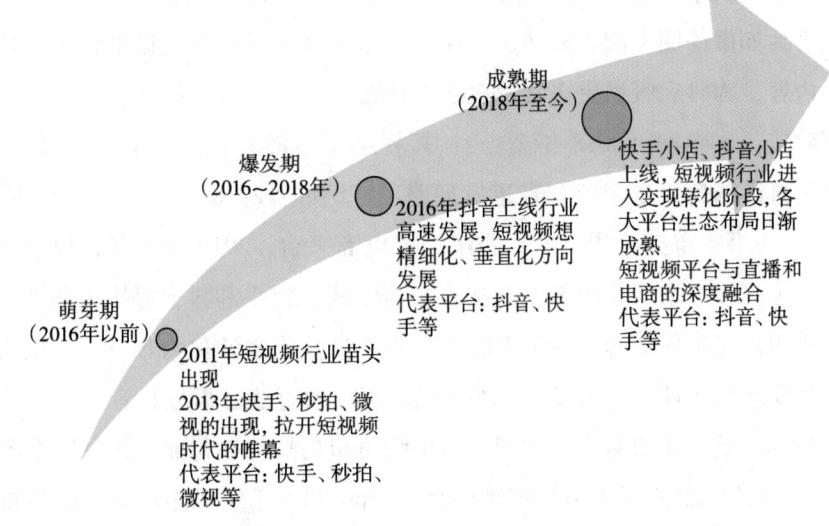

图7-2 短视频行业发展历程

第一阶段，萌芽期（2016年以前）：短视频行业萌芽于2011年，随着智能手机的普及和移动互联网的快速发展，用户通过智能手机、移动网络等设备进行拍摄并分享内容的行为逐渐形成规模。美国是最先涉足短视频领域的国家。2011年4月，主打视频分享的Viddy出现，为用户提供了实时拍摄、快速编辑、同步分享等功能，随后由于经营不善被YouTube的大内容提供商Fullscreen收购。随后，Twitter在2013年1月正式推出视频分享应用Vine，用户可以在软件中拍摄6秒以内的短视频内容，并且可以与文字信息一同实时分享在Twitter的信息中，也可以把几条连续拍摄的视频片段编辑在一起，这一功能受到了网友的追捧。2013年6月图片社交网站Instagram也推出了视频分享功能，允许用户拍摄15秒（最短3秒）的视频并进行分享，为了对视频进行编辑，Instagram还特地推出了视频编辑应用Hyperlapse，可以对视频进行压缩。2013年12月新浪秒拍正式上线，可拍摄的视频时长为10秒，带有滤镜和编辑功能，2014年4月美图秀秀推出美拍，带来了网红增长和大量用户。2014年10月腾讯微信加入"小视频"功能，可拍摄时长6秒的视频，可在聊天和朋友圈中发布。从国内国外看，这个阶段各大互联网公司虽上线了短视频功能，但还未形成可观的市场，处于萌芽阶段。

第二阶段，爆发期（2016～2018年）：随着国内4G网络覆盖范围扩大及流量资费降低，用户使用手机上网看视频的时间大幅增加。2013年10月，"GIF快手"从工具转型为短视频社交平台，2014年11月，改名"快手"。2015年6月到次年2月，快手用户从1亿涨到3亿。2016年9月20日抖音上线，15秒短视频受到市场

追捧。2017年8月，抖音短视频创建国际版抖音——TikTok，进入海外市场。此后，各类社交平台如微信朋友圈、微博、微视等开始出现大量以个人或群体为单位的原创小视频内容，为日后吸引更多流量奠定了基础。

第三阶段，成熟期（2018年至今）：短视频平台随着直播和电商的深度融合，逐渐形成了自己的商业化定位和赛道发展路径，例如：2018年6月快手小店上线，同年12月，快手宣布接入淘宝、天猫第三方电商平台；2019年6月，快手小店又相继接入拼多多和京东。2019年9月抖音小店上线。快手和抖音等短视频平台均旨在为期优质用户提供便捷的商品售卖服务，并将自身流量转化为收益，短视频完成了从吸粉到变现的闭环，进入成熟发展阶段，短视频行业已形成抖音+快手的"两强"竞争格局。这个阶段各大互联网公司也纷纷布局短视频行业，如百度推出"好看App"，字节跳动上线了火山小视频的独立App和西瓜视频客户端，腾讯推出了微视App及腾讯新闻旗下天天快报App，微信、微博、小红书等社交平台也加入了短视频功能。同时，各大直播平台的兴起使得主播成为网红现象普遍存在，网红们利用其影响力将普通网友的视频作品转化为商业化的产品从而实现变现的目的。

四、短视频行业格局及平台

新媒体时代，消费者获取信息的方式发生了相应的变化，短视频已成为消费者日常生活中不可或缺的部分，根据2023年7月Mob研究院发布的《2023年短视频行业研究报告》，有近四分之一的网民因短视频与互联网结缘，远超游戏、直播等应用，短视频人均单日使用时长近3小时，且连续5年保持增长态势。经过短视频的爆发期，进入成熟期后，国内各大互联网公司均布局短视频行业，也为企业提供了新的营销平台。截至2022年年底，短视频市场规模近2928.3亿，用户规模10.12亿，占整体网民数的94.8%。目前国内短视频行业呈现金字塔型的市场格局，并形成由抖音、快手及相关产品矩阵组成的竞争格局，抖音、快手稳居第一梯队；字节跳动旗下的西瓜视频、抖音火山版，百度旗下的好看视频，腾讯旗下的微视处于第二梯队；爱奇艺随刻、快手极速版、波波视频、美拍等短视频App处于第三梯队，见图7-3。作为短视频平台的两大巨头，抖音和快手在定位、功能和结构等方面都存在差异，这也导致了两者在商业模式、盈利模式上的不同。但随着电商的价值显现，"抖快"都在"内容+货架"模式上发力。

目前我国短视频行业竞争派系主要有今日头条系、腾讯系、快手系、百度系、新浪系、阿里系、美图系、B站系、360系和网易系，短视频平台派系呈现百花齐

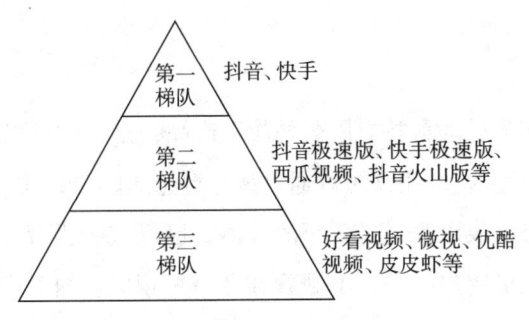

图 7-3 短视频行业竞争格局

第一梯队：抖音、快手
第二梯队：抖音极速版、快手极速版、西瓜视频、抖音火山版等
第三梯队：好看视频、微视、优酷视频、皮皮虾等

放的局面。其中，当前最火的视频平台之一——抖音，属于今日头条系，快手短视频属于快手系，见图 7-4。

图 7-4 中国短视频行业竞争派系

（资料来源：前瞻产业研究院．《2023 年中国短视频行业全景图谱》）

第二节　中国主流短视频营销平台

虽说短视频确实有很强的商业价值，但商家的精力毕竟有限，做不到面面俱到。因此，应该在熟悉当下热门视频平台的同时，找到最适合的自己的平台进行营销。就目前而言，较热门的短视频平台主要有抖音、快手、微信视频号等，各个平台都有自己的特点。

一、抖音

抖音是北京字节跳动科技有限公司旗下产品,是一款可以拍短视频的社交软件,此应用2016年9月上线,用户可以通过该平台选择歌曲,拍摄音乐短视频,形成自己的作品。抖音自上线以来经过7年的发展,已经成为世界上最大的短视频社交平台之一,每天有数亿用户在平台上观看和分享短视频。抖音业已从最初的短视频社交平台,转变为短视频+社交+电商平台,实现了商业化的成功。抖音产品slogan:记录美好生活。产品定位:专注年轻人音乐短视频社区平台,以潮流音乐、舞蹈、表演等内容形式,搭配超多原创特效、滤镜、场景切换等,帮用户打造刷爆朋友圈的模型短视频。

抖音主要具有以下特点[1]:

(1)采用信息流展现形式,播放界面占比大,附加功能位于边缘,方便用户将注意力集中于短视频本身上。

(2)上切屏的设计打造出沉浸式观看体验,同时增加了用户的不确定感和期待感,更吸引用户观看。

(3)短视频的进度条是隐形的,所以用户在观看短视频时没有时间提示,很容易忽略时间的流逝。

(4)抖音最初只是一个音乐短视频垂直社区,但随着短视频种类和数量的不断增加,其互动功能不断完善,抖音平台逐渐具备社交属性,这大大增强了用户的黏性和融入感。

(5)抖音具备强大的算法推荐功能,可以智能化分析用户画像,推断用户的兴趣和关注点,为不同的用户推荐不同的短视频,从而更好地满足用户的个性化需求。

(6)抖音会定期推出视频话题,引领大量用户参与同一主题视频的创作。抖音通过这些话题激发了用户的创作灵感,这样创作出来的短视频更具有参与感和娱乐性,增加了被其他用户转发和分享的概率。

二、快手

快手是北京快手科技有限公司旗下的产品,2013年10月,"GIF快手"从处理图片和视频工具转型为短视频社交平台,2014年11月,改名"快手"。快手强调人

---

[1] 卢星辰,伍戈,孟杨.新媒体营销与运营[M].石家庄:河北科学技术出版社,2022.

人平等，不打扰用户，是一个面向所有普通用户的产品。

快手平台主要具有以下特点：

（1）"草根"性。快手早期主要面向三、四线城市及广大农村用户群体，为这些"草根"群体提供直接展示自我的平台。近年来，快手开始加强运营，如设立"精选"板块，设立"排行榜"，主动邀请名人入驻等，实现了一定程度的品牌破圈，越来越多的一、二线城市的年轻人正在成为这个平台的高频用户。

（2）原生态。快手并未采用以名人为中心的战略，没有将资源向粉丝较多的用户倾斜，没有设计级别图标以分类用户，没有对用户进行排名。以上所有战略均指向一个方向，即快手希望营造轻量级、休闲化的氛围，鼓励平台上的所有人表达自我，分享生活。

（3）算法决定优质内容。快手平台没有任何人工团队去影响内容推荐系统，完全依靠算法来实现个性化推荐。快手设计的算法能够分析短视频内容用户特征和用户行为，包括用户的浏览内容和互动历史，在分析这些信息的基础上，算法模型可以将内容和用户匹配在一起，用户行为数据越多，推荐越精准。通过算法推荐机制，任何用户创造的短视频都会有机会在"发现"页面中得到展示，即使由新用户创作的短视频也不例外。短视频获得的点赞越多，被推荐的概率就越大。通过分析用户以往的点击、观看和点赞历史，算法可以实现短视频推荐，根据用户此前的偏好来展现其"发现"页面中的内容。

（4）界面设计简洁、清爽。快手善于在功能设计上"做减法"，其界面设计简洁、清爽，这样做可以方便用户发布更多的原生态内容。

三、微信视频号

微信视频号（简称"视频号"），2020年1月上线，是一个人人可以记录和创作的平台，也是一个人了解他人、了解世界的窗口。视频号的入口浅，微信用户可以直接从微信的"发现"页面点击"视频号"选项进入视频号（图7-5），进入视频号后可以观看"关注""朋友""推荐"选项下的视频内容（图7-6）。

视频号主要具有以下特点：

（1）微信内部流量巨大。根据2021年1月21日微信公开课活动公布的数据，微信日活用户达到10.9亿。换言之，微信拥有近乎全景的用户基础，也涵盖了抖音、快手、淘宝等平台不曾覆盖的人群，比如老年人群体。而视频号依托于微信，相当于也有很大的流量池，只要合理应用，必然能有理想的效果。同时，视频号覆

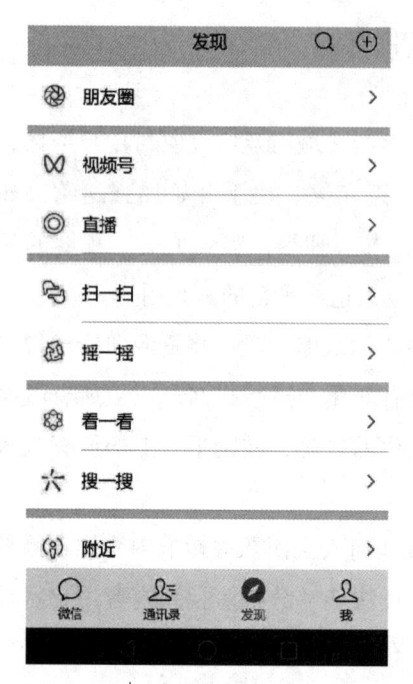

图 7-5 微信发现界面　　图 7-6 微信视频号界面

盖人群广，市场渗透率高。抖音的用户群体是从一、二线城市向下发展，快手的用户则是从三、四线城市向上发展，而微信有从一线到五线甚至更大的圈层的市场渗透力。

（2）门槛低且无限裂变。视频号既能发视频，也能发图片。而且与其他视频平台不同的是，视频号的内容不仅能被关注自己的粉丝看到，还能通过个性化推荐、社交推荐，被10亿多个微信用户看到。在微信"发现"界面可以看到视频号有视频被朋友赞过。进入视频号，在朋友标签页面，可以看到好友点赞过的视频。同理，自己点赞过的视频号内容也会展现在好友的视频号的朋友标签页面，给视频带来无限裂变的效果。

（3）缩短传播路径。抖音、快手平台的视频内容可以在平台内直接分享给相互关注的好友，也可以通过下载、分享带有二维码的图片等方式分享给微信好友。而视频号的内容可以直接转发至微信好友、群组或朋友圈，缩短传播路径，能迅速形成裂变，传播速度更快，传播范围更广。

（4）形成完整的生态闭环。视频号的视频内容可以带公众号、个人号的二维码，用户可以直接扫描或点击链接跳转至相关页面。这也意味着视频号与微信个人号、朋友圈、公众号、小程序等多种营销方式相互打通，形成完整的生态闭环，拥有巨大的商业价值，这也是其他平台短时间内无法达到的效果。同时，视频号支持直播功能，且账号在直播时，会将该账号置顶在粉丝视频号顶部，被粉丝好友看到，增加一个直播入口，而且可以从视频号主页进入商品页面，并在该页面中下单、付款、完成支付。由此可见，视频号与公众号、朋友圈既彼此独立，又相互补充，相互引流，是一个不容忽视的平台。

四、B 站

哔哩哔哩（BiliBili，简称"B 站"），创建于 2009 年 6 月 26 日，是国内年轻人高度聚集的文化社区和视频平台，B 站有短、中、长不同时长的视频，严格来讲，B 站并不是单纯的短视频平台。早期 B 站是一个 ACG 内容创作与分享的视频网站，ACG 即动画（Animation）、漫画（Comics）与游戏（Games）。经过多年的发展，它围绕用户、创作者和内容，构建了一个源源不断产生优质内容的生态系统，成为涵盖 7000 多个兴趣圈层的多元文化社区，满足了大众化视频取向和小众圈用户的特别爱好。哔哩哔哩的价值主张是为 UP 主（Uploader，指在视频网站、论坛等地上传视频音频的人）提供创作视频的社区，打造原创文化聚集地，营造文化氛围，为广大用户提供学习和娱乐的场所。

B 站主要具有以下特点：

（1）内容板块丰富。B 站内容覆盖了各种领域，包括动画、漫画、游戏、音乐、生活、娱乐、知识、时尚等分区，并开设直播、游戏中心等业务板块，见图 7-7，用户可以找到各种各样的有趣和独特的内容，满足不同兴趣爱好的需求。

动态 热门											
番剧	国创	综艺	动画	鬼畜	舞蹈	娱乐	科技	美食	专栏	活动	社区中心
电影	电视剧	纪录片	游戏	音乐	影视	知识	资讯	生活	直播	课堂	新歌热榜
汽车	时尚	运动	动物圈	VLOG	搞笑	单机游戏	虚拟UP主	公益	公开课		

图 7-7　B 站首页分类频道

（2）优质的内容制作模式。优质且独特的 PUGC 生产模式，使 B 站极大地降低了内容生产成本，并且扩大了内容来源渠道。UP 主生产优质内容吸引粉丝观看关注，平台对优质 UP 主进行各类型奖励和扶持，并为视频内容进行引流，很多的粉丝因为 UP 主的优质内容，增加了软件打开率、视频完播率和软件使用时长，这就增强了平台用户黏性，以此形成了内容制作、分享、观看的生态闭环。

（3）用户高活性和高黏性。B 站作为一个内容社区，核心用户一直比较稳定，一直保持着高活跃度和高黏性。B 站是一个互动性很强的平台，用户可以通过评论、弹幕、投稿等方式与创作者和其他用户互动，这种社区的互动性能够增加用户的参与感和归属感。现在几乎所有的视频网站都有评论和弹幕,但是弹幕和视频评论的数量无法超过B站。用户活跃度高不仅是指B站中的活跃社区,B站中的活跃用户在全网所有平台和论坛上都非常活跃。

(4)独特的粉丝文化。B站中有各种创作者和内容创作团队,他们积极参与平台的活动,与粉丝进行互动,这种粉丝文化可以加强用户与创作者之间的联系,并形成独特的社区氛围。B站对年轻用户的影响力越来越大,平台上涌现了很多受欢迎的网络综艺、翻唱、舞蹈以及其他流行文化内容,成为一种新兴的文化现象。

五、小红书

小红书是一个集购物、分享、社交于一体的全方位生活服务平台,通过机器学习对海量信息和人进行精准、高效匹配。小红书创建于2013年6月,2014年1月转型深耕UGC购物分享社区平台,同年12月上线电商平台。在小红书,一个用户通过"线上分享"消费体验,引发"社区互动",能够推动其他用户去到"线下消费",这些用户反过来又会进行更多的"线上分享",最终形成一个正循环。小红书内容形式包括图文、视频和直播,是Z世代时尚女性的聚集平台。

小红书主要具有以下特点:

(1)内容创作门槛低。图文的生产门槛低,创作者可以低成本地在小红书上做尝试。降低初期从0到1的难度,在中期也更容易优化。同时,小红书图文的内容范式也很明确,在"什么内容在小红书更受欢迎"这个问题上,有确定性描述,也更容易被人理解。降低了内容生产的难度,也让新手创作者有加入的信心。

(2)低粉变现更容易。小红书对低粉创作者比抖音、快手更友好,小红书前身是"香港购物指南",用户搜索渗透率很高,小红书极强的用户搜索心智,对低粉创作者的成长更友好。因为"搜索心智+有用内容"的黄金组合,强化了小红书的电商种草属性,所以品牌方也更关注这个平台,会投放广告。而搜索会带来流量的精准分发,且覆盖了很多低粉账号。对于品牌方来说,可以花更少的钱去投放低粉账号;对于低粉创作者来说,可以更早接到商单,形成双赢。

(3)灵活打造个人IP。经验类内容适合低成本打造个人IP。首先,"经验"是个体的、主观的、多样的,没有客观统一的正确答案,这类内容生产成本低。其次,经验内容又凸显了个人差异化元素,更适合刻画IP形象。

六、主要短视频平台对比

中国目前主要短视频平台对比可见表7-1。

表 7-1 主要短视频平台对比表[1]

	抖音	快手	微信视频号	B 站	小红书
用户量级	用户数量在 8.42 亿左右，平均日活跃用户数超过 7 亿（截至 2022 年 11 月）	平均日活跃用户数 3.76 亿，月活跃用户数 6.7 亿（截至 2023 年第二季度）	活跃用户规模 8.13 亿，日活跃用户数为 3.64 亿（截至 2022 年 6 月）	B 站正式会员数达 2.14 亿，平均日活跃用户达 9650 万人（截至 2023 年第二季度）	小红书用户超过 3.5 亿人，平均日活跃用户突破 1 亿人（截至 2023 年 1 月）
用户画像	男女比例较为均衡，主要以 80 后、90 后用户为主，用户主要集中在一、二线城市。用户更关注好看、好玩、好听的内容	女性用户占比 66.2%，80 后占比 40.5%，三、四线城市和农村用户居多。用户共关注真实、有温度的内容	男女比例各为 60% 和 40%，用户主要集中在 26 到 35 岁，更关注时事、娱乐、文化、教育、情感等内容，用户黏性高	从 Z 世代扩大到 Z+世代，主要集中在一、二线城市。用户更关注动画、漫画和游戏等原创内容	女性用户占 70%，一、二线城市用户占 50%，"90 后"用户占 72%
平台特点	将短视频、直播等真实有趣的内容，通过算法推荐打造爆款，快速提升用户认知	偏私域，"老铁"文化浓重，平民化、去中心化，社区氛围；生活化短视频、直播内容特点显著，用户黏性高	私域社区、高质量内容、深度交流，互动特点显著，公众号、小程序、视频号、微信群等形态共同作用	新生代话题营销阵地，强圈层效应显著；包容性强，多元文化共存	偏公域，用户黏性高，打造"种草"文化
分发机制	中心化算法分发，社交关系权重低，内容质量权重高，重人工运营	去中心化算法分发，社交关系权重低，运营干预相对小	去中心化，社交推荐+算法推荐，社交权重高，运营干预小	相对公平的流量分配机制，依托粉丝关系、兴趣推送的分发机制，根据用户关注话题等数据进行定制化推荐	去中心化，即：重内容质量、轻粉丝数量
内容创作者	头部效应明显，明星入住率高，游戏、美食等垂直账号粉丝多，娱乐明星、政务类账号关注度也在上升	粉丝和达人黏性高，明星入住率高，头部垂直类更为日常化，粉丝较多的账号多为美食、游戏、萌宠、剧情等垂直类	个人品牌 IP 从私域流量走向公域流量，粉丝分布相对均衡。在已认证账号中咨询类最多，其次是生活、教育、财经、健康等类型	垂直类 UP 主类型多	以 KOC 为核心，强调真实用户消费体验。笔记内容占比最多的是时尚类，其次是美食、出行，同时笔记内容也在向多元化发展

---

[1] 宁延杰. 数字化营销：新媒体全网运营一本通[M]. 北京：北京大学出版社，2023.

续表

	抖音	快手	微信视频号	B站	小红书
商业化变现	适合平台主导的变现方式。如信息流、广告、直播带货等	适合达人主导的变现方式，如直播打赏、直播带货等	适合私域流量变现，如广告、直播带货、主页卖货等	根据用户群体属性，衍生出视频会员、视频广告、直播带货和视频带货等变现方式	适合私域流量变现，如广告、直播带货，并探索买手制电商

第三节 短视频营销方案的设计和制作

一、短视频营销方案的设计

（一）制定明确的目标

在制定短视频营销策略之前，企业首先需要明确目标，包括品牌知名度提升、产品推广、获客等。只有明确了目标，才能有针对性地进行短视频创作和推广。

（二）主题及内容设计

短视频需要明确主题及内容，并需要考虑以下两方面：第一，紧贴品牌和产品特点，创意独特，能够引起用户的兴趣和共鸣。第二，了解短视频是给谁看的，即考虑目标用户的需求和喜好，甚至是用户痛点，才具有吸引力和说服力。

（三）短视频制作

制作短视频是主题及内容设计的具体体现，步骤可见本节第二部分短视频的制作。

（四）选择投放平台

目前，短视频平台的发展已经进入了成熟阶段，市场格局稳定，可供投放的平台也较多，除了抖音、快手等短视频平台，还可以考虑在微博、小红书等社交平台进行投放。同时，也可以将短视频嵌入公司官网、微信公众号、微信视频号等自有媒体渠道进行推广。

（五）KOL（Key Opinion Leader，关键意见领袖）或 KOC（Key Opinion Consumer，关键意见消费者）选择

为了提升营销效果，企业的短视频营销还可以通过与 KOL 或 KOC 合作进行传播推广，甚至是售卖相关产品。选择合适的合作方需要考虑以下五个方面：

（1）根据品牌目标用户群体的特点和偏好，选择与之匹配的 KOL 或 KOC。

（2）分析 KOL 或 KOC 的影响力和粉丝基础。需要分析 KOL 的影响力和粉丝基础，包括粉丝数量、互动率、转发量、口碑等。选择影响力和粉丝基础较大的 KOL，可以提高推广效果。

（3）考虑 KOL 或 KOC 的专业领域和个人形象。需要考虑 KOL 或 KOC 的专业领域和个人形象是否与品牌相符合，是否有良好的口碑和形象。选择专业领域和个人形象与品牌相符合的 KOL 或 KOC，可以增加推广的可信度和认可度。

（4）查看 KOL 或 KOC 的历史表现和案例。需要查看 KOL 或 KOC 的历史表现和案例，了解其过往的推广效果和品牌合作经验。选择历史表现和案例较好的 KOL 或 KOC，可以提高推广效果和合作成功率。

（5）考虑 KOL 或 KOC 的定价和合作方式。需要考虑 KOL 或 KOC 的定价和合作方式，包括报价、合作方式、推广周期等。选择价格合理、合作方式灵活的 KOL 或 KOC，可以降低成本，提高合作效率。

（六）效果评估

在短视频推广过程中，需要对数据进行统计和分析，例如曝光度，转化率等根据数据调整短视频营销策略，优化短视频内容和推广渠道，提升收益和获客效益，也为以后的短视频推广总结经验教训。

二、短视频的制作

（一）短视频的前期准备

制作短视频需要做以下准备工作：

1. 根据主题来构思内容

在拍摄短视频前，运营人员需要明确拍摄思路，包括构思内容、设计剧情和选择演员。

（1）构思内容。运营人员在策划时需要根据账号的内容创作方向构思短视频内容。首先需要确定选题，例如：可以在抖音搜索内容创作方向的关键词，如"美食"，然后在搜索结果页面点击"筛选"按钮，筛选出点赞数较多的短视频，找到当前比较热门的短视频内容，然后以此为参考构思内容。

（2）设计剧情。在构思好内容后，运营人员需要将构思的内容落实，形成剧情，通过人物、对白、动作、情景、背景、音乐等元素，向用户准确传达短视频的核心思想。剧情通常以文本的形式呈现，展示参与的角色以及大概情景。

（3）选择演员。如果短视频需要通过演员传递信息，那么演员的外表需要满足剧情的设定，其表演风格要符合短视频和品牌的定位，能够体现出商品或品牌的特质，让短视频内容与推广内容自然结合。

2. 拍摄场景准备

如果创作者想制作出效果好的短视频，吸引用户，场景的搭建与还原是非常关键的。场景的搭建要与视频内容以及目标用户属性有关。很多短视频素材大部分来源于生活，因此，场景搭建不需要太过专业的设备，挖掘日常生活中的事务或环境，稍加布置即可。

3. 视频制作器材准备

（1）手机或摄像机。常用的拍摄器材有手机或摄像机等，这些器材的性能和成本各不相同，还需要考虑短视频的风格，也要注意控制成本。随着技术发展，绝大部分智能手机都能已经能胜任视频拍摄任务，可以输出4K分辨率视频的手机基本就够用了。如果预算充足，也可以准备专业级摄像机。在视频拍摄过程中，应该准备至少两个机位进行配合，最好是三个机位。三机位拍摄，不仅有助于呈现短视频的画面，也便于后期进行视频剪辑。如果仅是一个机位拍摄，会使后期剪辑时没有过渡镜头或可切换角度，显得画面单调。

（2）稳定拍摄的工具。拍摄视频时画面要平稳，如果视频画面抖动太厉害，会影响用户观看体验，因此，建议准备三脚架或手机支架等稳定拍摄的设备，如果需要通过移动完成拍摄，则建议选择手持云台以防手抖。

（3）灯光道具。灯光如果运用得当，就可以让人物或产品变得光彩亮丽，反之则容易使得视频颜色消沉，让用户缺乏购买欲望。一般不建议使用纯自然光，推荐通过性价比比较高的补光灯达到拍摄目的。灯光准备包括主光、辅光、背光、侧光、反光板以及相关实用光源。主光一般用柔光箱，柔光箱光源易于控制且均匀，能够凸显出拍摄对象的轮廓，尤其是对反光物品，可以起到漫反射作用，使拍摄光线显得更柔美，色彩更鲜艳。但同时需注意手机或摄像机靠近主光源。辅光一般放在主光相反的方向，对主光未覆盖的阴影进行补充照明，从而使阴影变浅变淡。手机、台灯等都可以作为辅光。背光打向背景方向，借助背景发射的光线塑造人物或产品轮廓。侧光则是来自被拍摄对象平行两侧的光源，它可以让被拍摄对象产生明显的明暗对比，更适合营造戏剧般的场景。反光板是照明的辅助工具，常用于改善光线，使平淡的画面变得饱满和立体。在一些特定场景中，台灯、蜡烛等光源也可以作为使用光源，突出主题，渲染气氛。

4. 软件准备

拍摄和剪辑短视频内容都需要相应的软件。目前，常用的短视频剪辑软件有剪映、快剪辑、爱拍和会声会影等，需要提前熟悉使用方法。此外，更为方便的是抖音、快手等自带的短视频拍摄和剪辑功能，易于上手。

（二）短视频的拍摄

在做好前期准备工作后，就要进入实际的短视频拍摄了。想要制作出优质的短视频，还需要拍摄者掌握一些拍摄技巧，如景别、运镜等，以提高视频的视觉效果。

1. 景别

景别是指在焦距一定的情况下，由于拍摄设备与被摄对象的距离不同，被摄对象在画面中所呈现出的范围大小的区别。景别通常由两个因素决定，一是拍摄设备的位置和被拍摄对象的距离，即视距；二是拍摄设备所运用的镜头焦距的长短，即焦距。在实践中，景别一般分为远景、全景、中景、近景和特写等类型，如图 7-8 所示，划分的标准通常是被摄对象在画面中所占比例的大小。如果被拍摄对象的是人，则以画面中截取人体部位的多少来作为标准。

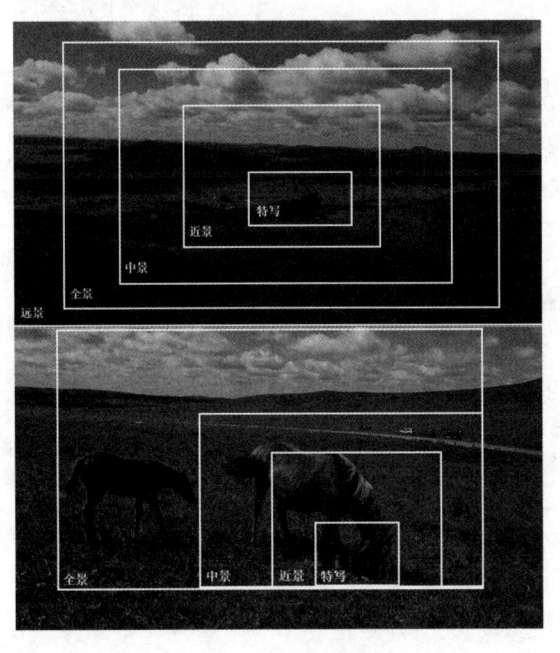

图 7-8 景别的类型

2. 运镜

在拍摄短视频的过程中，如果使用固定机位进行拍摄，难免会使画边显得有些单调。运镜可以简单地理解为镜头的运动方向，为了满足不同场景下的视频拍摄要求，让视频画面更加丰富，往往需要运用一些运镜技巧，让视频动起来，增加视频的代入感。常用的运镜手法有六种，见表7-2。

表7-2 六种运镜手法❶

运镜手法	手法介绍	效果
前推运镜	前推运镜，前推运镜是在拍摄时镜头向前移动，由从远到近进行拍摄，使拍摄场景由大到小，随着镜头的拍摄主体逐渐靠近，画面外框逐渐缩小，画面内的景物逐渐放大	前推运镜可以呈现由远及近的效果，能够很好地突出拍摄主体细节，适用于人物和景物的拍摄。例如，在拍摄草原时，镜头向前推，可以给用户营造出一种仿佛自己置身于草原中的感觉，身边的每一帧景色都清晰可见
后拉运镜	后拉运镜，指在拍摄时镜头向后拉动，从前向后进行拍摄时，拍摄场景由小到大，与前推运镜的拍摄手法正好相反	后拉运镜可以把用户注意力由局部引向整体，在视觉上会容纳更大的信息量，从而使观众感受到视频画面的宏大。例如拍摄山河景色时，使用后拉运镜，能够表现出山河的壮丽
平移运景	平移运镜是指从左向右或从右向左平行移动拍摄	平移运镜拍摄出来的画面会给用户一种巡视或者展示的感受，适用于大型场景，可以使原本不动的画面呈现出运动的视觉效果
旋转运镜	旋转运镜是指拍摄过程中通过旋转手机或者围绕着一个主体进行旋转拍摄	旋转运镜主要能够起到增加视觉效果作用，通常用于两个场景之间的过渡，能拍出天旋地转和穿越时空的感觉。比如拍摄从黑夜切换到第二天白天画面时，可以使用旋转运镜来自为转场过渡
环绕运镜	环绕运镜是指围绕拍摄主体进行环绕拍摄	环绕运镜能够突出主体，渲染情绪，让整个画面更有张力，给观众一种巡视般的视角。环绕运镜用于拍摄建筑物、雕塑物体或者特写画面等
摇移运镜	摇移运镜也称晃拍，是指上下或左右摇晃镜头进行拍摄	摇移运镜通常用于特定环境中，通过镜头的摇晃拍出模糊和强烈震动的效果，比如精神恍惚、失忆、穿越、车辆颠簸等

---

❶ 宁延杰. 数字化营销:新媒体全网运营一本通[M].北京:北京大学出版社,2023.

（三）短视频的后期剪辑

使用"剪映"剪辑抖音短视频。"剪映"是抖音官方推出的一款移动端视频编辑工具，它具有强大的视频剪辑功能，支持视频变速与倒放。创作者可以使用它在短视频中添加音频、识别字幕、添加贴纸、运用滤镜、使用美颜，使用色度抠图、制作关键帧动画等，见图7-9。另外，"剪映"还提供非常丰富的曲库和贴纸资源等。即使是短视频制作的初学者，也能利用这款工具制作出自己满意的短视频。

（四）短视频的优化和发布

要想短视频深入人心、传播得更广，创作者在发布短视频之前对短视频进行优化是必不可少的。发布前短视频的优化主要包括优化短视频封面、优化短视频标题、添加话题标签、优化短视频发布时间等，这在很大程度上会影响短视频的播放量和传播范围。

图7-9 剪映主界面

1. 优化短视频封面

短视频封面往往是用来展示短视频的核心画面，也是留给用户的第一印象。用户通过查看短视频封面，在短时间内决定是否点开短视频进行观看，可见短视频封面尤为重要，因为它直接关系到用户的点击欲望。因此想要提高短视频的播放量，创作者就要为短视频设计吸睛的封面。优质的短视频封面一般要符合以下要求：高质量的封面图片、封面要具有吸引力、封面要与短视频所属领域具有相关性、封面原创性要强、禁止违规操作，例如封面上不能出现暴力、惊悚和低俗等相关内容，不能含有二维码、微信号等推广信息，也不能带有水印。如果出现违规操作，创作者发布的短视频就不会获得平台的推荐，甚至创作者还会受到相应的处罚。

2. 优化短视频标题

要想让短视频成为热门，为短视频设置一个吸引人的标题也是必不可少的。很多时候，即使短视频的内容比较平淡，但因为创作者为短视频设置了一个非常吸引人的标题，短视频也可能会被推上热搜。优化短视频标题应注意以下五个问题：

（1）标题句式尽量避免使用大长句，而应使用短句，或者用两段式或三段式标题。例如："夏天必吃美食！轻松教你做！"

(2) 标题尽量包含高流量关键词。短视频平台在分发推荐短视频时，会根据用户输入的关键词给出搜索列表，如果短视频标题中包含用户搜索的关键词，就会被平台推荐。因此，创作者在确定短视频标题时，应尽可能多添加一些高流量的关键词，这样有利于增加短视频的推荐量和播放量。创作者可以使用相关的数据分析工具来查看关键词的相关热度指数，如微信小程序"标题大师"或者今日头条的"热词分析"等。

(3) 多使用第二人称"你"，拉近与用户的关系。

(4) 用激发用户好奇心，或易引发讨论的标题。

(5) 拒绝为"蹭热点"乱设标题。

3. 添加话题标签

在发布短视频时，在标题文案中添加话题标签，可以有效帮助短视频上热搜，帮助账号涨粉。创作者可以添加与短视频内容相关的话题标签，还可以在短视频平台搜索页面中查看当天的热门标签，在发布短视频时，可以根据实际情况添加这些热门标签。此外，创作者还可以积极参与短视频平台小助手发起的话题，额外获得推广和流量。

4. 优化短视频发布时间

创作者在发布了短视频后，经常会遇到这种情况：类型相同的短视频内容，有的短视频播放量很高，甚至可以上热搜，而有的短视频播放量却很少。出现这种情况，很有可能是因为短视频的发布时间没有选对。创作者什么时间发布短视频能起到事半功倍的传播效果呢？例如：与同类型大号的发布时间相同，在自己粉丝的活跃时间段发布，在热点事件发生的第一时间发布。

本章小结

1. 在5G时代，短视频已成为网民获取信息的重要媒介之一。短视频具有短小精悍、易于制作、传播迅速、内容多元、用户黏性高和社交属性强的特点。经过10年左右的发展，中国短视频行业发展经历了萌芽期、爆发期和成熟期，已经形成了完整的短视频产业链，以及以抖音、快手为第一梯队的相对稳定的竞争格局。

2. 抖音、快手、B站、视频号、小红书是当今现象级的流量平台，也是企业进行短视频营销的重要阵地。企业想好做好短视频营销，应该掌握主流短视频平台的特点和底层逻辑等。

3. 企业应用短视频营销，需要进行方案的设计，即制定明确的目标、设计主题及内容、制作短视频、选择投放平台和 KOL 或 KOC，以及效果评估。并且还要掌握制作短视频的流程、方法和技巧。

延伸阅读

某食品集团 A 品牌系列产品新媒体营销推广方案策划

某食品集团产品在 2022 年 1 月到 2022 年 12 月全部的整合营销传播活动全权由第三方公司来策划、执行，其中包含 3 月 15 日天猫旗舰店百亿补贴大牌日的促销活动，下面以 2022 年 3 月 15 日该食品集团 A 品牌系列产品天猫旗舰店百亿补贴大牌日为例，介绍一下该促销活动如何进行前期新媒体策划以及后期的效果分析。

一、项目背景及目标

A 品牌是某集团旗下的品牌之一，包括五个系列，多款产品，是一个针对国内母婴市场的高端婴儿食品品牌。本次新媒体营销推广项目是针对 2022 年 3 月 15 日天猫旗舰店百亿补贴大牌日的促销活动。

本次新媒体整合营销传播目的是经过整个周期的新媒体营销从前期预热到直播爆发再到长尾期，通过母婴类达人视频以及图文的发布，在抖音、小红书以及微博进行推广，为整个百亿补贴大牌日活动引流，促进实现销售转化。并为产品推介、品牌展示创造机会，帮助建立品牌识别和品牌定位，有效地快速提升品牌知名度与美誉度。在合作的 KOL 日常发布的推文或视频中，保持基本人设以及内容调性的条件下进行软植入，主要内容中需要包括"28 天新鲜购""专利品质""买就能实现冰墩墩自由"等重要卖点，并在文案中或者评论区附带天猫官方店铺链接，便于目标消费者点击跳转从而促进销售转化，目标 KPI 是爆发期直播后能够达到 669 万的曝光量以及 84100 的互动量，并且本次项目预计在 3 月 16 日—3 月 31 日期间达到 120 万元的总销售额。

二、项目内容

（一）新媒体平台选择

本项目选择三个平台进行传播，分别为小红书、微博和抖音，这三个平台是时

新媒体营销 >>>

下用户量很高的新媒体平台，并且每一个平台都有自己的特色。

小红书：小红书是一个生活方式"社区"，拥有超过半数的用户集中在一线、二线城市，其中70%是90后，是一批拥有较高消费能力的年轻女性，这也是A品牌系列产品的主要目标客户群。2022年2月，小红书达人合作平台更名为"蒲公英平台"，合作方式扩展到了直播带货、笔记合作以及好物的推广。据新榜统计，目前已经有超过52000名用户进驻了蒲公英，超过65000家公司账号进入了该网站，2021上半年的商务注册数超过11万，线下消费的品牌数量日渐增多，覆盖领域呈现多元化趋势。这为营销传播活动提供了便利，因此小红书是新媒体市场中必不可少的一种销售渠道。而且小红书的直播是分享型的直播，不仅人气很高，粉丝信任度也很高，因此转化率都很高。根据官网统计，由于有大量的忠实用户，因此有强烈的互动欲望，正是因此小红书如此适合种草；许多品牌也纷纷在这个网站上进行市场推广，且内容商业化的势头显著，商业日志的数目在2020年1—6月增长了149%以上；商务消费以"美妆"为主，占42%以上；账号的宣传价值不断攀升，每一千个粉丝的出价都提高了38%；以女性观众为主体的主播，其主播流量已初见端倪，其人均消费在341元左右，比抖音等短视频网站高出5倍。

微博：微博是一个信息共享、传播和获取的平台，主要特点是用户信息的自主性、共享性、互动性和开放性。微博营销胜过传统的广告业，其传播内容无须烦琐的行政许可。微博的传播简短、简洁，强调当前所做的有意义的事件，而非系统的、严谨的企业信息或产品的简介，这样可以节省很多的时间和费用。微博的传播速度很快，很容易被人转载，一条热度很高的微博，通过网络和相关的App，在很短的一段时间里，就会被转发到整个微博的各个地方。尤其是明星效应可以将新闻的传播效果成倍地扩大。所以，通过微博来推广新媒体，既可以提升该品牌系列产品的知名度，又可以提升产品的销量。

抖音：与传统的新媒介相比，抖音不仅在视频的时间长度上存在差异，而且在表现形式上也存在着很大的差异。另外，抖音还把传播性和社会性作为研究的重点。针对短视频的庞大用户群，定制出符合用户口味的创意短剧，同时还会利用更精准的个性化信息进行个性化的宣传。一是从其本身的特点出发，挖掘其产品的核心卖点，抓住重点的广告和促销时机，精心策划视频内容。另外，在影片的后期，选择合适的主题、音乐背景、场景等。在短短15秒内产生刺激的感觉，从而赢得顾客的青睐。因此，很多商家在推广抖音的时候，都会注重自己的创意，比如将产品融入剧情，进行软植入，增加用户的接受度。

（二）文案内容设计

在设计文案内容时，针对小红书测评百科、好物榜单的特性，通过大量文字详细介绍了产品所含有的营养物质以及专利配方，打造高端品质权威认可的形象，为目标用户和潜在用户群进行科普。而在针对抖音平台的内容设计时，尽量贴合 KOL 人设，与其他视频风格相符，使营销传播看起来不生硬。另外，人们在微博平台更容易被有趣的事物吸引，因此设计制作一些卡通图片，图文结合介绍该品牌系列产品的品质，不仅更加直观，也更加符合微博轻松活泼的风格。

（三）投放形式

本次该集团的产品在"3·15 天猫旗舰店百亿补贴大牌日"新媒体营销项目中选用的三个平台，都包含但不限于视频和图文这两种传播形式。在小红书平台选择了主流的图文结合的形式进行转播，并且以文字为主图片为辅，详细介绍了该集团产品的优势卖点。在抖音平台也是以主流形式短视频进行营销传播，简略体现了产品卖点，但是并没有在视频页面显示跳转链接，而是放在评论区，采用较为隐晦的方式进行营销传播。而微博平台则采用了较为新颖的一张长图九宫格的方式进行传播，同样为图文结合但是图片含量远远高于文字含量。

（四）KOL 选择

KOL（关键意见领袖）是企业进行新媒体营销通常会合作的对象，本次通过 KOL 合作传播目的主要是直播活动的热度延续，因此，采用的是各个新媒体平台分时间段发布，进行全方位的引流。在进行 KOL 的选择时，粉丝量级和人设风格是重要的选择指标，不仅要选择一些百万粉丝的知名 KOL，同时也要搭配一些粉丝量较少，但是发展势头良好的账号。KOL 发布内容针对的目标人群要尽量贴近 A 品牌系列产品的目标消费人群，这样才能更好地促进销售转化，并需提前沟通传播节奏以及账号档期。

（五）项目执行时间

项目活动时间为 2022 年 3 月 1 日到 3 月 31 日，持续 1 个月。整个项目活动共分为三个阶段：

预热期（3 月 1 日—3 月 14 日）。由两位具有知名度的明星宝妈在 3 月 8 日女神节，通过视频发布的形式在微博发声，背书 A 品牌系列产品"28 天新鲜购"品质保证，再由官方微博号转发母婴类达人发布的百亿补贴大牌日抢奶攻略长图，帮助目标宝妈做抢购功课，为后续的大促进行引流。

爆发期（3月15日—3月16日）。邀请母婴领域权威博主坐镇聚划算百亿补贴直播间，传授育儿知识，为A品牌系列产品站台，并且通过微博平台进行传播配合引流，同时在抖音和小红书平台发布科普、测评达人定制礼盒开箱，通过KOL或者KOC对A品牌系列产品品质的测评，来进行销售引流。

长尾期（3月17日—3月31日）。在微博发布"一张长图告诉你A品牌系列产品新鲜品质背后的秘密"的主题帖，通过对于A品牌系列产品生产每个步骤所涉及的数字进行强化，突出体现A品牌系列产品的品质保证。

三、效果评价

本次营销效果分析的是A品牌天猫旗舰店百亿补贴大牌日长尾期的新媒体营销的效果。长尾期的新媒体营销活动在小红书、微博和抖音三个平台进行投放。2022年3月16日—3月18日先在微博投放，由粉丝数量百万级母婴类的KOL发布"一张长图告诉你A品牌系列产品新鲜品质背后的秘密"的帖子，详细展示A品牌系列产品从原料到成品的全过程，突出其新鲜品质。然后在3月22日—3月30日在小红书和抖音这两个平台进行投放。小红书主要通过让万粉和十万粉母婴类的KOL发布长文，详细介绍A品牌系列产品的原料、配方、工艺等主要卖点。而抖音则是选择百万粉丝母婴类的KOL在其日常视频中进行软植入，通过简略提及A品牌系列产品及其卖点的方式，达到营销传播的目的。

（一）互动内容分析

收集了从2022年3月16日开始发布，截止到2022年5月8日累计的所有互动内容，然后进行归纳统计。

小红书：在小红书平台进行互动的用户中，有67%的内容是对产品有积极作用的评论（图7-10），在这67%中有37%的用户表示对赠品感兴趣，有37%的用户认为产品包装设计得十分便捷，有26%的用户对产品自身十分认可（图7-11）；而有33%的内容是对产品有负面影响的评论，其中有76%的用户表示该产品不适用自家孩子，另外有24%用户表示单纯不喜欢该产品（图7-12）。可以看出大家对A品牌系列产品好感还是比较高的，但是大家更关心除品质外的赠品、包装等方面。

抖音：在抖音平台进行的互动中，有93%的内容与A品牌系列产品无关（图7-13），只有7%的内容与营销的产品相关，且其中有10%为负面评价(图7-14)。评论中与A品牌系列产品无关的内容主要为对视频内容进行点评、对博主视频内容进行提问以及通过爱心、玫瑰花和大拇指等表情评论表达对博主的喜爱；而对产品进行正面内

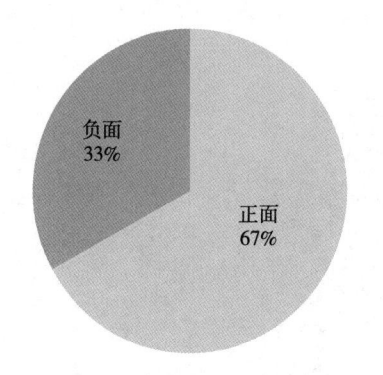

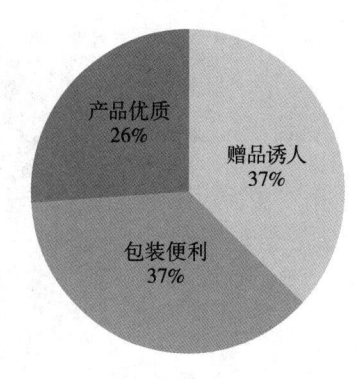

图 7-10　小红书平台互动内容占比图　　图 7-11　小红书平台正面互动内容占比图

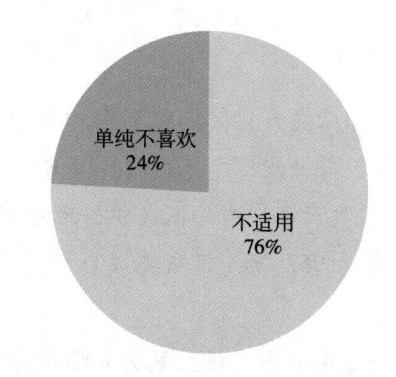

图 7-12　小红书平台负面互动内容占比图

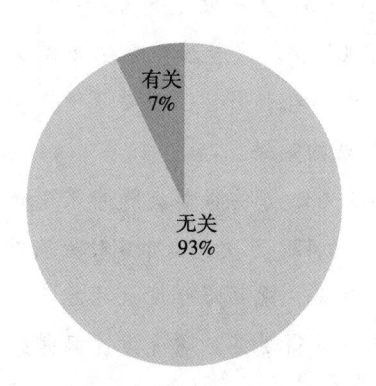

图 7-13　抖音平台与广告相关互动内容占比图　　图 7-14　抖音平台互动内容占比图

容互动的评论则都是对品牌的赞美。

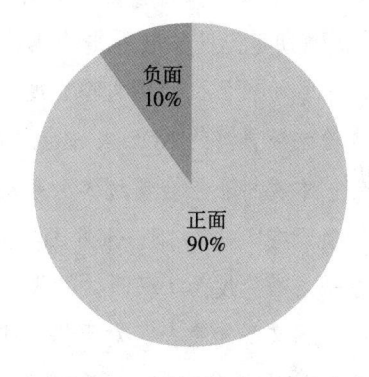

微博：在微博平台进行互动的用户中，都是对产品进行积极正面的评价，其中认为 A 品牌系列产品是值得信赖品牌的内容占 50%，认为 A 品牌系列产品安全品质有保障的内容有 17%，认为 A 品牌系列产品优质营养含量高的内容有 10%，同样认为冰墩墩这个赠品极具吸引的内容也占 10%，另外有 13% 的内容认为这个产品看起来不错，表示出了极大的兴趣（图 7-15）。

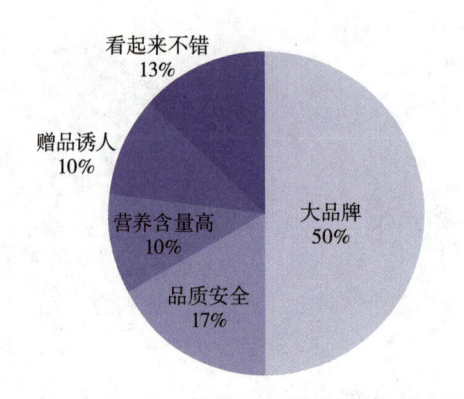

图 7-15 微博平台正面互动内容占比图

(二) 曝光度分析

收集了从 2022 年 3 月 16 日开始发布，截止到 3 月 30 日累计的所有数据，包括曝光度、互动量和销售额三方面，并从这三个方面进行归纳统计。这里曝光度是指，合作的 KOL 所发布有关 A 品牌系列产品广告的图文和视频的浏览量。三个平台目标总曝光度为 669 万，实际曝光量为 952 万，超额完成目标任务。统计 KOL 粉丝数据，分析是否与曝光度相关。

小红书：本次小红书平台通过 4 个平均粉丝数为 80000 的母婴类账号采用"图片+文案"的形式进行传播，在 3 月 22 日—3 月 31 日总曝光度为 48029 次，高于 40000 次的预期曝光度，账号平均曝光度为 12007 次。账号粉丝量越多图文曝光度就越多，账号粉丝量少，图文曝光度也少。对于小红书平台，想要获得更多的曝光度，选取粉丝数量高的 KOL 来进行发布会有更好的效果。

抖音：本次抖音平台通过 3 个平均粉丝数为 633 万的母婴类账号采用视频的形式进行传播，在 3 月 24 日—3 月 31 日总曝光度为 472 万次，高于 400 万次的预期曝光，账号平均曝光度为 157 万次。账号粉丝量越多，视频曝光度反而越少，而账号粉丝量少，图文曝光度多。对于抖音平台，想要获得更多的曝光度，只是按粉丝数量级来选取 KOL 进行发布，反而会适得其反。

微博：本次小红书平台通过 3 个平均粉丝数为 400 万的母婴类账号采用"图片+文案"的形式进行传播，在 3 月 16 日—3 月 31 日总曝光度为 476 万次，高于 265 万次的预期曝光度，账号平均曝光度为 159 万次。当账号粉丝量高的时候，曝光度时高时低，因此曝光度与账号粉丝量无关。对于微博平台，想要获得更多的曝光度，不能仅按照粉丝数量级来选取 KOL 进行发布。

(三) 互动量分析

这里互动量包括了点赞量、收藏量、评论量、转发量这些数据，根据平台不同，总互动量包含的也不同。三个平台目标总曝光度为 669 万，实际曝光量为 952 万，超额完成目标任务。

小红书：小红书平台可量化的互动方式有点赞、收藏和评论。在 2022 年 3 月 22 日—3 月 31 日总互动量为 1677 次，高于 1600 次的预期互动量，账号日均曝光度为 419 次。账号粉丝量越多图文互动量就越多，反之亦然。对于小红书平台，想要获得更多的互动量，选取粉丝数量高的 KOL 来进行发布会有更好的效果。

抖音：抖音平台可量化的互动方式有点赞、评论、分享和收藏。在 3 月 24 日—3 月 31 日总互动量为 78768 次，低于 80000 次的预期互动量，账号日均曝光度为 26256 次。当账号粉丝量高的时候，互动量时高时低，因此互动量与账号粉丝量无关。对于抖音平台，想要获得更多的互动量，不能仅按照粉丝数量级来选取 KOL 进行发布。

微博：微博平台可量化的互动方式有点赞、转发、评论。在 3 月 16 日—3 月 31 日总互动量为 8093 次，高于 2500 次的预期互动量，账号日均曝光度为 2698 次。当账号粉丝量高的时候，互动量时高时低，因此互动量与账号粉丝量无关。对于微博平台，想要获得更多的互动量，同样不能仅按照粉丝数量级来选取 KOL 进行发布。

（四）销售额分析

本次 A 品牌系列产品百亿补贴大牌日长尾期目标总销售量为 120 万元，实际销售量为 180 万元，超额完成目标任务。从 2022 年 3 月 16 日开始，直到 3 月 31 日跳转量和进商数，整体随着日期增加，进商数随着跳转量呈波浪且持续上升的趋势。虽有个别天数数据下降，但整体呈现上升的趋势。并且在 3 月 24 日三个平台全部开始投放推送时，以及 3 月 28 日推送几乎投放完毕时，达到跳转量和进商数的高峰期，见图 7-16~图 7-18。递进式投放推送能够达到客观的效果。其中，跳转量为平台用户通过推送里面携带的链接，跳转到淘宝平台的天猫旗舰店的数据。而进商数则是由推送入口跳转到淘宝天猫期舰店后，进入了商品的详细介绍页面的数据。

本次该品牌系列产品百亿补贴大牌日长尾期目标跳转量约为 800 万次，进商数约为 600 万次，销售额约为 120 万元，其中跳转量和销售额达到了预期数据，但是进商数并没有达到（表 7-3）。由图 7-19~图 7-22 可知，跳转量和销售额均超过目标数量，但是进商数并没有完成任务。并且小红书平台虽然跳转量和进商数在总量中占比为 2%，但是其带来的销售额却有 13% 之多，而微博平台虽然跳转量和进商数较多，但是与其销售额占比不对等。说明并不是跳转量和进商数越多的平台，销售额就会高，还需要考虑用户购买力、客单价等因素。

新媒体营销

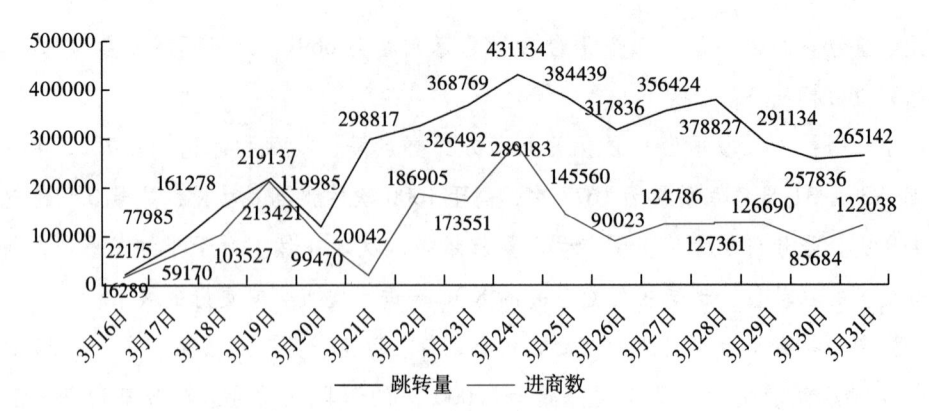

图 7-16 微博平台销售数据折线图

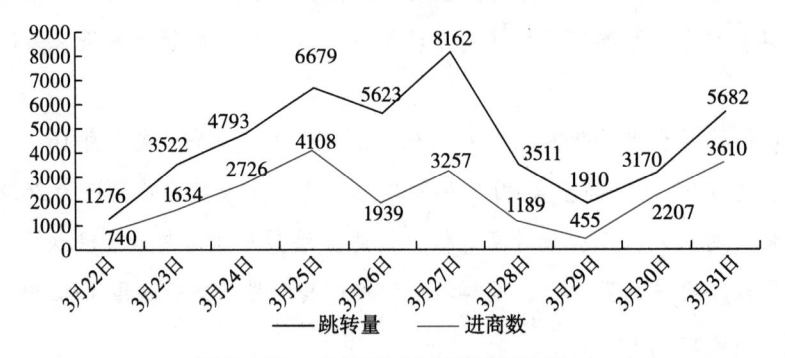

图 7-17 小红书平台销售数据折线图

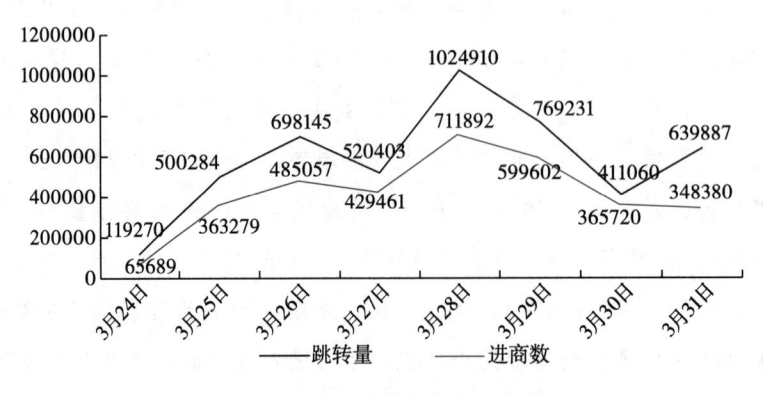

图 7-18 抖音平台销售数据折线图

表 7-3 销售数据汇总

平台	小红书	抖音	微博	总和	KPI
跳转量/次	44328	4683190	4277410	9000000	8000000
进商数/次	21865	3369080	1983700	5370000	6000000
销售额/元	230000	960000	610000	1800000	1200000

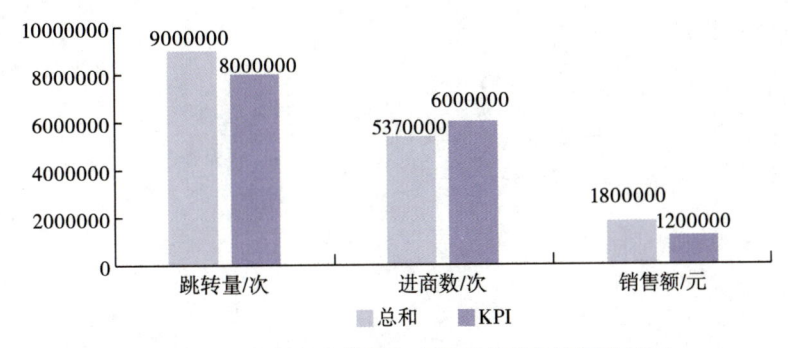

图 7-19　目标销售数据和实际完成销售数据柱状图

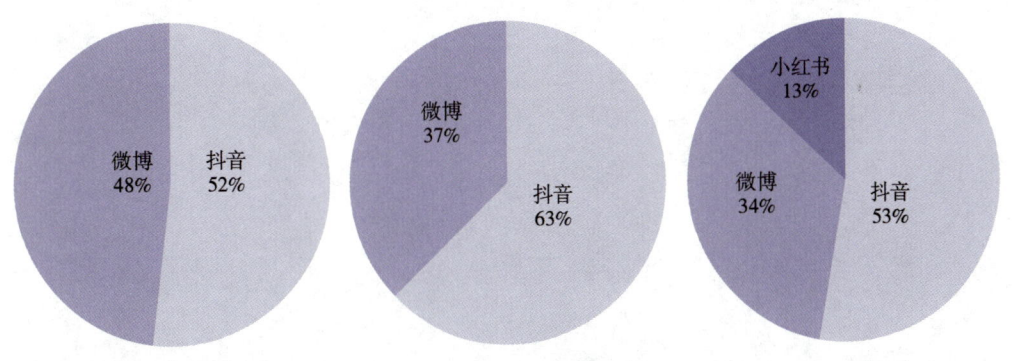

图 7-20　各平台跳转量占比图　　图 7-21　各平台进商数占比图　　图 7-22　各平台销售额占比图
（资料整理：赵欣阳）

课后思考

1. 短视频的特点有哪些？
2. 中国主流短视频营销平台有哪些，其各自的特点和基本运营是怎样的？
3. 如何设计短视频营销方案？
4. 根据短视频制作流程，制作一条短视频。

第八章　直播营销

学习目标

1. 了解不同直播平台的特点和基本运营
2. 掌握电商直播的常规操作
3. 解读直播数据及其提升要点

内容要点

1. 直播及直播营销
2. 直播平台的分类
3. 电商直播的一般操作
4. 直播数据的分析

课程思政

《国务院办公厅关于以新业态新模式引领新型消费加快发展的意见》强调"引导实体企业更多开发数字化产品和服务，鼓励实体商业通过直播电子商务、社交营销开启'云逛街'等新模式"，通过对直播营销的学习，培养学生的文化自觉，使其养成良好的新媒体道德观，从而帮助营造良好网络生态。

引导案例

国货品牌的直播时代

2023年9月12日，由老年主播开始了活力28衣物清洁旗舰店的直播带货。没有专业的直播间与镁光灯，直播间背景就是工人包装或上货的实时场景。

据《每日经济新闻》记者报道，该直播间运营主体并非湖北活力集团有限公司（以下简称活力28集团），而是与其合作的代工厂商。直播带货主播为代工厂商的人员以及活力28集团派驻的人员。直播间开通一个多月，之前官方并没有安排主播，只是直播车间生产和机器包装，与网友分享车间日常状态。但是9月上旬，直播间网友要求介绍生产线，三位小老头临时被抽调过来进行直播介绍。截至2023年9月19日，活力28衣物清洁旗舰店的抖音平台粉丝量已经达到471.0万（图8-1）。

活力28，始建于1950年，作为诞生于湖北沙市的国产品牌，它是第一家在央视打洗衣粉广告的企业，伴随着"活力28，沙市日化"的广告语，这个品牌曾经火遍大江南北。类似的老牌国货品牌比比皆是。每一个响当当的国货品牌，在传统市场上都有着极其辉煌的历史。

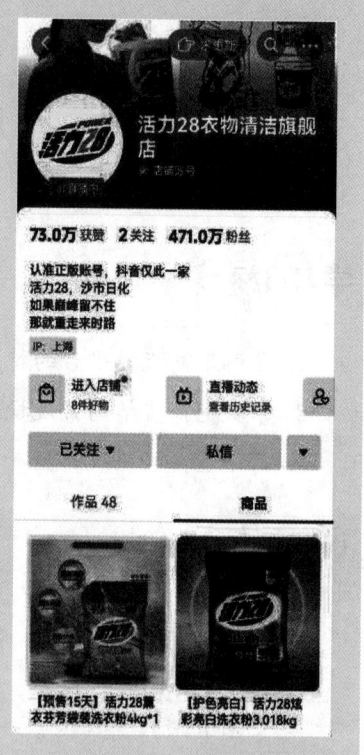

图8-1 活力28衣物清洁旗舰店的官方账号

随着消费需求的改变，销售渠道的改变，沟通方式的转变，老牌国货品牌似乎慢慢地被新时代的消费者遗忘。但有些能够积极拥抱变化的老牌国货品牌已经慢慢转型升级，走出低谷。直播带货是老牌国货品牌电商运营的新尝试。例如蜂花，产品质量获得新时代消费者的认可，拥有稳定的忠实顾客，通过直播带货、情感营销和事件营销吸引了一波又一波的年轻流量。

第一节　直播营销概述

一、直播营销的基本概念

直播营销是指在现场随着事件的发生、发展进程同时制作和播出节目的营销方式，该营销活动以直播平台为载体，达到品牌提升或是销量增长的目的。

目前，我国直播主要可分为电商直播、电竞直播、体育直播和娱乐直播这四大类。

根据《中国网络表演（直播与短视频）行业发展报告（2022－2023）》发布数据显示，截至2022年12月，我国网络直播用户规模达7.51亿，同比增长6.7%，占整体网民的70.3%。2022年我国网络表演（直播与短视频）行业整体市场营收达1992.34亿元（不含线上营销广告业务），较2021年增长8%，直播、短视频行业直接或间接带动就业机会超1亿个。

二、直播营销的优势

1. 即时

相比于传统媒体的录播，直播基本无剪辑、无后期，观众能够看到开始、发展和结果，第一时间看到真实现场，看到的就是即时发生的，观众的反馈也是直观的。

2. 互动

通过直播对产品或服务进行直观、详细的讲解，及时回答互动区的用户提问，或根据弹幕区的用户反馈及时调整直播进度。互联网直播时代能够真正实现企业与用户、用户与用户之间真实、有效、快速的互动。

3. 精准

企业直播通常有自己的时间表，在特定时间内，观众进入直播页面，观看直播，或者在不同社交媒体平台，刷到感兴趣的品牌直播简介，进入直播间观看。不管以何种形式进入直播间，企业面对的直播观众都是对产品或者服务有兴趣的。通过直播展示的产品或服务、主播的讲解技巧，企业能够真正精准获取并抓住目标消费人群。

三、直播平台的分类

根据直播平台主打内容,可将直播平台划分为综合类直播平台、秀场类直播平台、电商类直播平台、知识教育类直播平台、游戏类直播平台。

1. 综合类直播平台

综合类直播平台通常包含较多的直播类目,用户进入平台后会有多种多样的选择,根据不同需求,可选择游戏直播、才艺直播等等。

目前,各大应用市场下载量较高的综合类直播平台有映客直播、花椒直播等。除此之外,像抖音、快手等短视频App因内容丰富且流量更为聚集,其直播版块可媲美综合类直播平台,以抖音App为例,在直播设置中,可选择内容如表8-1所示。

表8-1 抖音App直播内容选择

直播内容选择一级目录	直播内容选择二级目录
音乐	唱歌、白噪音/助眠、纯音乐、乐器演奏、其他音乐
舞蹈	民族舞、街舞、现代舞、专业舞蹈、广场舞、手势舞、宅舞、其他舞蹈
聊天互动	日常聊天、声控声优、其他聊天
户外	探险、钓鱼、徒步、户外工作、公园街景、赶海、旅游风景、自驾旅行、民宿/酒店分享、旅行随拍、其他户外
文化才艺	武术、杂技、绘画、手工艺、戏曲曲艺、书法、茶艺、棋牌、艺术签名、其他才艺
美食	饮品制作/教学、美食制作/教学、美食探店、其他美食
知识教学	兴趣教学、语言教学、综合教育、职场技巧、自然知识、历史知识、文学/国学知识、科学知识、法律知识、读书/朗诵、其他教学
其他	健身、体育运动、宠物、房产、游戏、购物/电商、养生、服饰、美妆、科技、励志鸡汤、情感咨询、二次元、虚拟形象、汽车展示/测评、其他品类

2. 秀场类直播平台

秀场类直播是直播行业中起步较早的模式之一,本质是模仿传统选秀节目搭建的直播平台,主播展示唱歌、舞蹈等特长和才艺,博取观众喜欢。目前具有代表性的秀场类直播平台有腾讯NOW直播、YY直播等。秀场类直播的核心是主播,主要通过主播和粉丝建立连接,赚取打赏收入,增加平台盈利。传统秀场类直播平台受短视频App影响较大,如YY直播、六间房等都在积极探索业务转型,在内容布局上涵盖更多领域,在直播上探索更多玩法。

腾讯 NOW 直播是一款手机直播 App，通过微信、QQ 账户登录即可开始直播互动，涵盖才艺、游戏、生活等直播内容（表 8–2）。

表 8–2 腾讯 NOW 直播内容选择

直播内容选择一级目录	直播内容选择二级目录
秀场	舞蹈、唱歌、乐器演奏、聊天互动、秀场其他
生活	生活分享、一起看、知识、体育运动、二次元、电商、生活其他

YY 直播于 2022 年底被百度收购，目前致力于打造全民娱乐的互动直播平台，以多样主播互动、优质的直播内容、极致的互动体验，满足用户音乐、舞蹈、户外、脱口秀、体育等直播及热门游戏直播的观看需求。

3. 电商类直播平台

电商类直播（商务类直播）具有更多的商业属性，在这类直播平台上进行直播的企业带有明确的营销目的。品牌尝试以更低的成本、更直观的展示吸引用户并促成交易。目前，最具有代表性的电商类直播平台是淘宝直播、京东直播。

电商类直播的主播通常会通过信息介绍、细节展示、试用或试穿、评价或推荐等服务，增加观众对主推商品的信任度，促使观众做出购买决策。而观众则通过弹幕评价或提问、点赞、加入粉丝团、领取直播优惠券、享受直播价格等方式与主播互动，直观了解主推商品，电商类直播增强了观众的直播观看体验和参与感。

淘宝直播自 2016 年 3 月起运营，定位在消费类直播，是淘宝旗下的一项直播电商服务，旨在帮助商家打造高品质的直播内容，提高消费者的购买体验，进一步促进商品销售。通过淘宝直播，商家可以在直播中展示商品和宣传促销活动，观众可以在直播中与主播互动、咨询商品信息，并直接在淘宝购买商品。

4. 教育类直播平台

教育类（知识类）直播近年来发展迅速，一是受到教育培训改革的影响，众多教育机构转型线上；二是随着教育开放程度的提高，线上课堂成为授课方式之一。相对于传统在线教育平台以视频录播、PPT 讲解为主的形式，教育类直播平台的互动性更强，能更好地满足教育主播的功能需求。目前比较有代表性的教育类直播平台有腾讯课堂、网易云课堂、沪江 CCtalk、千聊、荔枝微课、猿辅导、作业帮直播课、有道精品课等。其中，腾讯课堂、沪江 CCtalk 等平台是在原有在线教育 App 中开发了直播功能，最大限度地还原线下课堂场景，而荔枝微课等为独立开发的教育直播平台，知识主可以一分钟搭建属于自己的知识店铺，平台提供全域一体化运营变现解决方案，通过构建多渠道全链路数字化商业闭环，帮助知识主实现知识变现。

5. 游戏类直播平台

随着网游、电竞的发展，游戏行业一直备受关注。游戏类直播平台主要针对游戏、电竞的实时直播平台。目前比较受欢迎的游戏类直播平台包括斗鱼、企鹅电竞、虎牙直播等。斗鱼提供高清、快捷、流畅的视频直播和游戏赛事直播服务，包含英雄联盟直播、王者荣耀直播、穿越火线直播等（图8-2）。

图8-2 斗鱼平台游戏直播

四、直播的主要盈利方式

1. 礼物打赏

观众在直播过程中通过赠送虚拟礼物或打赏，是比较常见的一种直播盈利方式。直播平台的打赏收入通常与虚拟货币的销售相对应，观众购买虚拟货币，兑换礼物，不同礼物有不同价格和价值，主播通过与观众积极互动，获得礼物打赏，直播平台参与分成（图8-3）。

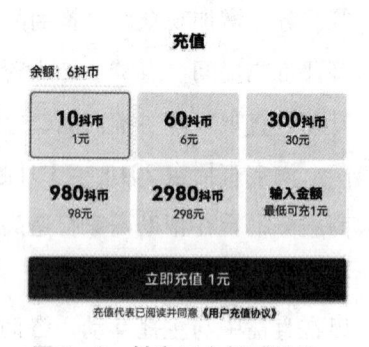

图8-3 抖音平台抖币兑换

2. 商品销售

主要为电商直播，主播向观看直播的消费群体推销商品，视频本身比图片更接近商品的真实状态，更直观地展示商品外观，因此极具吸引力。电商直播平台通过提取销售佣金或销售自有商品实现平台的电商业务收入。

3. 广告收益

依托直播平台直播间的用户基础和访问流量，商家支付费用提高品牌或产品的曝光度，进行品牌宣传。

4. 知识付费（内容付费）

常见于一对一直播、在线教育等直播模式。观众通过购买课程、计时付费等方式进入直播间学习观看，付费直播的内容质量相对较高，可以有效留住观众，为平台和主播增加业务收入。

五、直播风险

1. 版权相关问题

在直播营销中使用的一切物料，如背景板、音乐、贴图等，企业或主播要自己审查，未经授权使用他人作品会侵犯版权，引发法律纠纷。

2. 主播话术审核

无论直播间流量大小，均需在直播前对主播的直播话术、文本内容或环节提示卡进行审核，严禁主播在直播间发表低俗言论，避免因主播随意发挥的"信口开河"而违反相关规定。企业或品牌直播间更要注意此问题，以免对品牌口碑造成影响。

3. 弹幕实时监控

弹幕是指观看直播的用户发送的评论性字幕，可以不同样式或特效形式出现在屏幕上。直播运营团队要在直播管理的同时，对弹幕内容进行有效的实时监控，发现内容问题应当第一时间阻断并及时处置。

第二节　电商直播的操作

一、直播前期准备

1. 选择平台

（1）考虑直播主题。

不同直播平台有不同的主打内容，即使是像抖音这一类"全面发展"的平台，也会有不同的流量倾斜。要根据直播主题，选择适合的直播平台。

（2）考虑目标受众。

不同的人群有不同的需求和兴趣爱好，其对直播平台的选择也不一样。比如，同样是短视频 App，快手和抖音的受众不同；同样是购物平台，淘宝和拼多多的受众也明显不同；同样是游戏直播平台，虎牙和斗鱼的用户画像也具有一定差异。品牌在直播规划时要根据品牌受众的特点和喜好，选择适合的直播平台。

（3）考虑平台流量及稳定性。

不同直播平台的入驻条件、玩法和规则都不尽相同，而平台自身的流量、稳定性、直播清晰度设置对于企业来说也是需要着重考虑的因素之一。

根据淘宝网显示，截至 2023 年 5 月 31 日，淘宝直播用户规模达 4.6 亿人，占总体网民数量的 44.9%，整体人数较 2022 年 1 月增长 7579 万。

根据快手科技发布 2023 年第一季度业绩财报显示，快手应用的平均日活跃用户和平均月活跃用户分别达到 3.743 亿和 6.544 亿，同比增长 8.3% 和 9.4%，短视频及直播内容的总观看次数同比增长超 10%。一季度，快手应用的互关用户对数累计达到 296 亿对，同比增长 57.6%。

根据公开数据，抖音活跃用户数量为 6.8 亿，日活用户数量高达 6 亿，2022 年 6 月抖音活跃用户规模高达 8.13 亿，用户的活跃渗透率也达到了 59.2%，2022 年抖音电商的 GMV（Gross Merchandise Volume，商品交易总额）达到了 1.41 万亿元，同比增长 76%。

2. 确定商品

企业/品牌直播间与带货主播直播间选品法则略有不同，但是对于电商直播而言，直播商品的选择要满足以下要求：

（1）选择的商品要与直播账号的定位保持一致。

对于企业/品牌直播间而言，其调性与品牌调性保持一致，所选商品必然是品牌旗下商品，在选品配置上，要注意基本款或畅销款、引流款或流行款、特色款或利润款、过季款与库存款配比铺货。除了款式与数量外，不同商品适合的直播时段也不同。

不同品牌直播间，其承担的功能也不同。如"掌上优衣库"抖音官方直播间，其主推商品以当今新品为主，主要进行产品的搭配展示和款式特点说明。"太平鸟女装官方旗舰店"抖音官方直播间，其主推商品除了当今新品外，工作日上午时段的直播也会以基本款商品为主。

对于带货主播直播间而言，选择的商品要与主播账号日常内容相关，才能获得观众/粉丝认可。如游戏主播和美妆主播适合的商品范畴不一样。同样是穿搭主播带货，一贯轻奢精致风格的主播对于国潮或街头风格服装的推荐，可能不会使消费者信服。

（2）选择的商品要适合直播模式。

不是所有商品都适合电商直播，比如奢侈品牌、房产品牌。通常，电商直播的商品具有易展示性，以品牌商品和快消品为主。

易展示性指商品本身、生产过程、使用过程等，在直播过程中便于主播进行展示。譬如美妆产品直播，除了展示商品的外观等，主播还可以通过现场化妆等方式展示产品的使用方法和使用效果。

（3）选择的商品要能够满足观众/粉丝需求。

无论是品牌直播间还是主播个人直播间，其观众和粉丝的需求都是不一样的。通过数据客观准确地了解粉丝群体的相关属性，才能找出适合的商品，提升直播间转化率。譬如，根据粉丝年龄、消费能力、偏好等维度分析其潜在需求，然后根据需求进行直播选品，规划直播间商品构成。

如抖音电商达人后台是抖音电商的核心，它为抖音电商达人提供了各种有用的功能和工具，其中最重要的功能之一是分析工具。这个功能可以帮助抖音电商达人分析他们的受众群体，了解他们的兴趣和需求。

3. 确定主播

大部分直播间的产品需要主播进行讲解销售。同样的商品，不同的主播，其销售量也不尽相同。主播的专业能力、个人魅力、销售能力直接影响直播间转化率。

合格的主播，在直播时，要有积极饱满的热情，干净整洁的形象，合规良好的表达。

首先在外在形象上，出镜主播着装整洁大方，无违规着装。如果是品牌直播间，主播则要穿戴品牌商品，同时担任模特，展示商品。

其次在语言表达上，要求口齿伶俐，语音准确，吐字清晰，表达流畅。在介绍商品时，以品牌或商品直播话术为基础，按照自己的惯有节奏和逻辑进行商品讲解，同时要能兼顾到粉丝和观众的弹幕提问，整体做到心中有数，思路清晰。

4. 搭建场景

直播场景主要由两种，一种是在品牌或主播直播间进行室内直播，另一种是在酒店、生产地等服务场景或生产场景中进行户外直播。

直播间的场景设置主要从画面清晰度、灯光效果、背景设置和道具等方面进行直播场景搭建。

（1）画面清晰度。

目前，大多数直播是由手机完成。手机直播的画面清晰度与手机拍摄视频的分辨率、手机内存、网络稳定性等因素有关。所以，手机直播需要一部内存充足、摄像头像素水平高、性能稳定的手机设备。

(2) 灯光设置。

高质感的直播画面要求产品色彩等外观属性展示准确,细节清晰,仅网速快和手机像素高是不够的,直播间还需要足够明亮的灯光。

灯光是直播配置中非常重要的一个场景元素,灯光的分类有多种,包括光源、光照角度、亮度、色温等类别,每种分类的不同特点都会产生不同的效果和作用。在直播间中,灯光的布置是一门技术。常见直播灯具有射灯、柔光灯、补光灯等。

柔光环形灯,利用增大的出光面,扩大出光角度,达到柔光效果。相比面板灯,具有更高的性价比。镂空的圆形空间可以作为灯体的控制面板和直播的手机夹。一般它通常放置在主播正前方,光线柔和、不刺眼,调整环形灯角度扣向商品,即可进行直播。

LED 常亮灯也是直播间经常会使用的灯光设备之一,它可以做主光源,也可以用来补光。搭配不同的柔光罩具有不同的作用。配搭球形柔光罩,光源分散均匀,方便大面积打光、控制色温,可以用作主光源,能使室内光线均匀柔和,减弱阴影。搭配深抛箱,光源更集中,可以用于提亮主播面部,如果拍摄场地够大,并想把背景压暗且不影响主播,可以使用它。配搭八角柔光箱,它光线均匀,发光面大,可以作为小空间直播的主光,也可以用作直播面光和眼神光或单独控制人物色温与亮度。方形柔光箱的作用与八角箱类似,虽然柔和度和均匀度稍有逊色,但是价格便宜且便携度高。

LED 平板补光灯,便于携带,且具有可调节的多档色温,但是光线覆盖范围较小。

在直播间中,灯光的布置方案也很重要。直播间对光线要求较高,光线要明亮柔和,注意打光效果,尤其是人物的面光,不要过暗或者过曝。

(3) 背景设置和道具。

和线下终端一样,直播账号定位决定了直播间的调性,进而决定了直播间的背景色彩、画面等元素设计。

一般而言,为了凸显产品本身,室内直播间的背景设置都较简洁,品牌名称或 LOGO 等是官方直播间背景必备要素。如在直播间的背景墙上展示大字体的品牌名称,或者将品牌 LOGO 放置在直播间显眼的位置。也可以通过直播画面设置显示品牌名称。限时直播优惠信息或售后服务信息也可以作为直播背景,使粉丝或观众一目了然。

直播间的背景设置还可以和产品使用场景相一致，譬如主打户外产品的直播间可以将背景设置为露营场地，产品自然而然地融入其中，不需要主播的过多言语，观众就可以了解到产品特色。

户外直播通常不需要过多装饰，但要注意直播选景和角度的问题。如服装品牌直播间可以设置在服装实体店内，但是背景色彩不能过于鲜艳丰富，否则会影响对于直播商品的展示。设置在户外环境中的酒店或民俗直播能够更加真实地展示服务的环境，但要注意环境不能过于嘈杂。

二、电商直播的主要环节

1. 开场欢迎词

和线下店铺导购人员的迎宾语一样，直播间也有开场的欢迎话术。通过简单的开场白，引起观众的注意，展示主播的热情和互动能力，为整场直播做好铺垫。品牌官方直播间可以在开场的时候确立并强调官方身份。

2. 商品介绍

商品介绍中最重要的就是讲解产品卖点，譬如产品外观、功能、成分、材质、专利等，尤其是要对本场直播的主推款进行详细的说明。除了语言说明外，还可以通过试用、试穿等方式，直观地把商品使用效果展示给粉丝或观众。

除了产品卖点外，品牌背书也很重要。在直播中，通过品牌理念、品牌文化、品牌荣誉等品牌优势的介绍，提升产品价值，增强买家对产品的信任感。

3. 限时优惠

无论是限时特价、粉丝优惠券/直播红包还是超值赠品，直播福利都是留存观众、激发购买欲望、增加产品销量的有效工具。

限时特价既可以是新品上市的直播特价，也可以是畅销款的限时秒杀，还可以是库存商品的清仓特价，无论特价形式如何，都要让观众了解到这是直播间的专属价格优惠。

粉丝优惠券是指主播账号粉丝领取的官方优惠券。通常会在直播时间内，通过话术引导观众点击"关注"后才能领取的专属优惠券，一般有商品通用优惠券或指定商品优惠券两种形式。

赠品是指为了促进直播销量，随商品销售赠送的相关礼品。通常与商品属性或者商品使用过程相关的赠品比较受粉丝或观众的喜爱。譬如咖啡或牛奶商品的一般赠品为特殊设计的饮品杯，银耳或燕窝等泡发类商品的赠品为焖烧杯，清洁用品的赠品为配套清洁工具等。

4. 催促下单

在商品推荐节奏中，最后环节就是解决观众或粉丝的顾虑，督促下单并提醒付款。

主播根据弹幕即时反馈，回答观众问题，如进行尺码推荐、售后服务讲解等，打消购买顾虑。通过商品上架倒计时、累计销售介绍、即时销量反馈等督促观众下单，通过清单、踢单、下播提醒等督促观众付款。

5. 及时复盘

在直播结束后，主播和团队需要对整场直播活动复盘，为之后的运营调整提供方向。

通过复盘增强直播工作的流畅度。不同的平台，直播氛围、技巧和套路可能都不太一样。通过复盘，寻找最适合直播账号的直播方式，能够让整体工作更加流畅。

对于直播中的错误或不足，进行改正和优化，避免同样的问题再次出现，不断精进，提高直播的质量和效果。

将直播中获得的经验转化为能力，尤其是对于突发事件应对处理的经验。通过分析情况，总结解决方案，应对类似情况。

对于直播的重点问题可以进行分类，即流量问题、转化问题、留存问题等，确认哪些问题是短期内可以解决的，哪些问题是影响比较大、比较深远、需要做长期规划的。再根据直播数据和指标影响，确定解决方案。

第三节　直播数据分析

一、直播数据

直播的基础数据可以反映直播人气和主播带货效果。如巨量百应的数据参谋、抖店后台的电商罗盘的功能、百应后台或罗盘后台打开的数据主屏、创作者或企业服务中心的主播中心，均可查看直播相关的数据。飞瓜数据、灰豚数据等第三方直播数据查看分析平台，也可查看直播相关数据。图8-4是灰豚数据分析工具提供的某品牌直播间的直播数据总览。

某品牌抖音官方直播间于 2023 年 9 月 3 日进行的直播，观看人次达到 67.9 万，在售商品数为 5 件，商业交易总额 GMV（Gross Merchandise Volume）超过 400 万元（图 8-4）。

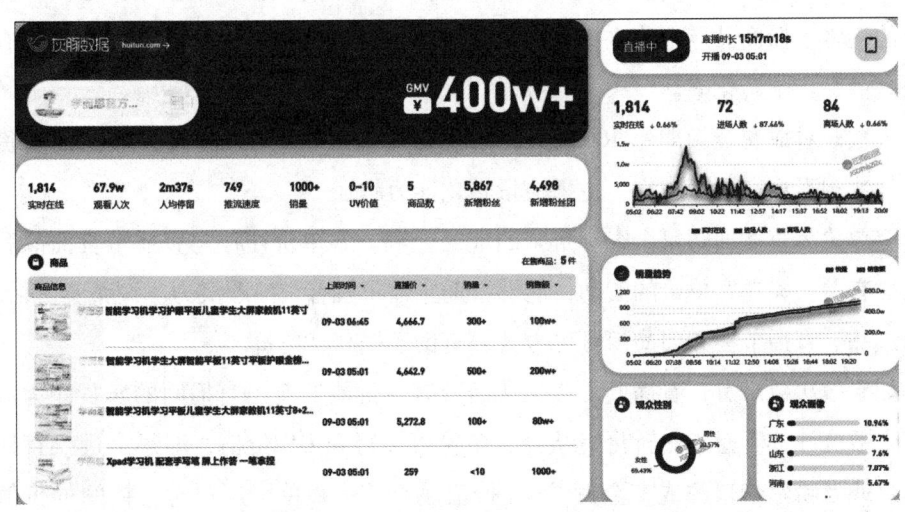

图 8-4 某品牌抖音官方直播数据总览

二、商品数据

商品相关数据表现能够反映用户对商品的兴趣，主要包含以下指标：

商品的点击人数是指用户点击进入商品详情页的数量，该数据可以反映商品在电商平台上的受关注程度和用户兴趣度。

曝光率就是展现。平台用户搜索关键词时，企业商品出现在用户的浏览页面，即展现+1，如果用户对企业商品感兴趣，进而点击进入，即点击+1 或流量+1。因此，曝光率同样能够展现观众对商品的喜爱程度。针对直播商品点击曝光率，可以在主播讲解顺序、商品上架次序、粉丝互动、直播封面设计等方面进行优化，最大限度地引起平台用户兴趣，进而使用户点击进入品牌直播间。

商品点击率是指商品点击次数与商品被展示次数之间的比例。点击率越高，曝光率就越高，场观就越高。高点击率决定着流量的获取能力，因此点击率对直播间是十分重要的。直播间直播观感、直播间标题和简介文案、主播的形象、表现力和话术、直播商品等都会影响点击率。

三、交易数据

交易数据可以看出直播间整体的变现效率，主要包括以下分析指标：

看播成交转化率（观看成交转化率或直播电商转化率）为直播间商品在直播间总成交人数与直播间总观看人数的比例。

商品点击转化率为商品成交人数与商品点击人数的比例。根据飞瓜数据，抖音平台的正常直播商品点击率在5%～20%浮动。限时折扣、优惠福利等方式都有助于提高商品点击转化率。

千次观看成交金额即每1000次观看带来的成交量，用以衡量直播间的卖货能力。千次观看成交金额越高，主播流量转化能力越强。

客单价为直播期间每个客户带来的成交金额。客单价往往与直播带货商品和观众人群有关。关注客单价的波动，能够帮助主播了解客户的购买力。调整卖货话术、直播选品、直播节奏和商品组合等方式都有助于提高客单价。

如果按次数来看，看播成交转化率结合客单价能够看出直播间的卖货能力。如果按人数统计，看播成交转化率结合客单价可以得到UV价值，即每个进入直播间的观众或者粉丝带来的成交金额。UV价值越高，代表单个用户对直播间的价值贡献越高，相对地，平台也会更愿意给这样的直播间推流。

四、流量数据

从流量来源的角度划分直播间流量，可以分成自然流量和付费流量。自然流量，即以粉丝流量、视频推荐、直播推荐等为代表的流量，通过粉丝主动关注和抖音后台依据算法由系统主动向平台用户推送而获得的流量。自然流量最大的特点就是无需额外付费，并且可以通过平台推送、直播商品、主播话术等获取新粉丝的点赞关注，还可以通过日常直播运营获取持续关注，也能够促使算法系统加大直播流量的推荐力度。

付费流量即需要额外付费购买才能获取的直播流量。本质上是基于直播间的一种付费推广产品。依据不同的付费结算方式、展现形式等，产品也愈加丰富。目前抖音平台的直播间付费推广产品主要为竞价广告、DOU+投放、品牌广告等。付费流量作为直播间推广产品，已经成为各大主播和品牌方在直播时一种常规引流方式，其最大的特点是可以在直播时，根据流量反馈和节奏安排，实时动态调整当下付费流量的力度，十分灵活。

在数据上，看播率、总观看人次、总观看人数、最高在线人数和平均在线人数等数据可以看出直播间的流量人气。看播率通常反映的是直播间的第一视觉，即直播间曝光进入转化率。40s停留率则可以看出直播内容对观众的吸引力。观看人次即观众每进入一次直播间观看数量就增加一次，观看人数即观看直播的人数，一个账号 ID 计算一次。观看人次可以用来分析各个流量渠道的流量规模和流量效率，观看人数则是对直播间运营分析的重要数据指标之一。最高在线人数代表当前直播间获取流量的最大能力，直播间平均在线人数体现了直播间的平均人气，可以反映直播间承接流量的核心能力。

此外，自然流量转化率也能直接反映直播间实力。自然流量转化率即通过自然流量产生的订单数与自然流量观看数的比例。自然流量转化率剔除了付费流量的影响，仅针对直播间自然流量产生的转化进行评估，最能反馈直播间"硬实力"。

五、互动数据

部分流量数据，如观看人次、观看人数、人均观看时长等数据同样可以用来考量直播的互动效果。人均观看时长一般意味着用户的停留，用户停留是最基础的互动门槛。直播间人均观看时长同样是衡量主播控场能力的重要指标之一。人均观看时长越长，直播间商品转化率就越高。主播表现力、形象、控场节奏、福利推荐、商品讲解话术等都会影响直播间人均观看时长。

互动率即直播间互动人数占观看总人数的比重。互动率可以衡量直播间的互动情况，体现的是用户对于直播内容喜欢的程度，互动率越高，说明直播间的氛围越好，也就越利于引导转化。主要有评论互动率、增粉率、加团率等数据指标。增粉率、加团率反映的是直播间最终得到的获取粉丝的能力，做内容的最终目标是获取粉丝，加团是比增粉更加被用户认可的行为。

本章小结

1. 直播营销是指在现场随着事件的发生、发展进程同时制作和播出节目的营销方式，该营销活动以直播平台为载体，达到企业获得品牌的提升或是销量的增长的目的。根据直播平台主打内容，可将直播平台划分为综合类直播平台、秀场类直播平台、电商类直播平台、知识教育类直播平台、游戏类直播平台。

2. 电商直播的前期准备包括选择平台、确定商品、确定主播、搭建场景，电商直播主要包括开场欢迎词、商品介绍、限时优惠、催促下单、及时复盘等操作环节。

3. 为达到更好的直播效果，需要及时对直播数据、商品数据、交易数据、流量数据、互动数据等进行数据分析。通过解读数据，能够深入了解观众行为，了解他们的兴趣、偏好和需求，优化营销策略，提升直播活动的效果和用户体验。不断收集、分析和应用数据，直播营销将更加精准、有效。

延伸阅读

2023年中国直播电商产业现状及发展趋势研究报告

据智研咨询发布的《2023年中国直播电商产业现状及发展趋势研究报告》显示，2022年，全国网络零售用户规模达8.45亿人，占网民整体的79.2%，实物商品网上零售额达到13.8万亿元，同比增长4.89%。电商平台已成为市场经济中不可或缺的重要营销平台，而直播带货作为电商中一种新的营销模式，市场占比快速提升，2022年，我国直播带货规模约3.5万亿元，在整个网上零售额中占比达到25.4%。

从平台来看，直播带货包括京东、淘宝等电商平台，及抖音、快手等流量平台；从主播来看，直播带货可分为四类：一是商家在购物平台自播，主播多为店铺或品牌商自有员工，具有成本低、场次多的特点；二是达人主播，这些主播比商家自播更专业，受众较广；三是地方官员或主流媒体，内容往往是销售当地农产品，助力乡村振兴；四是虚拟主播，如洛天依、乐正绫、初音未来等虚拟偶像，他们主要是吸引喜爱"二次元"的用户、突破用户圈层限制。

从行业分布来看，我国直播带货行业企业主要分布在北京市、上海市、广东省、浙江杭州等地，行业参与方包括平台类、MCN类、直播App类、服务商类与电商主播类，形成了显著的差异化竞争态势。各平台直播带货模式不尽相同，如抖音带货模式为短视频+直播带货种草转化，快手主要侧重达人直播、打榜、连麦等，小红书侧重于直播+笔记。

在商品属性方面，不同参与方直播带货的商品属性存在差异，淘宝、京东两大电商平台一般以平台内的商品为交易对象，抖音的交易商品主要为美妆、服装百货等，快手则主要定位在百元内低价商品，腾讯直播则以服装、美食、数码等有线下店铺的商品为主。

直播电商整体的发展依然围绕"品、场、人"三个维度，在商品品类上，直播品类会越来越丰富，划分也会更加科学。在场景上，随着内容的不断更新，场景也将更加多样，如将VR等技术应用到线上试装程序、虚拟逛街等，来为用户提供全方位沉浸式新体验。主播作为核心要素，呈现头部化、多元化、虚拟化、年轻化、个性化的趋势。

（资料来源：《2023 年中国直播电商产业现状及发展趋势研究报告》）

课后思考

1. 根据内容，直播平台包括哪些类别？
2. 电商直播的主要环节是什么？
3. 结合电商直播，尝试进行相关数据分析。

第九章　新媒体网络监管与危机公关

学习目标

1. 掌握新媒体网络监管、危机公关的概念
2. 了解新媒体网络监管面临的问题
3. 初步掌握新媒体网络监管的方式
4. 了解新媒体危机传播的特点
5. 掌握危机公关的5S原则

内容要点

1. 新媒体网络监管的方式
2. 如何运用危机公关的5S原则
3. 探索有效的网络监管手段

课程思政

国家"十四五"规划提出"健全国家网络安全法律法规和制度标准，加强重要领域数据资源、重要网络和信息系统安全保障"，强调加强网络安全保护。

通过学习新媒体网络监管方面的知识，加强学生对网络营销过程中守法自律、求真务实和创新精神的培养。

引导案例

钉钉"一星好评"危机公关事件

钉钉是阿里巴巴集团专为中国企业打造的免费沟通和协同的多端办公平台，在 2020 年春节期间被教育部指名为首批通过备案的教育 App 之一。

本来是好事一桩，却没想到钉钉的应用变相增加了学生的课业量，占用了学生课余时间。于是，在得知 App 的评分低于 1 星就会被下架时，一群学生以"此生无悔入钉钉，分期付款给五星"为理由，通过给钉钉打 1 星来表达自己的不满，意图将钉钉喷下架。于是，钉钉的评分迅速滑落。以苹果 App store 为例，钉钉的评分在 5 天时间内从 4.9 分跌落至 1.5 分，反讽、抱怨、戏谑的言语充斥评论区，知乎、微博、BiliBili（以下简称 B 站）等新媒体平台出现了众多"控诉钉钉"的用户原创内容，获得了巨大的浏览量，并得到广泛共情。一时间，许多新媒体平台用户被海量的"讨伐钉钉"信息刷屏，一些针对钉钉的谣言与猜忌也借势迅速传播。这些状况对钉钉的品牌形象造成了不良影响，品牌危机开始浮现。

面对舆论危机，钉钉团队进行了科学有效的品牌公关活动。

2020 年 2 月 14 日，钉钉在其官方微博发布了一张求饶图片，图片配以贴近年轻人的语言，如"讨个生活而已，少侠手下留星""给我在阿里粑粑家留点面子"等，让钉钉收获一大片同情与好感。钉钉在其他新媒体平台的官方账号也纷纷以诙谐的语气，在恶搞钉钉的内容评论区留言调侃，建立起与公众沟通的渠道，引发大量跟帖。

2 月 15 日，钉钉在微博上转发了 B 站 UP 主吐槽钉钉的视频《你钉起来真好听》，并在评论区留言"此生无悔入钉钉，五星一次求付清，请问这样行不行"。

2 月 16 日，钉钉在 B 站投稿名为有自嘲性质的短视频《钉钉本钉，在线求饶》，其中加入了年轻人喜爱的鬼畜文化，钉钉的吉祥物钉三多开启自黑模式，以戏谑的方式讲述了自己的心路历程，并向学生群体求饶。钉三多在动画中泪流满面，跪求五星，称呼广大学生用户为"少侠"，以诙谐幽默、卖萌求饶的方式直呼"少侠们求饶命，被选中我也没办法""不要再打一星了，不然我只能自刷"。该视频在青年人喜爱的 B 站上播放量达到千万以上，占据了 B 站当日播放量排行榜的第一，迅速获得了学生群体的好感。

钉钉以投降认输的姿态加入了这起舆论危机事件并澄清了谣言后，有效协调了广大学生用户与自身之间存在的冲突，品牌危机开始趋向缓和。

这时，钉钉团队着手进一步巩固积极态势，利用事件的热度，提高品牌影响力。钉钉官方微博多次转发声援钉钉的各类小作品，并与评论者积极互动。

之后，钉钉相继在 B 站投稿名为《甩钉歌》《我钉起来真好听》《巴颜喀拉》《极乐钉钉》《达拉钉吧》等多个有调侃性质的鬼畜视听作品，其中歌曲《我钉起来真好听》与之前受到广泛关注的鬼畜音乐《你钉起来真好听》"短兵相接"，填词对谣言进行辟谣，还将钉钉刻画为帮助学生金榜题名的亲切助手。

钉钉通过上述应对措施在 B 站迅速圈粉，B 站的学生用户纷纷表示"已投敌"。随着钉钉在 B 站发布的视频越来越多，钉钉从 B 站的"小透明"迅速发展成为拥有百万粉丝的官方账号。

此外，钉钉举行了二次元形象征集活动，吸引了许多青少年参与。

随后钉钉在地铁站还投放了另一组自黑广告，又引来全网围观。结合上网课有趣好玩的梗，和钉三多、钉钉表情包等进行互动，写到"只要我不进钉钉群，作业就找不到我"，又实在地自黑了一把。

经过一系列的公关活动，钉钉与广大学生用户建立了有效的沟通渠道，遏制了差评潮，掌握了这次危机事件的主动权，并成功地化危机为契机，圈得了众多粉丝，带动了品牌影响力的提升，就此扭转了危机局势。

（资料来源：刘书羽.《从"钉钉求饶"事件看新媒体时代的品牌公关》. 付琪.《浅谈新媒体环境下的"自黑式营销"——以"钉钉求饶"为例》）

第一节 新媒体的网络监管

一、新媒体网络监管的概念

一般来说，新媒体网络监管是监控新媒体的网络运行状态，以便它可以高效、可靠、安全、经济地运行。

新媒体网络监管包括硬件、软件和人的应用、综合和协调，以监测新媒体网络的资源配置，对新媒体网络进行测试、分析、评价和控制，以期在一个合理的价格内，满足新媒体网络正常运行的需要，保证新媒体网络的实时运行性能、服务质量等。其目标很分明，即在可能的范围之内尽可能提高新媒体网络资源的利用效率。

二、新媒体网络监管面临的问题

如今不少产业化大号粉丝都是数以万计，很多热点文章阅读量都超过10万，随着自媒体的快速发展许多乱象也浮出水面。

1. 媚俗无底线

新媒体时代信息流动频繁且内容繁杂，各种信息乱象丛生，信息内容虚假，信息产品良莠不齐，信息环境正陷入极端无序的状态，虚假、反动、色情等信息泛滥，谣言散布，充斥着网络空间。如今，人们主要通过微信、微博、QQ等社交媒体获取信息，缺少对信息价值的判断与信息选择能力，这就导致不良信息的传播范围持续性扩大，受众接触不良信息的概率不断增加。

2018年由境外传入的"邪典系列"小视频，以大众耳熟能详的动画内容如"白雪公主""小猪佩奇"做掩护，将软暴力、软色情元素隐藏在其中，更具迷惑性。虽然在多部门的共同努力之下，"邪典系列"被有效打击，但类似"邪典系列"的软暴力、软色情内容以及诸如"蓝鲸游戏"等内容暗流涌动，在各类新媒体平台中不断出现，对网民尤其是低龄群体网民造成不可逆转的身心损害。

2. 娱乐化倾向

娱乐是传播的功能之一，一旦偏离正常的轨道，超越一定界限，就会形成泛娱乐化现象。部分新媒体过度追求娱乐化，谋取商业利益，它们传播肤浅的信息内容，缺少社会价值。大量低俗新闻的出现，导致新闻价值导向性削弱，品味降低，新闻泛娱乐化严重。"网红"遍布，"网络恶搞"盛行，被一些大众所推崇、追捧和模仿，社会主流文化被泛娱乐文化所影响，取向渐趋偏离。

由于一些新媒介最大限度地发挥娱乐功能，将娱乐因素注入舆论传播引导过程，这样的新闻报道关注度高、话题度热、参与性强，往往能引发网民的狂欢，却也往往忽略了新闻应该传播的价值和媒体应该担负的责任，以至于网上出现社会报道商业化、社会新闻娱乐化、娱乐新闻低俗化等"泛娱乐化"不良现象。

3. 内容同质化

盲目跟风新的传播形态，而不是考虑打造符合新媒体传播规律的产品，结果是新瓶装旧酒，换汤不换药，导致新媒体内容同质化严重，出现了一批"僵尸产品"。

既浪费了大量资源，又没有产生良好的传播和社会效果。

这种现象在一些传统媒体的新媒体产品和政务新媒体产品上表现得尤为明显。一些报刊的微博和微信仅转载见报的内容，一些政务新媒体只做政绩宣传，不仅浪费了资源，而且影响了自身形象。

4. 标题党盛行

近年来，网络上诞生了一系列热词和新词，有些流行一时，有些广泛传播，有些也为传统媒体所使用，成为固定的表达方式，新媒体在创新媒体表达和提升新闻敏感方面成效显著。但"标题党"的出现却让标题的内涵变了味。

2015年1月，福建网友吴某在其微信公众号中发布了一条标题为"昨晚，石狮，震惊全国！一家34口灭门惨案！转疯了"的消息，在微博微信中被广泛转发，引发了当地舆论的恐慌。其实文章内容只是一张灭鼠的图片。随后，吴某因涉嫌"虚构事实扰乱公共秩序"被石狮市公安局依法处以行政拘留10日。

此种例子在新媒体报道上屡见不鲜。新媒体时代，"语不惊人死不休"的情绪时有弥漫，标题的作用被过分强调。噱头、煽情、媚俗、暴力的标题会吸引大量的眼球。一些文章靠标题夺人眼球司空见惯，为了让用户点击转发，经常用一些惊悚的题目，"震惊""转疯了""惊人内幕"之类的情绪化标题往往占据着头条。

新媒体上公众的情绪容易被放大和激化，"标题党"往往攻其一点，宁可歪曲事实也要用最耸动的语言制造轰动效果，一些名人的表达被曲解，一些新闻报道被误读，甚至一些社会矛盾也是因为部分标题的挑拨而激化。

"标题党"已经成为媒体圈的公害，不仅助推了网络谣言的产生和传播，损伤了新媒体的公信力，也损害了整个媒体行业的声誉。

5. 迷信点击率

2014年8月，美国一家名为Buzz Feed的网站流量超过纽约时报网站，成为美国第三大新闻网站。和大多数新媒体的网站框架一样，Buzz Feed在网站顶栏放置热门新闻和头条文章，但独特之处在于打开文章时，社交分享按钮无处不在，随时便于读者分享。文章内容上，萌宠、排行榜、明星八卦、奇闻怪事无所不包，但这些内容的共同特点是：满足了人们猎奇的心理，极易生产病毒式传播链条。尽管很多传统媒体人对这样一个以宠物卖萌和明星八卦为主要内容的网站的成功不以为然，但这也从另一个方面说明，在新媒体时代，点击和分享产生的流量已成为判断媒体成功与否的一个重要标志，甚至成为判断信息价值大小的标志。点击和分享是体现信息价值最直观的方式，但对点击率的过分追逐也带来一系列负面影响。比如，对负面事件的讨论由于流量大而长期挂在热门排行榜上。

与此相对应，浅阅读和碎片化成为新媒体时代新闻报道的重要特征，严肃新闻和调查性报道变得更加小众，甚至出现了一种乱象，为了增强竞争力、吸引受众，传统媒体往往追在新媒体的热点后面，以哗众取宠的手段追求所谓的独家与劲爆案例，给媒体行业乃至广大受众带来了价值判断的混乱，也拉低了整个媒体行业的素质。❶

6. 剽窃成顽疾

媒体生产的信息产品具有非排他性，需要借助版权保护制度才可优化资源配置，保护人类智力成果创造者的财产权与人身权不受侵害。然而，新媒体背景下信息海量传播，信息获取成本低、渠道多，使新媒体技术与传统版权保护制度形成矛盾。一方面，网络具有虚拟性，用户在使用互联网时出于保护个人隐私等目的习惯隐藏个人真实信息，虚拟身份的庇护下版权侵权行为的发生肆无忌惮，一些新媒体机构或个人随意转载、抄袭网络上的原创信息，却难以识别背后的真实侵权主体；另一方面，与传统媒体传播方式不同，新媒体传播速度和广度极大提升，信息在网络空间可以快捷复制和删除，版权侵权取证困难。同时，新媒体技术下"洗稿"问题严重，同一篇文章换种表达方式或不同文章进行拼接，这种抄袭方式更难以被发现和定性。此外，相关法律的不健全以及维权的高成本低收益等因素也让版权保护变得艰难。

我国《著作权法》在保护网络版权方面已比较健全，媒体遭遇侵权并不是法律缺失造成的，但媒体维权的确面临着一定困难。曾经新京报起诉某网站非法转载其内容，但当地法院却要求新京报按被侵权文章"一篇一起诉"，结果新京报要起诉7706次，只能无奈撤诉。

此种风气之下的新媒体环境，版权意识淡薄、版权保护不力，无论传统媒体还是新媒体，其实都是侵权者，也都是受害者。传统媒体以成熟的采编队伍和巨额成本，采写了及时有效的重大新闻和难以复制的深度报道，大都被新媒体无授权无偿使用；新媒体很多投入巨大的原创内容，也轻易被传统媒体无偿转载。这样下去，新闻专业精神和专业队伍都会受到损害。❷

---

❶ 于洋. 新媒体监管须对症下药[J]. 商业文化,2015(6):26-31.
❷ 匡文波,罗江. 新媒体监管策略研究[J]. 新闻论坛,2022(5):7-8.

7. 谣言传播快

有些不明真相的人生产和传播具有负面影响的信息内容。还有一些人在很多公共事件的问题上，处心积虑地去制造谣言，故意混淆视听，故意传播不实信息满足利益诉求。❶

例如，2023年7月21日，辽宁省公安厅召开新闻发布会，通报开展网络谣言打击整治专项行动总体成效情况，并公布数起典型案例：①徐某某编造"丹东某地着火致多人遇难"网络谣言案；②于某某编造"某小区发生偷孩子事件"网络谣言案；③王某某编造"揭露加工肥牛卷黑幕"网络谣言案；④刘某某编造"参加锦州古玩节的商家车门被撬"网络谣言案；⑤冯某某、董某编造"一杀六人不用负法律责任"网络谣言案……这些案件中，案主动机多为博取他人眼球、吸粉引流、谋取利益，或者为了引起舆论关注，实现打击报复。这些案主在新媒体平台故意编造、散布不实言论，造成了不良社会影响，扰乱了公共秩序。

8. 时效崇拜症

新闻贵新。新媒体的出现弥补了传统媒体在报道时效上的滞后，让新闻从日报变成了"分报""秒报"。近年来，一些重大突发新闻事件由新媒体率先爆出，一些舆论热点在互联网上首先形成。时效也成为一些新媒体产品争夺用户的主打牌，成为核心竞争力。

但时效也是媒体的一把"双刃剑"，也会伤及自身。新闻不是旧闻，时效性是新闻的重要价值。但物极必反，欲速则不达。追求新闻时效性不能以牺牲新闻真实性为代价。无论是什么媒体，为了追求时效而忽视真实性，带来的损害是多少个"第一时间"都无法弥补的。新媒体从业人员需要强化的观念是：最好的新闻并不总是首先被获知的新闻，而常常是报道得最好的新闻。业内分析人士认为，传统媒体的新媒体账号在这方面应当表现出更高的专业素养和责任担当。否则，片面追求时效性而影响了真实性，既会丢失新媒体平台的受众，又会丢失原有的公信力。❷

9. 伦理问题多

新媒体的崛起极大缩短了人们接受新信息的时间差。当下，越来越多的事件能在发生的第一时间得到记录与传播，基于抖音、快手等平台的用户原创视频往往是其第一消息源。然而，这一类具有新闻性的视频，其发展也伴随一定的伦理争议。

---

❶ 张婷鹤. 浅谈新媒体环境下自媒体乱象的监管与启示[J]. 视听,2019(2):121-122.
❷ 陈铭. 新媒体环境下UGC问题及监管对策探析[J]. 新媒体研究,2020(6):29-32.

对稀缺的一手资源与时效性的过度追求，可能导致新媒体信息生产者缺少足够时间对画面进行筛选和处理，忽视其中部分画面对当事人的权利侵犯与心理伤害，也忽视其可能产生的不良舆论导向等负面影响，挑战视频传播的伦理边界。例如在对方回避的情况下仍继续拍摄医院大厅外等候就诊的老人，不顾对其造成的心理负担，而刻意营造悲情气氛以吸引受众注意力。

新媒体时代的网络环境，媒介审判也不断发展，有转化为"网民审判"之势，常常出现网友对某一事件当事人的行为进行网络语言攻击和道德绑架的情况，有些更是对当事人进行"人肉搜索"，揭露他人个人隐私来公之于众，对其造成重大伤害。网络暴力的伤害力极大，极易形成错误的舆论导向，破坏网络秩序，给社会带来恶劣影响。

三、新媒体网络监管的方式

1. 网络立法管理

网络立法是监管的基础和基石，但法律体系需要进一步完善。

以移动新媒体发展中涉及的个人信息保护为例，目前，中国已出台涉及个人信息保护方面的法律将近40部，法规30部。但在保护个人信息时，不同的部门、不同的行业之间如何协调对接，如何分配各自的权利义务，目前并没有明确的规定。

有很多网民认为互联网是"法外之地"，经常有自媒体为博人眼球、获取经济效益，生产或传播一些虚假信息、低俗信息，还有人不计后果地发表一些违背正确价值观甚至违法的言论。针对这些问题，就需要完善法律法规，严格地施行网络实名制，建立起完善的法律监管体系，让网民必须意识到在网络世界中要和在现实世界中一样严格地遵守法律法规。❶

2. 行政手段监督

中央新闻网站和地方新闻单位建立的新闻网站是传统媒体单位在互联网背景下的延伸，具备互联网新闻信息服务许可证，拥有开展包括时政新闻在内的互联网新闻原创采访及加工分发资格。这类新媒体以及学校、医院等机构依托社交平台产生的自媒体都有明确的主管机构，可以由主管机构进行审核。比如，《互联网新闻信息服务管理规定》明确指出：互联网新闻信息服务提供者应当设立总编辑，总编辑

---

❶ 陆腊梅,孙海文,秦莉."两微一端"新媒体浪潮下的内容监管手段探析[J].西部广播电视,2021(5)：24-26.

对互联网新闻信息内容负总责。相关从业人员应当依法取得相应资质，从事新闻采编活动应当具备新闻采编人员职业资格并持有新闻记者证。因此，针对新闻网站类新媒体，需要按照《新闻记者证管理办法》及国家新闻出版署关于开展新闻记者证核验工作的有关规定，对从事、承担新闻采编工作的人员进行新闻记者证年检。对于地方政务新媒体，国务院办公厅制定了《政府网站与政务新媒体检查指标》《政府网站与政务新媒体监管工作年度考核指标》，为各地区、各部门进一步加强和完善政务新媒体日常管理和常态化监管工作提供了参考。各地区、各部门对政务新媒体进行季度抽查和年度考核，有效保证政务新媒体健康有序运行。而针对学校、医院等机构依托社交媒体平台建立的新媒体，则可以按照党管媒体的原则，由机构党委宣传部进行统一管理，按照"谁主办、谁管理、谁负责"的原则落实主体责任，严格执行"先审后发"的内容审核发布机制，并对各级新媒体平台进行年审。

登记备案也是一种行政手段。对于各类自媒体，按照相关法律法规要求，将监管职责落实到县级行政区域，由县级网信办对本行政区域内具有媒体属性和舆论动员功能的网络传播账号进行登记备案，每年进行定期检查，按照互联网管理相关法律法规对登记备案的新媒体进行监管，对于不履行登记备案手续的，由网信办协调相关部门采取警告、限制发布、永久关闭等处置措施。

3. 主流媒体带动

海量的自媒体让信息内容质量变得参差不齐，建立起主流权威媒体显得尤为重要。政府部门需要充分地发挥自身的作用，重视主流权威媒体的建设，并使这些权威媒体成为整个媒体市场的"引导者"，为广大受众提供最真实、最安全、最权威的信息。新媒体中的这些"官媒"要充分地坚持党性原则，在重要新闻事件、网络舆论重点等媒体重要内容中积极发声，发表正确的观点，传播科学的价值观，弘扬正能量，用优质、权威的内容引领新媒体内容创作，发挥榜样作用，带动新媒体形成积极向上的社会舆论矩阵，坚定正确政治方向，把社会主义核心价值体系引领社会思潮的理念贯穿到整个新媒体工作中。抵制不良社会思潮的传播，维护社会主义核心价值体系在新媒体网络内容传播中的主导地位，加强对网络舆情的正确引导。对于先进典型，主流媒体要善曲高奏，挖掘身边好人好事、暖心小事，弘扬先进事迹，塑造健康向上的舆论环境。

4. 行业自律约束

新媒体每天海量传播的信息仅依靠外部监管并不现实，必须通过制度手段引导新媒体加强自律。从 2014 年起，为了强化媒体的社会责任，推动媒体自省、自勉和自律，中宣部、中国记者协会探索建立社会责任报告制度，首批 11 家试点媒体包括《经济日报》等 5 家中央新闻单位和新闻网站，以及《河北日报》等 6 家地方新闻单位，在最新的 2021 年媒体社会责任报告中，媒体从政治责任、服务责任、安全责任、保障权益责任、合法经营责任、人文关怀责任、道德责任、阵地建设责任、文化责任八个方面对履行社会责任情况进行报告，发布媒体已经达到 300 多家。为适应媒体深度融合发展的趋势，近年来社会责任报告新增媒体越来越向新媒体倾斜，湖南红网新媒体集团、天津津云新媒体集团、多彩贵州网等都被纳入其中，有效强化了新媒体自律和职业道德观念。

各大新媒体平台、自媒体以及相关从业人员是媒体信息内容生产与传播的主体，从根本上约束他们的行为是做好新媒体内容监管工作的关键。例如，很大一部分微信公众号、微博博主、抖音用户经常使用博人眼球的标题来吸引受众，而实际上他们发布的却都是低俗、虚假，甚至违法的内容。而在被举报查封之后，他们又会新建账号，继续生产和传播类似内容，因为这种行为的频繁发生，使新媒体内容监管工作的难度大大增加。想要从根本上解决这类问题，就需要各个新媒体平台与相关从业人员增强自律意识，在发布传播媒体内容时做到不违背道德、不违反法律。

新媒体行业内可以建立起行业自律组织，针对行业内的突出问题制定科学完善的行业自律自治规章制度，做到严格地自审自查。在日常工作中，自觉抵制低俗、虚假、违背道德、违法违规的内容，以正确的价值观做好媒体内容的生产与传播工作，加强责任意识，主动积极地配合政府监管部门的监管工作，自觉地对负面消息内容进行监管与处理，进一步加强内容建设，从自身出发做好新媒体内容监管工作。

5. 技术手段控制

互联网新媒体监管系统主要包括网站视听节目监测、手机 App 监测、OTT 监测、微博监测、微信公众号监测、互联网舆情监测系统等组成部分。系统分别针对不同监测范围和不同监测内容，在自动发现、下载各类互联网文本、音频、视频、图像等内容的基础上，充分利用现代计算机内容识别等智能处理技术，对下载的互联网内容进行智能化的过滤分析，并把违规结果推送给人工进行审核、判定、取证和统计，从而实现主动、高效的互联网新媒体内容综合监测。

可以将大数据分析技术应用到新媒体内容监管工作中来，通过网络爬虫技术、数据仓库技术（ETL）、联机分析处理（OLAP）等技术对媒体信息内容进行搜集分析。目前，视听内容识别技术在我国是可以实现的，但其对软硬件要求极高，在经费紧张的情况下实现全内容识别并不现实,但可以根据新媒体内容传播的特性进行有针对性的技术监测。例如,可以利用专用爬虫技术有针对性地对微博、微信以及手机客户端中更新的视频内容进行基本数据采集,并将这些信息自动录入系统数据库,以便后期的分析与监管。爬虫的主要功能旨在实现对所监测监管账号的深度爬取,可在用户指定的预设时间段内爬取数据,且能够实现对账号目录数据的爬取,经过审核的基础账号可以进入数据采集层,采集层由集群式爬虫资源组成,包括服务器和手机客户端以及可能提供爬虫服务的公共云。我们可预设爬取关键字,此时爬虫将进行横向爬取,在不同的账号之间爬取相关联的信息,爬取数据后可对数据间的关联关系进行保存,为了应对各类网站的爬虫屏蔽策略所导致的爬取通道失效问题,可以采用建设爬虫 IP 资源池的方式,间歇性更换爬虫 IP 地址,高效利用有限的 IP 应对网站对爬虫的屏蔽策略。

对于重点关注的新媒体账号,支持定时刷新,并通过比对前后两次或不同时段的爬取数据,实现对删帖操作的智能识别,同时实现对分布式爬虫资源池的有效管理,实时查看爬虫的工作状态、吞吐量、爬取账号、资源消耗等相关信息,提供完善的爬虫维护操作。同时基于关键词库、人脸库、视频样本库、音频样本库,利用数字图像识别、人脸识别、文本识别等技术进行自动化的分析识别,实现对涉黄、涉暴、政治有害等违规内容的自动识别。其中,涉黄分析是利用图像识别比对、文本识别等技术进行自动研判,实现对色情图像的自动识别,对视听节目内容的鉴别;涉暴分析可主动发现疑似涉暴的违规视听节目,如非法旗帜、枪支、非法游行等;政治有害分析是对视听节目画面中出现的人脸与人脸库中的人脸进行图像分析与检出,完成对视频节目内容中敏感人物的自动识别等。

6. 媒介素养培养

提高社会公民的媒介素养尤为重要。强化社会公众的公共责任,需要不断提高公众的媒介素养和知识文化水平,提高公众抵御手机媒体不良信息的自觉性。社会公众是不良信息的终端接收者,能够在第一时间感受到移动互联网的"健康状况"。因此,调动社会公众的积极性,共同营造和谐的新媒体环境,鼓励他们自觉抵制不良信息,积极举报涉嫌传播不良信息的媒介机构,对净化新媒体的媒介生态起着至关重要的作用。

参与新媒体信息传播的各个主体都有必要加强其媒介素养。移动新媒体在谋求发展、追求经济利益的同时,还应加强行业自律,主动承担起相应的社会责任,不断提高新媒体的管理水平。此外,还应强化新闻生产责任体系和新闻监控技术体系,运用互联网技术手段对移动新媒体信息传播环节进行技术控制，包括研发网络追踪系统，及时有效地跟踪不良信息进行查处监管；开发出智能型的自动控制软件，要求运营商、生产商、服务商及用户等各个环节安装绿色软件，将色情、暴力等不良信息进行分割屏蔽等。❶

7. 全民信息监管

在新媒体时代，大众既是信息的传播者又是接收者，也是社会信息监管的主体。通过建立全民信息监管机制，重构大众意识；建立良性平台信息监管机制，重构平台自律意识是社会信息监管的有力举措。

大众意识往往是群体总的价值取向和社会主流价值观的体现，是对社会状况较为真实的反映，也具有较强的生命力，能催生新的社会主流文化。基于大众意识的这些优势，可以通过大众信息反馈，建立全民信息监管机制。对各种信息平台的有效监管客观上缓解了"媒介综合症""网瘾症"等问题，人们更多地关注现实生活而不是虚拟的网络环境；舆论导向作用减弱，大众意识趋于理性，比如在转发信息时"慢半拍"，留有余地；原发信息一定要核实；在互联网上保持基本礼仪规范，避免过度情绪化等。

第二节 新媒体危机公关

新媒体时代，一旦有危机事件曝光，网络公众便成了危机的推动力，促使危机愈演愈烈，企业难以控制事态的发展。所以，企业如何利用各种新媒体平台向公众发布消息，控制事态的恶化，缓和与公众的矛盾，成了当务之急。

一、危机与危机公关

企业因为某些难以预测的突发情况受到直接或间接的牵连，从而对企业各方面造成负面影响的情况被称为危机。

对企业声誉的严重损害是危机事件带给企业最主要的影响，后续将会引起一系列的连锁反应，最直接的就是使消费者购买欲下降，从而影响产品的销售量，最后导致企业陷入经营困难的危机状态。

---

❶ 刘先根. 系统论视域下的移动新媒体监管模式[J]. 新闻战线, 2012(12): 77-79.

为减弱和规避危机对企业带来的损害和威胁，企业面对危机所迅速采取的各种应对措施和处理方法被称为危机公关。

二、新媒体时代危机传播的特点

利用5W1H分析方法可以对比出在传统媒体环境下和在新媒体环境下，危机公关面临的不同情况，其对比见表9-1。

表9-1 传统媒体环境与新媒体环境下危机公关对比

5W1H	传统媒体环境	新媒体环境
攻击源（Who）	明确的攻击源	不明确攻击源
危机内容（What）	负面报道，重大事故，事出有因	负面报道，重大事故，社交媒体议论，子虚乌有
传播方式（Where）	直线传播，易于追踪	旋涡传播，难以把握
持续时间（When）	迅速解决或长期折磨	迅速聚集，迅速消散
危机原因（Why）	内部管理，市场环境	内部管理，市场环境，恶意攻击
应对方式（How）	正式声明，新闻发布会，媒体沟通	直接加入混战，媒体防护矩阵

根据表9-1，新媒体环境下，企业危机公关有以下五个新特点：

1. 危机来源具有不确定性

攻击源可能来自新闻记者报道、消费者网上吐槽，也有可能是竞争对手炮制假新闻或代言明星的不良行为。甚至直播时候工作人员说错话，都会对品牌形象造成影响。

新媒体时代媒体的进入门槛低，而普通用户的技术素养与媒介素养不对等，这种落差让他们难以从事实和价值判断角度进行信息筛选。作为不易受限制的新媒体使用者，大量消费者能够随时随地生产和接收危机事件的相关信息，任何一个用户都可能成为一场危机的开端。消费者对企业做出的评价、发表的观点或者是转载他人撰写的博文，经过新媒体的广泛传播，都有可能直接诱发危机事件，这对企业的环境监控能力提出挑战。

2. 危机传播具有旋涡式特点

由一个点引爆，全网各个媒介进行评论和转发，从而事态发酵越来越严重，类似石子入水产生一圈圈的旋涡式涟漪，不断扩散。

在新媒体时代，传播的渠道变得异常丰富，除了电视、广播、报纸、杂志这些传统的大众传播媒介外，贴吧、微博、微信、网络直播、微视频等网络传播方式也被广泛应用，增加了信息传播的渠道。公众可以通过各种终端了解信息、发布信息，因而有更多的机会发表自己的观点。一条微博、一条朋友圈、一篇帖子、一条评论、一次转发，都可能引爆企业的危机，或者加剧危机的扩散。同行竞争者、消费者都可以借助新媒体平台发布对企业不利的消息，诱发企业危机的产生。网络的发展使全世界变成了一个"地球村"，信息的传递没有了空间的限制，局部性的危机事件越传越远，波及范围也越来越广，危机在传播过程中形成"雪球效应"，很难对其加以控制。❶

3. 危机相关信息迅速聚焦

技术赋权打破了地域时空的限制，信息传播的速度得到了极大的提升。微博、微信、抖音等新媒体相继出现，只需点击屏幕，几秒内即可完成对于一条信息的点赞、评论、转发，任何人的想法观点都可以呈现在公共视野中。所以危机相关信息会呈迅速聚焦的态势。

4. 危机公关目标变为利益相关方

新媒体环境下，信息越来越透明，公众发声渠道多，大众已经没那么容易被"忽悠"，企业需要拿出切实行动，让所有利益相关方认同企业对危机所作的应对措施。

5. 企业传播方式和媒介复杂化

新媒体公关不能再依靠单一媒介，企业需要建立媒体矩阵，综合内外资源，在多平台进行发声同时也要不断关注各方反应，采取进一步的沟通措施。

三、新媒体时代危机公关的 5S 原则

（一）5S 原则的内容

我国著名危机公关专家游昌乔提出了危机公关的 5S 原则，即速度第一（SPEED）、承担责任（SHOULDER THE MATTER）、真诚沟通（SINCERITY）、权威证实（STANDARD）和系统运行（SYSTEM），被作为企业危机处理的指导性原则。

1. 速度第一原则

好事不出门，坏事行千里。在危机出现的最初 12~24 小时内，消息会像病毒一样，以裂变方式高速传播。而这时候，可靠的消息往往不多，社会上充斥着谣言和猜测。公司的一举一动将是外界评判公司如何处理这次危机的主要根据。媒体、公

---

❶ 邱岚. 新媒体环境下企业基于 SCCT 的危机公关管理[J]. 财富时代,2020(8):198-199.

众及政府都密切注视公司发出的第一份声明。对于公司在处理危机方面的做法和立场，舆论赞成与否往往都会立刻见于传媒报道。

因此公司必须当机立断，快速反应，果决行动，与媒体和公众进行沟通。从而迅速控制事态，否则会扩大突发危机的范围，甚至可能失去对全局的控制。危机发生后，控制住事态，使其不扩大、不升级、不蔓延，是处理危机的关键。

2. 承担责任原则

企业要勇于主动承担责任，以良好的态度和实际行动弥补后果。

危机发生后，公众会关心两方面的问题：

一方面是利益的问题。利益是公众关注的焦点，因此无论谁是谁非，企业都应该承担责任。即使受害者在事故发生中有一定责任，企业也不应首先追究其责任，否则会各执己见，加深矛盾，引起公众的反感，不利于问题的解决。

另一方面是感情问题。公众很在意企业是否在意自己的感受，因此企业应该站在受害者的立场上表示同情和安慰，并通过新闻媒介向公众致歉，解决深层次的心理、情感关系问题，从而赢得公众的理解和信任。

实际上，公众和媒体往往在心目中已经有了一杆秤，对企业有了心理上的预期，即企业应该怎样处理，我才会感到满意。因此企业绝对不能选择对抗，态度至关重要。

3. 真诚沟通原则

企业处于危机漩涡中时，是公众和媒介的焦点。企业的一举一动都将接受质疑，因此千万不要有侥幸心理，企图蒙混过关。而应该主动与新闻媒介联系，尽快与公众沟通，说明事实真相，促使双方互相理解，消除疑虑与不安。

（1）诚意。在事件发生后的第一时间，公司的高层应向公众说明情况，并致以歉意，从而体现企业勇于承担责任、对消费者负责的企业文化，赢得消费者的同情和理解。

（2）诚恳。一切以消费者的利益为重，不回避问题和错误，及时与媒体和公众沟通，向消费者说明消费者的进展情况，重拾消费者的信任和尊重。

（3）诚实。诚实是危机处理最关键也最有效的解决办法。我们会原谅一个人的错误，但不会原谅一个人说谎。

4. 权威证实原则

企业在危机发生后，要通过专家和权威机构的认证来维护企业声誉。

自己称赞自己是没用的，没有权威的认可只会徒留笑柄，在危机发生后，企业不要自己整天拿着高音喇叭叫冤，而要曲线救国，请重量级的第三者在前台说话，使消费者解除对自己的警戒心理，重获他们的信任。

5. 系统运行原则

在逃避一种危险时，不要忽视另一种危险。在进行危机管理时必须系统运作，绝不可顾此失彼。只有这样才能透过表面现象看本质，创造性地解决问题，化害为利。

危机的系统运作主要是做好以下几点：①以冷对热、以静制动。②统一观点，稳住阵脚。③组建班子，专项负责。④果断决策，迅速实施。⑤合纵连横，借助外力。⑥循序渐进，标本兼治。

（二）柔洁运用 5S 原则成功化解"错标价格"危机

1. 柔洁"错标价格"危机公关事件回顾

2023 年 9 月 17 日，洁柔官方抖音直播间因员工操作失误，将原价 56.9 元 1 箱的纸巾误设置为了 10 元 6 箱，引发大量用户下单抢购，最终成交订单数超过 4 万单，这其中其实不乏很多夸张的薅羊毛者，因为 10 元 6 箱的设置，有网友直接下了 22 单，还有更夸张的 151 单，如果转卖出去，薅羊毛者无疑可以赚取大量差价。此番错标价格，使洁柔损失金额超千万元。

9 月 19 日 11 点 41 分，洁柔官方微博宣布："洁柔坚持用户至上，超低价订单将全部发货！国货自强，洁柔靠谱"，并附上了一封声明，见图 9-1。

声明里，有 3 个主要信息：

第一，损失千万元，所有订单正常发货。

第二，洁柔是国货，成立 45 年了。

第三，实体企业经营不易，希望大家体谅支持。对于购买多件产品不方便储存，且愿意与我们沟通协商其他处理方案的用户，可以找客服协商。

但是，公众只记住了前两个信息。

9 月 19 日，#洁柔直播间输错价格亏损千万#登上微博热搜第一，阅读量 3.6 亿。但洁柔在全网的好感度，不仅始终没有拉满，甚至在官方微博的评论区，出现了两种相反的声音。

正面评论，是一群国货官 V 在带节奏。但负面评论却占据上风，不少网友质疑，洁柔的行为是在纵容羊毛党："是纵容倒卖吗？以后洁柔一生黑！""你这样做，人家正常消费者都买清风维达心相印去了，谁还正常价格买你的洁柔谁是傻子，看到你的品牌就想起这件事谁不膈应……你正常消费者用一两单发货那还理解，你给几十几百上千件的明显超过正常需求的黄牛都发你这就是助长歪风邪气～”

明明损失了上千万元，洁柔的“坚持发货”操作，结果反而被骂，传统危机公关策略为什么失灵了呢？

回看下过往几年的危机公关案例，直播间（或者旗舰店）标错价格被狠薅一把，企业坚持发货的事经常发生（当然也有不发货的），这样的“危机公关套路”，不但已经不新颖了，甚至开始引发网友的情绪反噬，连同情分都赚不到了。所以洁柔遭遇到了品牌危机。

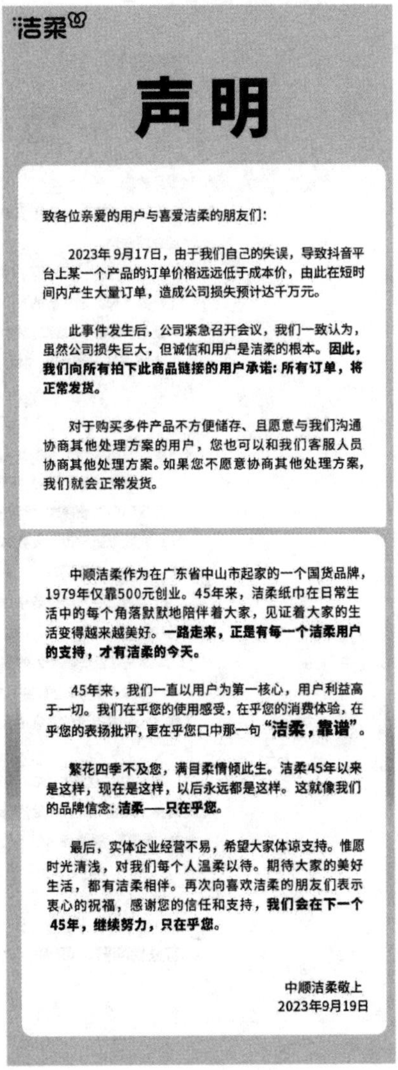

洁柔

声明

致各位亲爱的用户与喜爱洁柔的朋友们：

2023年9月17日，由于我们自己的失误，导致抖音平台上某一个产品的订单价格远远低于成本价，由此在短时间内产生大量订单，造成公司损失预计达千万元。

此事件发生后，公司紧急召开会议，我们一致认为，虽然公司损失巨大，但诚信和用户是洁柔的根本。**因此，我们向所有拍下此商品链接的用户承诺：所有订单，将正常发货。**

对于购买多件产品不方便储存、且愿意与我们沟通协商其他处理方案的用户，您也可以和我们客服人员协商其他处理方案。如果您不愿意协商其他处理方案，我们就会正常发货。

中顺洁柔作为在广东省中山市起家的一个国货品牌，1979年仅靠500元创业。45年来，洁柔纸巾在日常生活中的每个角落默默地陪伴着大家，见证着大家的生活变得越来越美好。**一路走来，正是有每一个洁柔用户的支持，才有洁柔的今天。**

45年来，我们一直以用户为第一核心，用户利益高于一切。我们在乎您的使用感受，在乎您的消费体验，在乎您的表扬批评，更在乎您口中那一句**“洁柔，靠谱”**。

繁花四季不及您，满目柔情倾此生。洁柔45年以来是这样，现在是这样，以后永远都是这样。这就像我们的品牌信念：**洁柔——只在乎您。**

最后，实体企业经营不易，希望大家体谅支持。惟愿时光清浅，对我们每个人温柔以待。期待大家的美好生活，都有洁柔相伴。再次向喜欢洁柔的朋友们表示衷心的祝福，感谢您的信任和支持，**我们会在下一个45年，继续努力，只在乎您。**

中顺洁柔敬上

2023年9月19日

图 9－1　洁柔声明

2. *洁柔“错标价格”危机公关事件处理过程*

在洁柔遭受千万级经济损失和网友质疑所导致的品牌信誉受损的双重危机之时，一些顾客主动取消了“10 元 6 箱”的订单，让洁柔感到非常感激，于是在 9 月 25 日晚，洁柔给取消 9 月 17 日“10 元 6 箱”订单且未要求任何赔偿的顾客发了一封题为“感谢您，我的微光”的感谢信，见图 9－2，称“自失误事件发生以来，整个团队深感压力，但您的善意，就像黑暗中透露进来的一道微光”。看似简单的一封感谢信，洁柔写得十分细腻和有爱，对主动取消订单顾客，给予了至高的敬意。

六箱纸巾的价格大概在 341. 4 元，而洁柔给予的回馈则远远大于六箱纸巾的价钱。这样的操作，有种不让善意落在地上的高举感，饱含了洁柔品牌的感激和体面。虽然这是一封对退货消费者的感谢信，但却是洁柔品牌最好的公关稿。读完信，恍惚间一种“一个懂感激、知回报的品牌又能差到哪里去呢？”的感受油然而生，大众能切实地感受到洁柔品牌的真挚情感和正能量，洁柔将一个品牌事故转化为了一场与消费者双向奔赴的公关。

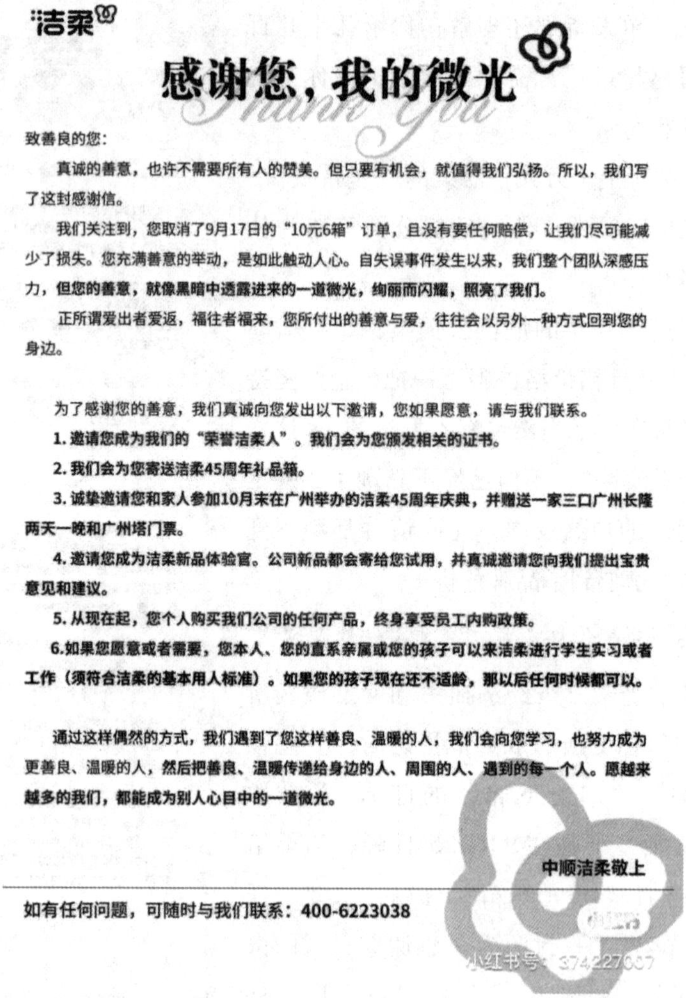

新媒体营销

![洁柔感谢信]

感谢您，我的微光
Thank You

致善良的您：

真诚的善意，也许不需要所有人的赞美。但只要有机会，就值得我们弘扬。所以，我们写了这封感谢信。

我们关注到，您取消了9月17日的"10元6箱"订单，且没有要任何赔偿，让我们尽可能减少了损失。您充满善意的举动，是如此触动人心。自失误事件发生以来，我们整个团队深感压力，但您的善意，就像黑暗中透露进来的一道微光，绚丽而闪耀，照亮了我们。

正所谓爱出者爱返，福往者福来，您所付出的善意与爱，往往会以另外一种方式回到您的身边。

为了感谢您的善意，我们真诚向您发出以下邀请，您如果愿意，请与我们联系。

1. 邀请您成为我们的"荣誉洁柔人"。我们会为您颁发相关的证书。
2. 我们会为您寄送洁柔45周年礼品箱。
3. 诚挚邀请您和家人参加10月末在广州举办的洁柔45周年庆典，并赠送一家三口广州长隆两天一晚和广州塔门票。
4. 邀请您成为洁柔新品体验官。公司新品都会寄给您试用，并真诚邀请您向我们提出宝贵意见和建议。
5. 从现在起，您个人购买我们公司的任何产品，终身享受员工内购政策。
6. 如果您愿意或者需要，您本人、您的直系亲属或您的孩子可以来洁柔进行学生实习或者工作（须符合洁柔的基本用人标准）。如果您孩子现在还不适龄，那以后任何时候都可以。

通过这样偶然的方式，我们遇到了您这样善良、温暖的人，我们会向您学习，也努力成为更善良、温暖的人，然后把善良、温暖传递给身边的人、周围的人、遇到的每一个人。愿越来越多的我们，都能成为别人心目中的一道微光。

中顺洁柔敬上

如有任何问题，可随时与我们联系：400-6223038

小红书号：374227007

图 9-2 洁柔感谢信

9月26日，#洁柔写信感谢取消10元6箱订单顾客#登上热搜第一，全网2.9亿阅读量，网友纷纷留言大赞洁柔格局大。

洁柔危机公关最终大获成功。

3. 洁柔"错标价格"危机公关事件中运用的5S原则

（1）速度第一原则。在洁柔品牌危机公关事件中，洁柔遵循了速度第一的原则。2023年9月17日，洁柔官方抖音直播间发生价格误设事件；9月19日11点41分，洁柔官方微博宣布："洁柔坚持用户至上，超低价订单将全部发货！国货自强，洁柔靠谱"，并附上了一封声明。但却遭到顾客"纵容倒卖"的一片质疑，洁柔品牌危机爆发；一周后的 9 月 25 日，洁柔发表感谢信，并登上热搜榜第一名，危机事件得以解决。一周的时间看似不短，但由于洁柔是在传统的危机公关策略失效后，创新出一种新的危机公关策略，并大获成功，所以洁柔还是全面遵循了速度第一的原则。

（2）承担责任原则。洁柔对于价格设置错误的问题，没有任何推卸责任的言行，做出了"照常发货"的承诺，等于说是自己员工的疏忽就自己承担，这个"亏"企业自己吃了。这符合承担责任的原则。在遭到顾客"纵容倒卖"的质疑后，对于主动取消订单的善良顾客，给予多项令人感动的回报，加倍体现出了洁柔的责任感。

（3）真诚沟通原则。洁柔在与顾客进行沟通时，并非纸上谈兵，而是直接列出实际措施，完全是用十分的真诚度，去回馈主动撤销订单的那些善意者。"企业和退款的好心人双向奔赴了""你的善意换来了更大的善意""真诚永远是最好的必杀技"……这些是洁柔感谢信热搜评论区所能经常看见的词。有些顾客写道，"果然，真诚是最好的公关。刚发现漏洞时已经损失了那么多，还保证会发货。网友退货后，写感谢信致谢。洁柔，你的福气在后头。""两句话，第一句，真诚是最好的公关，没有之一。第二句，你真诚还是不真诚，很容易看出来。装是装不出来的。"这说明顾客感受到了洁柔的真诚，接受了洁柔的真诚。

为什么有些品牌自己想真诚，网友却不相信呢？到底怎么才能叫作"真诚"？怎么复制这个"真诚"？

真诚需要具备两个条件：

条件一：不要承诺，要行动！危机声明要真实、真情、真动。

条件二：给予特定人群超预期的示好。强势的企业在舆论场是弱势，企业需要通过制造超预期的吃亏（示好）行动，使公众感觉快乐、满意、兴奋。

在危机公关中，企业通过行动，给特定群体给予大量的示好，打造给予公众超预期的感受，让顾客既意外又感动。

（4）系统运行原则。洁柔危机公关事件分为很清晰的两个阶段，洁柔有勇气做到第二个阶段，说明其在系统运行方面有过人之处。

在第一阶段，洁柔承诺亏损千万也要按订单发货，是希望打出自身国货形象，同时也希望能够把这波亏损，转化为用户好感度，这样即使亏了但也赢得了口碑，大多数品牌基本也只会停留在这一阶段。然而，这其实并没有太多成效，评论区除了很多蓝 V 过来力挺拉高正面声量外，一些自来水用户则认为洁柔的这个举动某种程度上就是纵容薅羊毛者。基于此，洁柔很高明地将目光转向了那些取消订单真正具有善意的人，并且给予更大的善意，这需要品牌很大的勇气；但同样地，这也映射了"爱出者爱返，福往者福来"的品牌初衷。

洁柔第二阶段操作的内核在于"以德报德"，这样洁柔的舆论势头就不再是第一阶段的"以德报怨"式地"纵容薅羊毛者"，而是直接转换为消费者的善意换来了更大的善意，洁柔成了"以德报德"的样板。

洁柔的整个公关过程有点破财消灾的意思，但贵在足够真诚，更像是属于"不计亏损只管塑造口碑"的行为，从结果上来看，这种方式无疑是行之有效的。

从利益层面上说，千万的亏损费，再加上第二阶段对善意退单顾客的大手笔回馈，其实本质上就相当于做了一波广告，即花费千万元，换来了高曝光和强用户好感度，最终把危机化作一次长线投资。

由洁柔的两阶段操作，可以看到洁柔在运用系统运行原则时，做好了以下几点：

①以冷对热、以静制动。在第一阶段传统公关策略失灵后，洁柔没有乱了阵脚，也没有束手无策，坐以待毙，而是以自己的冷静应对网友的激烈，以自己的安静应对评论区的激动。

②统一观点，稳住阵脚。洁柔上下一心，寻求机会和方案解决品牌危机，最终找到感谢取消订单的顾客这一突破口。

③果断决策，迅速实施。在第一、二两个阶段，洁柔的决策都干脆果断，其经济付出上手笔之大，其反应速度之迅捷，都是令人称道的。

④合纵连横，借助外力。洁柔一方面借助大V为其发出正面的声音，另一方面通过网友对其第二公关举措的肯定和赞扬，最终形成正面舆论。

四、新媒体时代危机公关新路径选择

（一）预控阶段

1. 建立健全舆情应对机制

首先，在大数据时代，我们要充分利用大数据这一新型工具，借助一定的技术精准研判和发现舆情，将舆情事件发生的可能性降到最小，并将其不利影响降到最低。

其次，可以通过当下的一些网络热词来进行判断，提前预测品牌危机的到来，形成预警机制。

最后，对于企业而言，企业需要适应和习惯危机，形成风险研判的能力。最后，要理性地思辨，借助第三方权威机构发声，对公众而言更具有说服力，以此为企业解决舆论危机提供一定的缓冲时间。

2. 培养舆情应对专家

现在大多数企业在遇到危机时，没有及时采取恰当的应对措施，主要原因在于他们对危机会给企业带来的负面影响没有正确的认知。企业如果没有解决舆论的相关专家，那么在面对舆情危机时则会处于被动状态。事实上任何一个大型企业都应该引进或培养处理舆情危机的专家来解决舆情危机。当大众舆论的关注点在企业的相关产品及其质量问题上时，该类专家将能从专业的角度分析具体实际情况，为大众释疑解惑。此外，还应建立相关的危机应对团队，在合适的时间以大家可以接受的方式将实情传达给公众，从而形成良好的社会舆论反响。如果企业一时之间难以建立相关的舆论专家团队，也应该在舆论危机出现时迅速联系专业的公关公司来解决危机问题，及时止损。

3. 塑造官方正面形象

企业外部的良好形象不仅对企业销售的产品有极大的助力作用，更重要的是能在舆论危机来临之际成为一块重要的"护盾"。因此，在企业正常运营时，企业首先要善于借助各种新媒体社交平台，如论坛、视频、博客等不断加强自身的品牌建设，树立良好的企业形象和信誉。其次，一旦企业产生危机，公司应当勇于承担责任，以此在公众面前挽回企业形象。大多数情况下，企业的负面新闻都不是无中生有，但接收信息的受众与企业之间大多都不存在直接的利害关系，所以，这种情况下公众的态度取决于企业对该危机事件的态度和处理方式。良好的态度以及敢于承担责任的行为将会是公众酌量的关键因素。只有这样，才能在企业出现舆论危机时，冲减负面舆论对大众的影响，在一定程度上避免公众被带向对企业不利的一方。简言之，随着新媒体的发展，企业需要积极运用公关传播手段积淀自己的知名度和美誉度。

（二）事发阶段

1. 危机爆发期：借助新媒体平台发布声明

在危机爆发后，企业要充分利用自己的官方网站、官方微博、微信公众号，第一时间发布声明，向公众表明其愿意承担责任的态度。不管是否是企业的责任，都应该表明态度，表示自己已经意识到问题，并且已经在着手处理。通过声明，告知公众究竟发生了什么和企业下一步将会怎么做。

（1）发布事件公告。如果负面舆论和危机不可避免地出现，企业则需第一时间进行回复，以控制住舆论局面，防止危机进一步扩大。一般来说，在舆论出现的前期，公众关注度较低，关注人数较少，并且其思想、意识还处在了解信息的阶段，这就是迈克尔·里杰斯特所提到的"信息真空"理论。所以，企业在这个时候要把握好先入为主的优势，迅速做出回应，第一时间发布公告，对于已经明了的事件真相，予以详细的说明解释，公布相关证据，体现其自身的诚意。对于未了解的事件情况，企业同样也要诚恳以待，表明事件正在调查中，请公众不要轻信网络言论，在短时间内一定会给予社会满意的回复。

相反，如果企业迟迟不做出表达，便会导致危机和舆论进一步恶化。

（2）热点转移。转移事件关注点，引导公众偏离视线在企业进行危机公关时，可以通过制造其他的热点来转移大众的视线，使公众的聚焦点被稀释。例如"老干妈拖欠广告费而被法院查封"事件，正当大家对去年盈利近50亿的著名企业拖欠广告费而感到震惊时，老干妈方却发布了一则信息通告：从未与腾讯有过合作。随着通告的发出，一石激起千层浪，舆论的热议将腾讯企业推到了风口浪尖。面对这样尴尬的境遇，腾讯方通过自黑的方式扭转了舆论的风向。公关部门通过制作自黑的爆款视频《我就是那个吃了假辣椒酱的憨憨企鹅》在B站上发布，从而顺理成章地转移了公众焦点，让更多的人产生了对腾讯的同情。同时利用舆论符号表情包的形式进一步强化了"受害鹅"的弱者形象，以此将人心和舆论导向又拉回了腾讯方，极大程度从舆论的角度上减少了被老干妈起诉的可能性。

腾讯企业在被舆论聚焦的时候，通过另外一种方式转移公众的视线，接着大方承认自己的错误并且向公众展示负责的企业形象，不仅使此次危机公关迅速得到解决，而且还使腾讯获得了公众更大的关注度。

2. 危机扩散期：利用意见领袖引导舆论

互联网的快速发展成就了一大批掌握着网络话语权、具有舆论引导作用的群体，即意见领袖。当面对一起事件时，网民的观点往往自发地跟随这些意见领袖，通过转发、评论他们的文章，将意见领袖的观点广泛扩散。要想扭转危机，改变充斥整个网络的负面舆论，就必须聚合意见领袖的力量，为己所用，转变他们对企业的态度，给予正面评论，从而赢得公众的理解，改善公众态度，扭转危机局面。

在利用网络意见领袖的同时，不能脱离与传统权威媒体的联系。他们是传统媒体时期的意见领袖，即便到了新媒体时代，他们依旧占据着重要的地位。应保持与他们的联系，时刻关注他们的动向，梳理这些媒体的记者掌握的信息，找到回应的方法。[1]

（三）找补阶段

很多企业不是败在危机时期，而是败在危机缓冲期。渡过暂时危机后，企业要走的是长久的品牌形象重塑之路。企业在危机公关后期需要通过一系列的"挽救活动"来重塑企业正面形象。

总的来说，在危机之后，企业应该推出一些新的产品或者积极开展宣传活动，针对危机中隐含的问题进行正面宣传，从而驱散危机事件中存在的谣言，重塑企业形象以及品牌在受众当中的认可度。并且要从中吸取教训，在下次出现此类问题时，能迅速且有效地解决问题。

本章小结

1. 在界定新媒体网络监管的基础上，归纳了新媒体网络监管面临的问题，介绍了进行新媒体网络监管的方式。

2. 在界定新媒体危机公关概念的基础上，总结了新媒体时代危机传播的特点，通过案例说明了如何运用危机公关的5S原则，以及在危机发生的不同阶段所应采取的行动。

延伸阅读

上海市市场监管局发布一批 2021 年网络市场监管专项行动典型案例

按照上海市市场监管总局的统一部署，上海市市场监管局牵头本市 15 个部门联合开展上海市 2021 网络市场监管专项行动（网剑行动），联合打击侵权假冒、虚假宣传、违法广告、违禁品销售等各类网络违法违规行为。全市各部门共查处网络违法（犯罪）案件 2600 余件，处置违法违规互联网应用（网站、App 等）近 250 个，查处违法违规网络平台 10 个，清理了一批网上违法违规信息，有效规范了本市网络市场经营秩序，并向社会公布了一批典型案例。

---

[1] 何姣玥. 新媒体时代的企业危机公关策略[J]. 湖南科技学院学报,2019,40(3):72-73.

新媒体营销

案例1 徐汇区市场监管局查处上海某新媒体科技有限公司组织"刷单炒信"案

徐汇区市场监管局接举报称上海某新媒体科技有限公司涉嫌为其客户在网络平台的店铺撰写虚假评论、组织虚假交易。调查发现，当事人为提升客户在平台商铺星级评分，通过组织虚假团购交易、组织撰写虚假用户评价等方式为其三家客户在其网络平台上开设的商铺进行虚假宣传，共计虚假团购45次，撰写虚假用户评价共计54条（12条为虚假团购交易后的评价）。

当事人的上述行为违反了《中华人民共和国电子商务法》第十七条、《中华人民共和国反不正当竞争法》第八条第二款和《上海市反不正当竞争条例》第三十条的规定。根据《中华人民共和国电子商务法》第八十五条、《中华人民共和国反不正当竞争法》第二十条和《上海市反不正当竞争条例》第三十条的规定，徐汇区市场监管局依法对该公司处以罚款45万元。同时，徐汇区市场监管局依法对三家客户企业涉嫌虚假宣传的行为进行立案调查，并分别处以40万元、30万元、30万元的罚款。

案例2 普陀区市场监管局查处上海某餐饮管理有限公司违反消费者个人信息保护案

普陀区市场监管局在日常检查中发现，上海某餐饮管理有限公司在其管理的"某某城"餐厅内提供扫码点餐服务，要求消费者必须授权手机号码才能完成扫码点餐，经核实，收集手机号并非完成扫码点餐的必要环节，且当事人也没有向消费者明示收集、使用手机号码的目的。另外，当事人将收集的5893条消费者个人信息，在其使用的餐饮管理软件相应模块中供查阅、下载和使用，未采取技术措施和其他必要措施，确保消费者个人信息安全。

当事人以会员营销为目的，在其管理的餐饮门店内开展扫码点餐服务时非必要收集消费者手机号，未向消费者明示收集、使用手机号的目的、方式和范围，违反了《中华人民共和国消费者权益保护法》第二十九条第一款的规定。

当事人对其储存在餐饮管理软件系统内的消费者个人信息怠于履行安全管理义务，存在安全隐患，违反了《中华人民共和国消费者权益保护法》第二十九条第二款的规定。依据《中华人民共和国消费者权益保护法》第五十六条第一款第（九）项的规定，予以警告，并处罚款5万元。

案例3 黄浦区市场监管局查处上海某房地产经纪公司涉嫌发布含有虚假房源信息案

黄浦区市场监管局在检查中发现，上海某房地产经纪公司为吸引客户流量，增加客户线上访问和线下带看量,于2021年在网络平台中上传了三则小区名称为"步高苑"的虚假房源信息,经核实,上述房源均已于2019、2020年度售出,当事人上传的上述房源均为虚假房源。

当事人的上述行为违反了《中华人民共和国反不正当竞争法》第八条第一款的规定,构成了"对商品作引人误解的商业宣传的违法行为"。依据《中华人民共和国反不正当竞争法》第二十条第一款的规定,对当事人处责令停止违法行为、罚款人民币20万元的行政处罚。

课后思考

1. 如何应对新媒体传播中存在的问题?
2. 如何降低新媒体传播的负面作用?

参考文献

[1] 吴健安. 市场营销学[M]. 北京:高等教育出版社,2012.

[2] 杨晓蒙. 网络营销的基础技术分析[J]. 黑龙江科技信息,2014(10).

[3] 朱彤. 外部性、网络外部性与网络效应[J]. 经济理论与经济管理,2001(11).

[4] 腾讯智慧零售. 超级连接[M]. 北京:中信出版社,2020.

[5] 乔慧,麻天骁. 新媒体营销与运营[M]. 北京:人民邮电出版社,2021.

[6] 李东进. 新媒体营销与运营[M]. 北京:人民邮电出版社,2022.

[7] 白东蕊. 新媒体营销与案例分析(微课版)[M]. 北京:人民邮电出版社,2022.

[8] 刘珊. 大数据与新媒体运营[M]. 北京:中国传媒大学出版社,2017:129.

[9] 李东临. 新媒体运营[M]. 天津:天津科学技术出版社,2018.

[10] 谭浩,郭雅婷. 基于大数据的用户画像构建方法与运用[J]. 包装工程,2019,40(22):95-101.

[11] 王仁武,张文慧. 学术用户画像的行为与兴趣标签构建与应用[J]. 现代情报,2019,39(09):54-63.

[12] 王正友,张海迪. 大数据时代基于用户画像的视频精准推荐[J]. 电子商务,2019(10):62-65.

[13] IMS新媒体商业集团. 新媒体内容运营[M]. 北京:清华大学出版社,2022.

[14] 谭威威. 浅析新媒体运营中内容运营的核心要素[J]. 今传媒,2019,27(1):81-83.

[15] 严志华,贾丽. 新媒体营销与运营[M]. 北京:人民邮电出版社,2023.

[16] 宁延杰. 数字化营销:新媒体全网运营一本通[M]. 北京:北京大学出版社,2023.

[17] 彭丞. 新媒体营销[M]. 重庆:重庆大学出版社,2022:75.

[18] 王凌洪,张定力. 新媒体营销[M]. 北京:中国商业出版社,2021:184.

[19] 营销铁军. 短视频营销[M]. 天津:天津科学技术出版社,2020.

[20] 母彩佳. 网络监管的立法与完善[J]. 法制博览,2015(22):81-82.

[21] 赵爱维. 新媒体视阈下网络内容传播特征及监管模式初探[J]. 科技传播,2019, 11(6):105-106.

[22] 解荔,李思文. 新媒体时代媒介信息监管对媒介伦理建设的重构分析[J]. 现代信息科技,2019,3(14):185-187.

[23] 张婷鹤. 浅谈新媒体环境下自媒体乱象的监管与启示[J]. 视听,2019(2):121-122.

[24] 邓博文. 新媒体时代网络舆情特点及舆论监管对策研究[J]. 通信管理与技术, 2022(3):45-48.

[25] 吴治刚,周溪. 浅析新媒体环境下企业危机公关新路径[J]. 中外企业文化,2020 (12):104-105.

[26] 陆腊梅,孙海文,秦莉. "两微一端"新媒体浪潮下的内容监管手段探析[J]. 西部广播电视,2021(5):24-26.